TYLER COWEN

DISCOVER YOUR INNER ECONOMIST

发现你内心的经济学家

[美]泰勒·考恩 —— 著　　李南丰 —— 译

重庆出版集团 重庆出版社

图书在版编目（CIP）数据

发现你内心的经济学家 / (美) 泰勒·考恩著；李南丰译. — 重庆：重庆出版社，2023.4
书名原文：Discover Your Inner Economist
ISBN 978-7-229-17282-4

Ⅰ.①发… Ⅱ.①泰… ②李… Ⅲ.①经济学—通俗读物 Ⅳ.①F0-49

中国版本图书馆CIP数据核字（2022）第237706号

发现你内心的经济学家
FAXIAN NI NEIXIN DE JINGJI XUEJIA

[美]泰勒·考恩 著 李南丰 译

出　　品：	华章同人
出版监制：	徐宪江　秦　琥
责任编辑：	朱　姝
特约编辑：	陈　汐
营销编辑：	史青苗　刘晓艳　孟　闯
责任校对：	曾祥志
责任印制：	白　珂
书籍设计：	L&C Studio

重庆出版集团
重庆出版社　出版
（重庆市南岸区南滨路162号1幢）
北京盛通印刷股份有限公司　印刷
重庆出版集团图书发行有限公司　发行
邮购电话：010-85869375
全国新华书店经销

开本：787mm×1092mm　1/32　印张：9.375　字数：186千字
2023年4月第1版　2023年4月第1次印刷
定价：49.80元

如有印装质量问题，请致电023-61520678

版权所有，侵权必究

目 录

第 1 章
想吃香蕉,我就去买 — 1

第 2 章
如何掌控世界 — 15

第 3 章
掌控世界,知道何时停止 — 38

第 4 章
拥有所有伟大的艺术作品 — 59

第 5 章
任何时候看起来都不错 — 104

第 6 章
自我欺骗的危险和技巧 — 148

第 7 章
吃得好,除了香蕉 — 179

第 8 章
避免七宗罪 — 208

第 9 章
如何拯救世界——圣诞礼物不管用 — 236

第 10 章
你内心的经济学家和文明的未来 — 279

致谢 — 285

参考文献 — 286

第 1 章

想吃香蕉，我就去买

01

  关于恋爱，还能有新的斩获吗？又或者说，怎样才能逃避无聊的办公会议？答案是肯定的——事实上，古板陈腐的经济学就可以让你的生活焕然一新。经济学研究市场、人类行为动机，以及人们怎样交换有价值的物品。本书将告诉你如何使用基本的经济学原理来获得更多心仪的东西。

  在最简单的经济学环境中，买方和卖方创建市场从而聚集在一起进行交易。诚然，有些时候市场似乎无处不在。交易和从交易中获益的理念渗透在我们生活的方方面面。你想吃香蕉，那就去买；你想要修理汽车、缝补衣物，或者检查排水管道，那就点击手机付钱请人来做就可以。你想了解我们这个世界的所有信息？那就给互联网供应商打个电话，买个路由器，然后访问搜索引擎，或者干脆通过手机，你就能为情人节找到合适的花店了。

甚至还有更多神奇的市场。曾经有一位母亲出价 500 美元，在美国费城的 Craigslist 网站①上招募一位自告奋勇带她（绝对迷人）的儿子去参加毕业舞会的女孩。你可以买到与你的宠物对抗的虚拟现实游戏。一位 22 岁的无神论者请求信教人士支付他报酬，他可以替后者去教堂做礼拜；当然，他会保持虔诚的态度。他按小时收费。你也可以付钱请一群"艺术家"绑架并羞辱你。以《星际迷航》成名的演员威廉·夏特纳②在易贝③上以 2.5 万美元的价格拍卖了他的肾结石。在印度，你还可以花钱租一票人参加你的下次公共游行。

市场可以使我们的生活变得简便。想吃香蕉吗？那就去市场，比如去一家当地商店买一串。也许你要做的是，找到最好的超市，或者识别出熟过头的香蕉，但除此之外，整个过程是相当简单的。然而，对于人类其他需求来说，想要通过使用货币在市场中获得满足，有时却效果不佳，有时则根本失灵。想要获得心仪的东西并不总是那么简单。

比如，你刚刚与男朋友或者女朋友劳燕分飞，感觉怅然若失。在这种情况下，情景喜剧中的人物总会建议你使用"购物疗法"，他们的怪论是，金钱之所以买不到幸福，是因为你不知道应该往

---

① Craigslist.org 是美国的一个大型分类广告网站。本书脚注如无特殊说明，均为译者注。
② 威廉·夏特纳（William Shatner），1931 年出生，加拿大籍犹太裔演员。他在美国系列科幻影视作品《星际迷航》（Star Trek）中饰演詹姆斯·泰比里厄斯·柯克（James Tiberius Kirk）。
③ 易贝（eBay）是美国的一个电子商务网站。用户可以通过它购买或拍卖商品。

商场的何处去。这真是大谬不然。就连披头士乐队唱的《买不来的爱》（Can't Buy Me Love）都比这个论调靠谱一些。

与了解在哪里购物相比，知道如何购物和知道何时不去购物更为重要。要想生活幸福，比如要想谈一场轰轰烈烈的恋爱，我认为必须明确，什么东西可以通过货币或其他媒介经由交换而获得，以及什么东西不能用于交易。经济学的核心概念不是货币，而是激励。简而言之，激励就是驱使人类行为的动力，或者说是鼓励人们作出某种决策而非另一种决策的动机。激励可以是金钱，也可以是一个建议，一个微笑，或者一个赞美。激励还可以是一个相守一生的承诺。所以没错，即便披头士乐队所唱的金钱买不来爱情是对的，但你仍然可以使用激励来开始一段恋爱。

然而令人感到奇怪的是，一条最基本的经济见解告诉我们，并非所有的东西都可以用金钱买到。这条见解对于普通人来说太过显而易见，以至于很少有人思考它。我们内心的经济学家告诉我们，金钱买不到爱情、尊重，或者内心的平静。我们的领导和员工都知道，奖金并非解决所有职场问题的灵丹妙药。如果我们不能用金钱购买某种物品，那么就根本不存在交易这种欲望对象的集市。

鉴于并非所有物品都有市场，我们必须激励他人，也激励我们自己，才能达到目标。理解与解决这个问题将会是本书的核心。以最为有效的方式利用激励和市场，要远比仅仅出门购买一串香蕉困难得多。

市场的诸多局限性都源于人类的思维缺陷。与市场互动的永远是复杂的人类动机，假如市场建立时被设计得简单粗糙或者缺乏深思熟虑，市场就会失灵。那么，为什么我们没有更多市场关注自我提升呢？不，我的意思不是指我们买几本自助类图书假装我们正尝试自我提升就够了。我指的是订立真正具有约束力的合同。比如，我们在合同中承诺减肥，假如没有做到，就必须付钱给一位陌生人。没错，花钱雇人让你节食——这听起来似乎再简单不过了。但是这样不行，这并不会起到让你"想"减肥的效果，通常情况下，只有建立起减肥的欲望，才是唯一的真正的长期解决方案。

观察家经常认为，经济学家提倡日常生活的全面商业化。我们经济学家被指责总是以金钱来看待人类的选择；或者被认为总是相信市场是好的，市场是万能的。我的确认识一些持有这些观点的经济学家，但是，这些观点并不是由经济学基本原理推导而来的。

经济学至关重要的研究课题之一是如何应对稀缺性。我们并不是总能从树上摘到香蕉，或者获得最好的医疗保健，或者在光线充足、温度适宜的商场内随心所欲地购物。经济学起源于对这样一个事实的认知，即在我们的日常生活中，许多值得拥有的东西，不会轻易落入我们的怀抱。这些东西甚至包括个人生活中极其平常的事项，比如谈一场恋爱，挨过无聊的会议，鼓励你的牙医，等等。经济学的真正目的就是让我们在生活中获得更多美好的东西。

诚然，正如在晚间新闻、股市行情和世界经济论坛所报道的那样，经济学同样也关心国家和全球范围的宏观问题。长久以来，经济学家一直梦想着让整个世界变得更加美好。是的，经济分析的确会解释为什么一些人可以在巴黎享受愉悦的假期，而另一些人则必须在38℃高温的炙烤下辛苦耕种饲料玉米。这门学科的奠基者之所以开创经济学，是因为他们觉得这个世界充满了不公，许多生活机会被挥霍掉了。经济学，这个18世纪启蒙运动孕育的产物，源于对自由和进步的信念，如果你不能理解尊重人类自由的重要性，那么你就无法理解激励是如何运作的。这是一个至关重要的事实，我将在后边的章节深入讨论。

诚如亚当·斯密①所言，经济学有助于增进"国民财富"，它使人民摆脱贫穷与困苦，走向健康与富裕。这些当然是正确且重要的。但是就本书而言，我们将从日常工作、个人选择，以及私人关系开始谈起，并将它们作为所有后续讨论的基石。至于"拯救世界"则要等到第九章了。

毋庸置疑，本书并不是唯一讨论如何将经济学应用于日常生活的书籍。我的同事兼朋友戴维·D. 弗里德曼②——《隐匿秩序：日常生活中的经济学》（*Hidden Order: The Economics of Everyday Life*）的作者，以及斯蒂文·E. 兰兹伯格③——《公平竞赛》（*Fair Play*）的作者，都提倡将经济学作为普遍推理的工具。

---

① 亚当·斯密（Adam Smith），英国经济学家、哲学家，著有《国富论》，即《国民财富的性质和原因的研究》（*An Inquiry into the Nature and Causes of the Wealth of Nations*）。
② 戴维·D. 弗里德曼（David D. Friedman），芝加哥大学物理学博士，美国著名经济学家、法学教授、科幻小说家。
③ 斯蒂文·E. 兰兹伯格（Steven E. Landsburg），芝加哥大学数学博士，美国经济学家。

他们敦促我们将激励、市场以及财产权理念应用于我们的家庭、工作与个人时间分配。然而，我对他们的这些建议并不总是表示认同，并且担心，尽管他们才华横溢，还是会沦为被讥讽的经济学家行列。他们的方法意味着，日常生活不过是购买一串香蕉而已，远比我们认为的还要简单。"出去利用市场和激励吧"被他们奉为圭臬。充其量，这不过是一个充满风险的建议而已。

在我看来，人类行为动机的复杂性与多样性理应恰恰构成经济推理的基础。人们如何评估自己的选择通常取决于社会背景，比如我们察觉到我们周围的人的动机是什么，以及我们又如何看待我们的同龄人同样会感知我们。如果我们想要作出更优的抉择，从而获得更多生活中的美好事物，那么就必须学会如何区分不同的社会背景。如果我们在谈判中主动伸出橄榄枝，这会被视为宽宏大量还是外强中干？如果我们在面试时不修边幅，这是一种软弱自卑还是坚强自信的符号？因此，我们必须洞悉他人是如何识别和区分不同背景的，从而洞悉他们是怎么看待自己在做的事情和我们在做的事情的。我们必须理解人类信仰。

由此可见，应用经济学既是一门科学也是一门艺术。经济学家无法解决我们所有的问题，但是冥思苦想人类行为动机的复杂性将有助于我们作出更优的决策。我们可以学会什么时候径直购买某些东西，比如购买一串香蕉，而什么时候应该使用迂回的方法。我们将使用两个主要工具来检视我们的日常生活：对于激励的影响力（与局限性）的理解，以及对于人类的复杂性与多样性的认知。

大多数人认为经济学是枯燥乏味的。在学术界，许多经济学家通过专攻一个狭窄的知识领域来建立自己的声誉。1996年，经济学的旗舰期刊《美国经济评论》（American Economic Review）上曾发表一篇研究论文，标题是《无可分性聚合：广义复合商品定理》（Aggregation Without Separability: A Generalized Composite Commodity Theorem）。想想看，谁会读一本充斥着这样的内容的读物呢？经济学被称为沉闷的科学是有原因的。

与任何领域的专业人士一样，经济学家倾向于躲在专有词汇和行业术语后面。我们经济学家有一个特殊的弱点，那就是在描绘我们的主张时到了令人混淆的程度。杜鲁门总统曾经想寻找一位只有一只胳膊的经济学家，因为这样他就不会被告知"另一方面"①。

当今世界已经不再奢望经济学家的智慧了。查尔斯·杰伊·塞克斯②在他的《骗子教授：教授与高等教育之死》（Prof Scam: Professors and the Demise of Higher Education）一书中描述了一名演员如何被支付酬庸，以著名经济学家自居并发表关于博弈论的演讲的，这可是经济学最深奥的分支之一啊。这位演员对博弈论一无所知，对经济学同样一无所知，但却能够通过貌似令人惊叹的表演技巧招摇撞骗。观众之中没有人看穿他的诡计。过后，

---

① "另一方面"的英文是"on the other hand"。哈里·杜鲁门借此调侃经济学家观点模糊的通病。
② 查尔斯·杰伊·塞克斯（Charles Jay Sykes），美国政治评论员。

还称赞他的演讲条理清晰且充满智慧。

在中国，一位名叫马修·理查森（Matthew Richardson）的人受邀在北京大学的一门久负盛名的课程上讲授经济学。由于之前受邀的经济学家退出了，加之中方的错误以及英方的欺骗，这位牛津大学的本科生成功争取到了一张替代邀请函。然而，这位 23 岁的理查森学的是工程学专业，对经济学一窍不通。当理查森到达后，校方为他安排好了酒店，并支付了 1000 英镑作为报酬。他要为这门为期两天的课程讲 9 个小时的课，而授课的内容却是根据他从高中经济学教科书撕下的几页纸攒成的。

在课程的第二天，理查森的笔记用完了，而且他怀疑翻译可能已经识破了他的诡计。于是，在喝咖啡休息的间隙，他溜出了教室并且再也没有回来。英国广播公司在报道中称，中国人感到"愤怒"。撇开被晾在课堂上不说，没有人喜欢被愚弄。

如果运用得当，经济学可以在很大程度上克服不够人性化、表达晦涩和过度模糊这些陷阱。以下是区分经济学好与坏的三个原则。

明信片测试

一个好的经济学论证过程是可以摘出来并且写在一张中等大小的明信片背面的。如果一个论证过程有太多步骤，那么这些步骤中至少有一个肯定是完全不确定的。或者，如果步骤太多，我们将不知道如何将所有这些不同的步骤组合在一起，从而得出由这些论据所支持的结论。

当我的博士生带着新的想法来找我时，我首先会用最严肃的语调说："给我它的明信片版本。"熟悉我的博士生走进我的办公室时会大喊："我有明信片！"而那些说有必要阅读他们整篇长达 46 页的研究论文才能掌握其核心主张的博士生则会被告知重起炉灶，从头再来。

祖母测试

绝大多数经济学论点都应该能被你的祖母所理解。祖母可能并不苟同某些论点，但她至少应该知道经济学家在说什么。如果你的祖母本身就是一位深谙经济学术语的经济学家，那就找你不守规矩的堂兄妹试试看。

啊哈原则

"啊哈原则"是"祖母测试"的延伸。如果基本概念表述清晰，经济学应该是会让人深以为然的。优秀的经济学家相信我们是按照任何人都能理解的经济学原理生活的。也许当我们作决定时，并不总是明白我们在做什么，但其中的经济学论点和机制应该是清晰可辨的。毕竟，这些论点是跟我们有关的。因此，如果某些经济学观察表述明晰又切中肯綮的话，就会刺激我们大脑的某些部位，然后我们会发出惊呼："啊哈！"这听起来可能有些形而上学，但这一理念表明，阐述清晰的经济学观察真的跟我们个人息息相关。这应该是个启示。

如果你读了一本关于你自己的生活的传记，并且发现书中记述的所有事件你都不熟悉，甚至绞尽脑汁回想一番，还是一头雾水，那么你会有什么感觉？开始你可能会认为有些地方不对劲，你对经济学主张的理解同样如此。如果你不明白某一个经济学观点，那么通常是它有问题，而不是你。另一方面，众所周知，那些让我们惊呼"啊哈"的时刻是如此醍醐灌顶、令人信服，以至于会影响我们未来几年的生活。

当"啊哈"跃入我们的大脑，那便是我们内心的经济学家在说话。这本书就是关于如何催生那些"啊哈"时刻的，也就是说，这本书是关于如何发现、释放和强化内心的经济学家的。

我们可能认为自己知道一些很好的经济学原理，并且会试图用这些原理指导我们的日常生活。但是，对误导性的想法存有执念似乎是人类犯下的不可避免的错误之一。我们关于世界如何运转的理论，无论它是显性的还是隐性的，都会导致我们犯下错误。我们对这个世界的看法，尤其是对我们自己的看法，也都充斥着各种谬误，而这些理论和看法恰恰是通过这些很好的经济学原理得出的。

《发现你内心的经济学家》这本书能看到那些你乍看之下看不到的模式，发掘那些隐藏在这个世界以及我们的选择之中的模式。模式识别对作出更优的决策至关重要。如果不能帮助我们识别出这些模式，那么它就不是好的经济学。

心理学家德格鲁特①曾经利用国际象棋进行了一项关于模式识别的实验，这项试验特别有吸引力。他像正常下棋时那样将棋子摆放在棋盘上，同时允许国际象棋的大师和新手观看这一过程，然后移除所有的棋子，再要求大师和新手对棋子的位置进行复盘，结果大师的表现明显比新手更好。到目前为止，一切都在意料之中。接下来，德格鲁特重复了相同的实验，但是，这次棋子的摆放位置是随机且没有任何特定顺序的。再次进行复盘时，大师的表现并没比新手好多少。由此可见，国际象棋大师并不是通过完美的记忆力来记住棋子的位置的，而是通过识别出熟悉的模式，并以更易于理解的方式对棋子的位置进行排序来记住这些位置的。与新手相比，大师阅览过无数棋谱，并且对棋谱记得更牢。然而，在面对随机放置的棋子时，这些被记住的模式确实毫无用处。其他研究也发现，国际象棋大师在生活的其他方面并没有超凡的记忆力。

成为一名出色的（人类）国际象棋大师的关键并不在于他能检索到所有可能的棋子组合。世界级的棋手在快棋赛中的表现依然令人生畏；一项研究表明，高达81%的国际象棋的技巧差异，可以通过大师如何在不足5%的可用时间内使用该技巧而解释。一个人能成为国际象棋大师的关键特征是，在其认知能力下，对于棋子的位置，能知晓和记住大约3万至5万个不同的模式或识别模块。马尔科姆·格拉德威尔②在其著作《眨眼之间：不假思索

---

① 阿德里安·德格鲁特（Adriaan De Groot），荷兰心理学家，国际象棋大师，象棋心理学之父。
② 马尔科姆·格拉德威尔（Malcolm Gladwell），出生于英国的加拿大记者、作家。

的决断力》(*Blink: The Power of Thinking Without Thinking*)中所提出的假设所隐含的部分基本原理就是这一点,即我们能够在生活的方方面面作出快速且准确的瞬间判断。这是因为,我们通常会从已经嵌入大脑的、包含各种可能性的智力仓库中,识别出相关的模式,即使我们没有意识到自己正在这样做。

我在这里使用国际象棋的例子来作类比是要告诉你,我们同样可以使用经济学来扩展我们的"识别模块"库,从而识别人类行为中的模式,包括我们自己的行为,当然,也包括我们的错误。

经济学包含很多方面。有些经济学家专注于对人类行为的统计测量,《魔鬼经济学:揭示隐藏在表象之下的真实世界》(*Freakonomics: A Rogue Economist Explores the Hidden Side of Everything*)一书的作者史蒂芬·D.列维特[①]因研究不寻常或未经充分研究的领域(如犯罪、房地产经纪人、相扑运动等)的统计数据而闻名于世;有些经济学家试图预测下一个经济周期或明天的股票价格;还有一些经济学家则建立了更加复杂的数学模型研究人类行为,有时候,这些研究会出现在"博弈论"这一议题之下;此外,还有供职于智库的经济学家,他们则会奋力鼓吹某一项公共政策。相比之下,经济学教科书则更为简单,它教授人们基本的专业术语,以及如何熟练使用图像和符号。不过以上内容都不是本书所涉及的内容。

与以上种种情形相反,本书将专注于用经济学来磨砺我们的

---

① 史蒂芬·D. 列维特(Steven D. Levitt),芝加哥大学教授,美国经济学家。

模式识别技能。换句话说，就是教你如何发现自己内心的经济学家。在现实世界的绝大多数情况下，我们没有时间——或者说不倾向于——去处理数据，即使是在那种所有数据都摆在我们面前的不可能事件当中，我们也依然如此。（当需要为其出色的工作计算奖金时，你了解他的所得税申报表吗？）我们必须迅速作出决定，与此同时，我们也希望作出最好的决定。即便有几个月的时间深思熟虑，较之我们初始就知道的基本事实，我们最后往往也没有掌握更多的信息。然而，现实并非像威廉·詹姆斯[①]所言，就是"嗡嗡作响，混乱不堪的一片混沌"。社会环境确实存在一种秩序——有时这是一种隐匿的秩序。

我们将会看到有很多值得期待的事情。理解力上的微小进步可以使我们更好地利用激励机制，从而作出更好的决策以获得更美好的生活。人类的不完美并不是故事的结束，而是追寻在多个维度上更加富足的开始。

---

① 威廉·詹姆斯（William James），美国心理学之父，美国本土第一位哲学家和心理学家，美国机能主义心理学派创始人之一，亦是美国最早的实验心理学家之一。他还是一位教育家以及实用主义的倡导者。

第 2 章

如何掌控世界

02

金钱也许可以买来犹大的背叛，以及被臭名昭著的坦慕尼协会①控制的纽约市地方政府，但无论是在家庭里，还是在工作中，金钱往往都不是最好的激励因素。如果你想掌控更多周围的事情，那么你就要知道如何平衡你所提供的各种激励措施。

经济学家科林·卡默勒②在世界经济论坛（World Economic Forum）上进行了一项民意调查，该论坛吸引了世界范围内诸多商业巨头和思想大师与会。在这项调查中，当被问及"是什么激励你工作"时，参与调查者纷纷表示，"认可和尊重"是职场中

---

① 坦慕尼协会（Tammany Hall），1786年成立于美国纽约市，该组织随后变成了美国民主党在纽约州以及纽约市的地方政治机器，并爆出过操控选举的丑闻，于1967年解散。
② 科林·卡默勒（Colin Camerer），美国加州理工学院（California Institute of Technology）教授，也是一名行为经济学家。

的第一大激励因素，"成功和成就"则排在第二位。

但是，我们也不应该如此仓促地完全抛弃金钱这个因素。显而易见的原因是，没有金钱层面上的良好回报，经济的运转就会不尽如人意。

来自佛罗里达州（Florida）塞米诺尔（Seminole）的邮政局员工罗伯特·G. 斯沃福德（Robert G. Swofford）赢得了6000万美元的彩票奖金。他花了一个多月的时间才站出来领奖，拖了这么长时间可不是要筹备什么媒体活动——在此期间，他对这件事闭口不谈，并且和已分居3年的妻子办理了离婚。这对夫妇后来在私下里就如何分配这笔奖金达成了协议；斯沃福德的前妻得到了525万美元，除此之外，由于他们有一个11岁的儿子，她又额外获得了100万美元，条件是她同意不再向前夫索要更多的奖金。

（顺便说一下，如果你对因果报应感兴趣的话，对前妻出手吝啬的斯沃福德后来被两名调查犯罪行为的警察意外开枪射中，他活了下来。他还迫不得已向前妻的妹妹支付了额外的一笔钱，因为她早年也为斯沃福德生下了一个孩子。）

那么，我们应该如何来权衡这些不同的观点呢？金钱到底有多重要？当金钱不足以给予人们激励时，我们应该怎么办？

经典的管理分析结果表明，除非我们有很好的用于衡量成功的标准，否则我们不应该提供奖金。在汽车能够开动之前，不要仅仅因为修理工已经完成了工作就支付修理费用。医院不愿意给做心脏手术的医生发额外的奖金，因为这项手术有很高的成功率。许多医生不愿意收治疑难病例，因为他们害怕打破自己手术成功率的记录。

就反对不分青红皂白地滥发奖金而言，有一个更有说服力的例子：工人们认为老板通常会把奖金发给自己偏爱的人。这些工人将奖金视为建立一个强大的不公平力量联盟的工具，而不是用来提高员工士气的方法。

然而，奖金仍然是一种常见的补偿形式。少量的经济分析会产生诸多互相矛盾的见解。那么，我们怎样才能知道在给定情况下获得最佳结果的方法？在这里，对那些孜孜以求、想要发现自己内心的经济学家的人，我提供3个对此有所助益的故事：脏盘子的故事、汽车销售员的故事以及违章停车罚单的故事。这些略显悲惨的故事阐释了奖惩制度的应用准则。但是，对于某种具体的情况，想要了解哪个故事更为适用，以及何时适用，我们必须快速且熟练地启用你内心的经济学家——他正在被你一步步地唤醒。

脏盘子的故事

大多数人都会注意到，我们自己的孩子或室友会忽视他们的责任。他们会把衣物放在洗衣机里泡好几天，或者是把脏盘子堆积在水槽中，尤其是当洗碗机中还有干净盘子没取出来的时候。脏盘子放在水槽里的时间越长，这个问题得到解决的可能性就越小。其实，刚吃完饭时，脏盘子是最容易立即被清洗干净的。一旦它们成为"陈旧的任务"，在水槽里堆积的时间越长，我们就越不想洗，许多人甚至根本不会再考虑清洗脏盘子的事情了。

想要了解金钱的局限性，我们可以尝试做一个实验。我们可以付钱让自己的孩子洗碗。

与经济学的幼稚解释相反，金钱——我可以说"贿赂你的孩子"吗？——通常不能解决洗碗的问题。事实上，有研究表明，这样做你家的水槽可能会变得更脏，或者充其量会保持现有状态不变。

贿赂的失败反映了人类动机的复杂性。人们做某件事时，会受到外部因素的激励，比如金钱；同时也会受到内在的心理因素的推动，比如享乐、尊严；人们也会因为这件事本身而想要好好干。有时候，报酬会导致外部动机取代内部动机。然而，对于某些任务而言，内部动机则是人们完成它们的原因，所以付钱往往会适得其反。

如果你告诉孩子，他有义务洗碗，那么他就会记住这句话。他不一定每次都会尽职尽责地完成这个任务，但是他会觉得自己需要尽力去做，也需要满足家长的期望。你的孩子因此会相信："我的努力对家庭很重要。我是一个贡献者。"除此之外，你的孩子也会尊重你，因为这使他相信你是家庭的领导者，他应该对你有一定的服从。

但是，当我们付钱让孩子洗碗时，情况则截然不同。此时，他会对自己说："洗碗只是一份赚钱的工作。"与此同时，他还会觉得自己对家庭的义务减少了。父母成了孩子的老板，而不是他们应该表达忠诚的对象。你们变成了一种市场关系。孩子没有义务清洗盘子，就像他们不必非得成为律师，或者在逛商店时不必非得买块泡泡糖一样。毕竟，市场是关于选择的，对吧？因此，这样不但不能解决脏盘子的问题，而且还在某种程度上破坏了家庭的团结一致。

孩子通过洗碗赚取了20美元，这并不会让他的同龄人刮目相看。相反，为父母打工更可能会给他带来负面的影响。不要以为孩子会向他的朋友们吹嘘他是如何得到这些钱的。拥有一份属于自己的真正的工作——这是成年和独立的信号——比给父母打工听起来更酷。给父母打工赚来的钱，感觉就像是给不成熟的依赖者的零用钱，这不会激发孩子清洗脏盘子的内在动力。而超市老板付的钱——老板对待孩子越粗鲁越好，因为这会让孩子觉得自己置身于现实世界中——却会让他准时出现在工作岗位上。这个在家不愿意清洗脏盘子的孩子，会主动要求在周日也去工作，即便周日的工资只有工作日的一半。

当金钱不再有效时，赞扬孩子在做家务中的才华和天赋，有时也能起到激励作用，无论这种赞扬是否符合事实。那些不愿撒谎的人可以将这种策略视为自己在尝试着去完成自我实现的预言，而不是故意说谎。这种方法虽然并不尽善尽美，但它确实勾起了人们想要做好工作的欲望。

一项研究对比了下面这两种让学生打扫学校的方法。老师们可以选择：A. 教导学生要保持整洁；B. 称赞他们是整洁的人。研究结果显示，说教没有效果，赞美却使垃圾收集量增加了3倍。称赞让学生们感觉自己是干净、有责任心的人，这对他们来说是有益的；相反，责骂通常很难使学生建立这种自我形象。

实验研究证实，支付工资并不总能激励人们更好地完成工作。经济学家和心理学家将参加实验的人置于人为的实验环境中，并要求他们完成不同的任务，从猜测罐子里的豆子数量，到做家务，再到完成填字游戏。通常情况下，和设置金钱奖励相比，当完成这些任务不与任何金钱奖励相关时，受试者的表现一样会很好，有的受试者甚至表现得更好。清洗脏盘子的例子来自我自己家，但是这段经历很典型。类似的情况已经在许多任务不同的实验中重复发生过了，其结果与上文所述相差无几。

有些时候以金钱激励人们行动导致的问题可能会比较严重，人们会对"一切都可以拿来交易"的想法感到愤怒。我在杂志的建议专栏读到了一位女士的信，她说她的丈夫承诺，她减掉多少体重，丈夫就给她多少钱。我猜测这段婚姻并不幸福。我还猜测她不会减掉很多体重，也不会感觉这个提议很好。

也就是说，我们仍然需要搞清楚，金钱在什么时候会在激励上产生重大的影响。

汽车销售员的故事

在三个故事中，这是最简单的一个：如果你不付钱给汽车销售员，那么他们就不会把车卖给你。

汽车销售人员通常会根据他们销售的汽车数量获得奖金，当然，他们会依据销售价格的一定比例得到奖金。这就是他们与我们讨价还价的原因。几乎没有人只是为了好玩而卖车。

从好的方面来说，这种激励措施确实意味着有许多汽车被销售出去了。但是，当销售人员试图尽可能地提高价格时，那么，这些跟客户胡乱喊价的销售员将会没有生意可做。

汽车销售员的故事是三个故事中最简单的一个，但它却是标准经济学推理的核心。其诀窍就是，要知道金钱激励在什么时候并不奏效。

违章停车罚单的故事

这个例子表明，在相同的激励措施下，人们会以不同的方式给出反应。

直到 2002 年，联合国的外交官在美国执行公务期间，他们对所收到的任何违章停车罚单都享有法律豁免权。他们可以将车停在任何他们想停的地方，包括消防栓前面，并且无须接受任何处罚。毫不奇怪，许多外交官滥用了这一特权。从 1997 年 11 月到 2002 年的年底，在纽约市，共有超过 15 万起违章停车事件发生在联合国外交官身上。

迄今为止，外交官最常见的违章停车行为是在标有"禁止停车——装卸区域"的地方停车。在消防栓前面停车的情况占违章停车总数的 7%。

这些违章停车行为在外交官的国籍上也并非均匀分布。在同一段时间，来自挪威和瑞典的 31 位联合国外交官没有未支付的违章停车罚单。来自加拿大、爱尔兰、荷兰、英国和日本的外交官也没有未支付的违章停车罚单。

与此形成鲜明对比的是，科威特外交官平均每人有超过 246 张未支付的违章停车罚单，位居第一。埃及外交官以与其较大的差距排在第 2 位，平均每人有 139.6 张未支付的违章停车罚单。紧随其后的 8 个违章停车程度最严重的外交官所属的国家依次是：乍得、苏丹、保加利亚、莫桑比克、阿尔巴尼亚、安哥拉、塞内加尔和巴基斯坦。

我不相信这些国家有很多看不出黄线的色盲外交官。相反，这些外交官会这样做，大多数只是因为他们对法律不够尊重。他们中的许多人正在变成彻头彻尾的腐败分子，或者说，他们还在自己祖国时，就已经堕落为腐败分子了。

关键问题是，瑞典和科威特的外交官在决定停车，以及是否支付违章停车罚单时，面临着同样的直接激励。然而结果却大相径庭。

为什么会这样呢？让我们退后一步，思考一些相关的背景。

用一个人人羡慕的纽约的外交官职位，换一个乍得首都恩贾梅纳（N'Djamena）的公务员职位，并不是一件容易的事。看看几年前的这份旅行报告吧："乍得首都正在慢慢恢复到战前的水平，它曾经是中非最热闹的城市之一。建筑物上的弹孔提醒着人们过去的那些艰难的时期，但这里的气氛正在变得越来越积极乐观。"

然而，好景不长。仅仅在几年之后，《华盛顿邮报》（The Washington Post）上的一篇报道写道："据目击者和新闻报道称，周四，盘踞在苏丹西部达尔富尔地区（Darfur）的叛乱分子进攻乍得首都恩贾梅纳，并与政府军发生激烈交战，该市上空回荡着激烈的枪炮声。其国家电视台所播放的画面显示，位于首都恩贾梅纳的国民议会大厦前的台阶上，堆放着血淋淋的叛军尸体，有些受伤的叛军还在痛苦地挣扎。有目击者报告称，在该市其他区域也能看见尸体。新闻机构报道说，直升机在城市上空盘旋，当地居民四散奔逃。"

乍得显然不在最稳定的国家的行列当中。在这样的国家里，罕有精英文化。国家越穷困，其外交官就越有可能在生活的方方面面都得到特殊礼遇，很自然地，他们也希望这些特权能够持续下去。腐败必然会滋生不负责任。事实上，如果一个国家在国内腐败指数排名上的位次越靠前，那么，其在联合国的外交官得到的纽约市违章停车罚单的数量就越多。

由此，我们便触及了使用奖惩机制的关键：激励机制通过某种媒介起作用，而这个媒介就是人们对不同选择所涉及的不同利害关系的感知。这不仅仅事关如何让混合的激励机制恰如其分地生效，还和另外一点有关，即对于你所应对的这些人，你还要对其价值观和文化背景有所了解。

在我们这个特定的例子中，瑞典人更有可能认为政府——无论是他们自己的政府，还是其他地方的政府——在道德上要正当合理。反过来说，即使没有任何直接的、利己的动机，他们也更有可能会遵守法律。平均而言，瑞典人也更加注意维护自己作为一名守法公民的声誉，即便只是为了他们未来的职业生涯。有时候，瑞典外交官的车里会坐着不止一位外交官，所以并非所有的违章停车都是个人秘密。

来自科威特、埃及或者乍得的外交官，则更有可能通过腐败、特殊的裙带关系，以及对法律的蔑视来谋利。他们认为消防栓是一个麻烦，而不是当地社区的公共物品。

这甚至不仅仅是公民价值观的问题。人们也会用这种方式间接地表达好恶。违章停车罚单数量还表明，如果一个国家对美国有好感，那么该国的外交官就不太可能有大量的未支付罚单。2002年皮尤研究中心^①的一项民意调查表明，美国最受洪都拉斯、委内瑞拉、加纳、菲律宾和尼日利亚公民的欢迎。相较于在调查中的其他事项上的表现而言，这些国家的外交官在违章停车罚单上有更好的表现。该项民意调查还显示，对美国最不友好的国家是埃及、巴基斯坦、约旦、土耳其和黎巴嫩。在违章停车现象最严重的前10名国家中，埃及和巴基斯坦都榜上有名。换句话说，外交官在蔑视他们所居住的国家时，更趋于表现出不负责任的行为。

外交官在纽约生活的时间越长，未缴付的违章停车罚单的数量越会随之大幅增加。也许他们知晓了外交豁免这一实际好处。或者他们了解到，在曼哈顿市中心，合法的停车位凤毛麟角。但无论如何，外交官对违章停车这件事有着迥然不同的态度。对那些来自高度腐败的国家的外交官来说，他们在观念上的改变最为显著。只要花费一点时间，他们就会了解哪些当地法律必须遵守

---

① 皮尤研究中心（Pew Research Centre）是位于美国首都华盛顿的一家独立民调机构，主要调查领域包括社会问题、公民意见、人口趋势及民意测验等。

（例如，在美国不要用金钱对警察行贿），而哪些法律可以践踏。

如果试图通过奖惩机制来掌控某个人，那么首先要了解这个人的社会背景。先要看看他（或她）更倾向于通过"合作"，还是"背叛"来识别出自己的同类。

某些社会比其他社会"更具有合作性"——这一声明过于简单了。例如，在科威特，有一种对来访的陌生人极度热情友好的传统。在贝都因人[①]的文化中，长期以来，帮助在沙漠中迷路的人们一直是当地人的一种义务，即使这种援助涉及相当大的风险和费用。这是一种合作之举。而在更富裕、更安全、更流行个人主义的瑞典，在对陌生人友善方面，人们的表现则不尽相同，瑞典人会接纳移民，但他们更有可能根据国家和政府的政策，而非部族或氏族的关系，来看待自己的责任。

没有人会乐意一直合作。当许多美国人认为的不合作行为在斯堪的纳维亚半岛[②]被社会接受时，斯堪的纳维亚人就将无视义务、法律，以及正确的程序，不予合作。

所有去过瑞典或挪威的人都会注意到，当地人特别高大，他们充满活力，而且确实非常健康。斯堪的纳维亚人的长寿率是世界上最高的。然而，最近的一项研究表明，平均每天约有 20% 的挪威人在工作时缺勤。他们的理由通常是"生病""正在接受康复治疗"，或者"长期处于残疾状态"。其政府雇员的缺

---

① 贝都因人（Bedouin）是以氏族部落为基本单位的、在中东沙漠地区以游牧为主要生活方式的阿拉伯人。
② 斯堪的纳维亚半岛（Scandinavian Peninsula）位于欧洲西北角。半岛上主要有 3 个国家——瑞典、挪威及芬兰。半岛上的居民通常被称为斯堪的纳维亚人。

勤率尤其高，而这些人约占挪威所有劳动力的一半。对于赋闲在家这样的决定，这些在其他方面显得很合作的斯堪的纳维亚人觉得无所谓。在挪威，长期旷工几乎不会受到任何处罚。挪威人在请病假的第一年，通常能获得整年的全薪，第二年仍然能得到60%的薪水。如果员工被解雇，那么他长期可以领到丰厚的失业救济金。自1990年以来，挪威以长期伤残为名休假的人，数量增加了20%，但是总体而言，挪威人正在变得更健康，而不是变得更衰弱。

大多数挪威人的休假时间约为5周，此外，挪威有11个法定带薪假期，当然还有周末。仅仅将这些加在一起，挪威人在一整年中就可以享受将近一半的休息日，大约有170天。因疾病、残疾和康复而休假，又额外占去了许多工作日。

挪威人只是不太热衷于工作，他们对不必工作、不应该工作的想法习以为常。他们并不认为这种想法会使他们缺乏合作精神。挪威是一个富裕的社会，与当代西欧的大部分地区一样，它崇尚休闲，而不是经济增长。我们中的一些人可能会觉得这样的挪威简直太棒了。有充裕的闲暇时光难道不是最美妙的事情之一吗？但这正是问题所在。挪威人——以及我们中的一些人——认为这种对待工作的态度是完全可以接受的。但乍得的普通公民，即便身患疟疾或痢疾，每周也需要工作7天，他们可能会觉得不工作的想法难以置信或十分可怕。

心理学家定义了"基本归因错误"（fundamental attribution error）这个概念，有的时候，这个概念也被称为"对应偏差"

（correspondence bias）。这种谬误是假设某种行为上的个案深切地代表了某个群体的个性特征。然而这些行为往往是周遭环境影响所致。比如，如果有人在排队的时候插队，那么，我们倾向于判定他是个不好的人。但是，也许插队者因为某种压力，根本没有注意到他前面已经有人了。

人们对于上述刻板印象存在倾向性，就这一点，研究人员已经为我们提供了多种解释，但是我发现了一个特别普遍的因素：我们总是假设其他人会以和我们相同的方式进行选择。对另一个人来说"利害攸关的事情"，通常与我们自己所认为的关键之事大相径庭。在科威特外交官自己看来，他们并不总是"为了个人的停车便利而嘲弄式地利用了美国"。他们认为，有时候，自己只是"一般化地酌情对一些存在漏洞的、不必要的或是不合适的法律不予理会"罢了。

有很多人会在限速 25 英里 / 小时（约 40 公里 / 小时）的区域内，以 40 英里 / 小时（约 64 公里 / 小时）的速度行驶，甚至可能会达到 50 英里 / 小时（约 80 公里 / 小时）。我住在弗吉尼亚州（Commonwealth of Virginia）北部，在限速 25 英里 / 小时（约 40 公里 / 小时）的区域内，往来车辆的平均速度是 35 英里 / 小时（约 56 公里 / 小时）。我们会以下面这种方式对自己漠视法律的行为进行合理化：大家都以这样的速度开车，所以我也别无选择，只得如此。但是我们通常不会在自己家门口的路上开那么快，尤其是我们有小孩的话。可见，我们与科威特外交官并没有我们所想象的那么不同。

顺便说一下，这个违章停车的故事也说明了，为什么世界上最大、最赚钱的公司，其股东从不聘请经济学家来负责经营。经济学家有很好的理论，但是成功的诀窍是要知道哪个特定理论在何时适用。解释和理解一个人的思想和行为，既是科学又是艺术。

这个关于违章停车罚单的故事的结尾是，美国舆论引发了公众对这种行为的强烈反对。美国对联合国的作用长期以来都持怀疑态度，他国的外交官在美国更是不受欢迎。纽约市官员的恼怒情绪愈来愈严重，于是美国国会决定采取行动。2002年克林顿－舒默修正案（The 2002 Clinton-Schumer Amendment）赋予纽约市相关单位权力，可以拖走那些拒不支付违章停车罚款的外交官的车辆。除此之外，美国国会还将从美国对外交官所属国家的援助拨款中扣除其所拖欠的罚款。

这项修正案实施之后，外交官的违章停车罚单数量立即下降了90%以上。但是，累计未支付罚单数量最多和最少的国家，其名单几乎没有变化。

那么上述3个故事分别在什么时候适用呢？考虑使用金钱作为奖惩时，我们不能期望能靠某个单一的因素——所提供奖金的多少、个人的承诺，或者一个人对他人期望的了解程度——来制定正确的行动方案。我们必须观察一组相互关联的因素，然后权衡它们。下列条件的组合成立时，最适合用汽车销售员的故事来激励人们。

1. 当任务的出色完成与额外的努力程度对应时，要提供金钱奖励

文书工作需要的是专心致志。把文件按正确的顺序归档是很枯燥乏味的，但大多数人都可以做到。我们所需要的就是努力把它做好。为了得到一个好的工作效果而支付我们更多的钱，我们就会加倍努力。这种激励措施已经被实验证明是有效的。

奖品和奖励还可以提高简单的记忆力和回忆能力，当然，前提是大多数人都可以完成这项任务。比如，涉及细致的信息匹配任务的会计工作，也同样需要奖励和奖金。奖品还可以激励人们发现印刷排版的错误，对于有一定读写能力的人来说，这项任务在很大程度上只是一个精神专注与否的问题。

奖品和报酬也会促使人们忍受更多的痛苦。一组女性受试者被要求将手放入冰冷的水中，水温在 0℃至 1.67℃之间，要停留 4 分钟到 8 分钟。坚持停留 4 分钟便可获得 2 美元的报酬，如果超过 4 分钟，那么每增加 1 分钟则可以再额外获得 1 美元。

有报酬的受试者将手浸没在冰水中的平均停留时间为 307 秒，比没有报酬的受试者的平均停留时间 110 秒要长得多。这比实验开始前实验实施者预期的差异更大：有报酬组的受试者的平均停留时间预期为 355 秒，没有报酬组的受试者的平均停留时间预期为 262 秒。换句话说，没有报酬的受试者对不适环境失去忍耐力的时间，比预期的更短。可见，有时金钱比我们想象的更加重要。

但有些活动非常简单和透明，所以更大的奖励也无济于事。

比如，对 1 美元进行讨价还价时，和针对 100 美元以上讨价还价时，人们的表现相同。因为没有太多努力的余地，所以更大的奖赏对其表现不会有什么影响。

让一个年轻的姑娘洗碗，是一件需要花费点工夫的事情，它看上去可能属于汽车销售员的故事这个类别。事实上，餐厅雇用青少年在厨房工作这件事的确应该归于此类。但是，这种情况通常不适用于你自己的孩子，或者对某种任务有强烈情绪（不管是正面还是负面）的人。

2. 当固有的内在动机不足时，要提供金钱奖励

我的妻子会花费时间为家人整理客厅。如果我为此而付钱给她，那我一定是脑筋短路了。对为家人整理房间这件事，她已经有内在动力了，而且作为一名律师，她有着不菲的收入。因此，她不需要靠金钱来保持她的清洁习惯。我敢说她对营造一个温馨的家这件事充满热情，所以这是一种强大的内在动力。而我喜欢的事情截然不同，我喜欢为家人烹制菜肴（墨西哥菜、印度菜以及中国菜都是我喜欢做的菜），是烹饪出美味菜肴的自豪感，而非做饭会得到报酬激励我做得更好。

哈佛大学的经济学家罗兰·弗赖尔[①]决定进行一项实验，要为学生获得更优异的成绩支付报酬。这项实验是奖励在整个学年中阅读成绩和数学成绩优异的学生。比如，成绩达到 80 分将获得 20 美元的奖学金，之后成绩如果有进一步的提高，还会继续

---

① 罗兰·弗赖尔（Roland Fryer），宾夕法尼亚州立大学（The Pennsylvania State University）经济学博士，哈佛大学教授。

获得奖学金。弗赖尔对记者说："有些人担心，这是为孩子们本就应该做好的事情而支付额外的奖励……我理解这一点，但这个国家的人们之间的成就有着巨大的差异，我们必须积极主动地做些什么。"

事实上，支付奖学金的实验已经有人实践过了。底特律附近的伯明翰（Birmingham）学区的一所学校，为在家庭作业和考试中表现出色的三年级学生支付"贝弗利币"（Beverly Bucks），比如说，拼写测试价值2美元。虽然他们所获得的"支票"是以美元计算的，但是他们只能在学校商店内使用。孩子们还会因为使用走廊和操场缴税。他们还会被罚款。"如果我不小心撞倒他人，那么我一定会损失4美元或5美元，"一个名叫沙恩·霍姆斯（Shane Holmes）的8岁学生说，他似乎发现了损失竟然如此之大。

弗赖尔还没有完成这个实验，但我有一个预测：这种方法在那些糟糕的学校里最有效，否则孩子们没有理由完成作业或在课堂上专心听课。

事实上，为成绩好的学生支付奖学金的历史由来已久。早在1820年，美国进步教育协会（Society for Progressive Education）就在纽约市的学校系统中进行了尝试。该制度在19世纪30年代被废弃，理由是它鼓励了"唯利是图的精神"，而不是学习。

3. 当以获得报酬为目标的工作得到社会认可时，可提供金钱奖励

如果每部电影的片酬为2000万美元，那么演员们就知道他们"功成名就"了。他们对这样的收入感觉良好，而不会以此为耻。这会强化而非削弱他们努力并用聪明的方式工作的内在动机。

对冲基金经理在数以百万计的收入中得到了自我激励。同时他们也被金钱和社会地位所驱使，为之着迷。我要再次强调，这两种激励的作用是相同的。

对于一个聪明的 18 岁女孩来说，在博德斯书店①工作既有趣又炫酷。所以她愿意接受经理的钱做整理书架的工作，却不愿意在家洗碗，哪怕父亲也会付钱给她。

鉴于在许多实验中，奖金的作用似乎是适得其反的，许多社会心理学家都在思考，在现代经济活动中，是否应该大力限制支付奖金这种激励方法。这群拿着低薪的学者对他们的人生太过认真严肃了，才会有这种幻想式的观点。仅仅因为许多教授在没有任何回报的情况下提高了他们的授课水平，这并不意味着我们可以用同样的思路来衡量企业的经营。实验室中的金钱激励常常适得其反，在家庭中或工作中也是一样的，因为它们经常会被不恰当地使用。实验室是一个可以告知我们可能会发生什么事情的地方，但它无法告诉我们在现实世界中将发生什么或应该发生什么。设计实验的人与经营企业的人不同，他们也无法为受试者表现良好时的成就创造与在真实世界中获得成就时所得到的同等程度的奖励。企业是发现——实际上是营造——某种环境的大师，在这些环境中，金钱和地位的驱动力共同激励

---

① 博德斯书店隶属博德斯集团（Borders Group），是美国的一个大型图书与音像制品零售商。

人们发挥自己的作用。

真正的问题是，金钱奖励什么时候有效，什么时候无效。如果前文所列的 3 个条件得到满足，那么，我们很可能就会面临汽车销售员的故事里的情景。换句话说，当努力很重要时，我们就应该用金钱进行激励，因为当人们没有工作的内在动力时，金钱则可以提升他们的社会地位。当这些条件不能被满足时，脏盘子的故事里的场景就会出现。

在这里，我还要对使用金钱进行奖惩进一步提出一些限制。比如，我们应该警惕那些用错误的前提应对问题的人，以及那些对反馈意见反应过度的人。我不知道如何将高尔夫球沿着恰当的路线击打进球洞。如果在以远低于标准杆的水平完成击球后，我仍然会有 1000 美元的奖励，这可能只会强化我击球时的坏习惯。有时更加努力反而会适得其反。

在一项研究中，两组受试者获得了关于 20 名学生的一些信息，并被要求预测哪些学生"获得了荣誉"。受试者还得到了进行预测的公式，并被告知通过该公式得出的结果很可靠。第一组受试者被告知，即便他预测成功，也没有奖励。于是他们中的大多数人都使用了公式，这一组的预测成功率为 66%。第二组受试者被告知，如果预测成功，他们将会获得奖金。于是，第二组的受试者更倾向于放弃使用公式——这一组"太努力了"——他们的成功率只有 63%。

从长远来看，更高的奖励可能会激发我对高尔夫球训练课，以及学习高尔夫技巧这一艰苦过程的兴趣。但在短期，甚至中期内,奖励会加剧基本的、固有的错误。当我们的判断在一开始就出现错误,并且很多事情还悬而未决时,我们会觉得需要"尽一切可能"去完成任务。这种强迫对于最终的结果并不总是有益的。

大多数罪行较轻的犯罪分子对现金的诱惑会立即作出反应,但他们不太担心将要面临长期监禁或糟糕的生活前景。犯罪学家理查德·T.赖特[1]和斯科特·德克尔[2]在他们精彩的著作《工作中的窃贼》(*Burglars on the Job*)中记录了这种鼠目寸光的行为。两位作者采访了102名小偷,想要找出他们的犯罪动机。

犯罪分子几乎总是认为自己处于危机之中。他们需要稳定的即时愉悦体验——通常是女人和毒品——并且他们会采取行动来确保自己获得这些体验。在无法获得的情况下,他们就会感到焦虑。犯罪分子认为,此时的首要任务就是尽快消除这些焦虑的根源。如果罪犯的口袋里没有足够的钱(通常都是这种情况),他们就会实施入室盗窃。正当的工作并不能够在最短时间内缓解他们的焦虑。此外,合法的工作通常需要服从老板,而这一点对于大多数罪犯来说,可能是最糟糕的事情。

与严厉的惩罚相比,让这些罪行较轻的犯罪分子多想想自己的未来,可以减少他们的犯罪行为。犯罪分子通常不会预先考虑或计算他们将要面临的风险。从客观上讲,在这些人中,几乎没有人挣扎在饥饿或赤贫的边缘。这些犯罪分子受到了动机的

---

[1] 理查德·T.赖特(Richard T. Wright),剑桥大学犯罪学博士,佐治亚州立大学(Georgia State University)教授。
[2] 斯科特·德克尔(Scott Decker),佛罗里达州立大学(Florida State University)犯罪学博士,亚利桑那州立大学(Arizona State University)教授。

驱使——可以说是过度的驱使，但是他们只着眼于当下的回报，而忽略了长期成本，因此犯下了罪行。

4. 高回报往往会让人"窒息"

哦，我们多么害怕犯错啊。冒着失败的风险去尝试完成一项任务，这会给人带来压力或自卑感。我在大学担任论文指导教授时经常会看到这些问题。许多学生担心他们的论文不如预期的那么好。当论文写到紧要关头，他们会不知所措，甚至犯下更大的错误。一些学生索性完全放弃写论文，仅仅因为他们被论文的重要性压得喘不过气来。但是，当论文的重要性较低时，这些非常聪明的学生会做得很好。

假设我在篮球比赛中走到罚球线前并尝试一次投篮。我只是一个水平不怎么高的业余篮球爱好者，至少可以说，我不习惯这种事关冠军地位的投球所带来的压力。我从来没有被要求在选拔赛中投出制胜的关键球（一对一的投篮比赛除外），更不用说要在专业的比赛环境中这么做了。什么样的奖惩措施会最大限度地增加我投篮得分的机会呢？

我猜，对我来说最优的奖金约为 100 美元。这对我有足够的吸引力，并能促使我全神贯注。不过 50 美元也是我可以接受的。如果有人威胁我，没有投篮得分就会被他们砍头，那么我不确定自己在投篮时会不会有好的表现。在这种情况下，我不相信自己投中并得分的概率会增加。我不想有太多的事关成败的压力。让一大群人注视着我，只会让事情变得更加糟糕。

在奥森·斯科特·卡德[①]著名的科幻小说《安德的游戏》（*Ender's Game*）中，整场星际战争都是由那些在电脑屏幕上玩"战争游戏"的孩子们推动的。孩子们被告知这是一个重要的竞技游戏，而他们也认为这仅仅是一个游戏而已。他们并不知道人类文明的未来岌岌可危，也不知道只要在游戏里开一枪，就会杀死真实世界中星际飞船里的许多鲜活的生命。

压力大的人往往会更加顺从大众观点。他们感到失去控制，因此他们会寻求群体思维，以及由其他人的认可所构成的安全屏障。举世皆浊我何必独清，众人皆醉我何必独醒？这样，即便犯了错误，那也真的不是我们的错。上述例子与分析有什么意义呢？意义就是，我们意识到了，不要向那些靠判断力决定项目成败的人施加压力。

这让我想到了关于使用金钱奖励来掌控他人的第二个要点，它切入了整个问题的核心。对于那些觉得自己已经失去掌控感的人来说，使用金钱激励他们时，必须格外小心谨慎。不当的激励措施会加剧这种无助感，并导致这些人有破坏性的行为，或者让他们仅仅是为了反抗而反抗。换句话说，惩罚和奖励的应用会让我们觉得自己像奴隶。其结果往往是不尽如人意的。每个人都需要有这种感觉：自己对某件事是有掌控能力的。

---

① 奥森·斯科特·卡德（Orson Scott Card），美国作家，以写科幻小说闻名。

第 3 章

掌控世界，知道何时停止

03

让我们更仔细地思考这种掌控感的需求。

我们都知道,锻炼身体对我们的健康大有裨益,但是,仍然有很多人将大把的时间浪费在了沙发上。至少从表面上看,经济学家对这个问题似乎有解决方法。我们可以建立或调用市场机制来强迫自己进行锻炼。

我们可以向朋友、配偶、和我们一起锻炼的伙伴,或者其他我们不想或不能对其撒谎的人缴纳"保证金",我们可以提前写好支票。这个协议很简单:如果我们没有按照预先安排好的、明确量化了的目标进行锻炼的话,我们就要赔钱给对方。锻炼计划可以是每晚做 30 个俯卧撑,并且要每隔一天去一次健身房。如果你有需要,我也可以担任你的监督员,如果你没有完成锻炼计划，我就兑换你邮寄来的支票。我还会要求你附寄一张带有时间标记的你的照片。

我们也可以让健身房扮演监督员的角色。健身房可以收取更高的预付费，每次我们如约出现在健身房，并在他们的监督下完成锻炼计划时，他们再把部分预付款退给我们。还有谁会比健身房的专业人员更适合监督锻炼计划的执行情况呢？

然而，这样的安排却有可能使我们完全远离健身。我们喜欢健身，而一旦我们认为健身成了一种义务，就不会再喜欢它了。就像脏盘子的故事一样，过多的外部激励会削弱内在动机。如果不锻炼身体会使我们蒙受金钱上的损失，甚至感到羞辱，那么我们迟早会完全抛弃去健身的想法。我们也将不再签订这样的协议。

没错，我们想好好健身，但是我们也想对这件事有掌控感。这是人类的一种基本的冲动。如果我们的锻炼计划让自己感觉像被奴役了——即使完全出于主动的自律——这个计划也很可能失败。

我们都听到过"生命是一个可以控制的过程"这种胡言乱语。从某种意义上说，它是正确的，但人们不太清楚的是，对过程的关注是许多人失败的根源。当人们应该遵从某些建议时，却往往会反其道而行之。如果我们知道自己必须遵守得到的建议，那么还有多少人会写信给专栏作家去寻求建议呢（我指的是那些聪明而有见地的专栏作家）？——我们太过在意对过程的控制，而对获得正确的结果却不够关心。

因此，当人们感觉到自己对某件事失去控制时，奖惩措施往往会失效。在应用激励措施时,我们应该尊重它们,至少它们会反映出一些表象,可以作为制定措施的参考。要摒弃奖惩措施,让它离人们越远越好,除非某些奖励能给人们带来社会地位的改变。否则,奖励越显著,就越有可能降低人们的内在动机。

人们对这种需要掌控某事的感觉无能为力。人们对掌控感的追求源于深层的心理冲动和生理冲动。这就是我们为什么说感官丧失仓是一种切切实实的酷刑:它剥夺了参与者所有的掌控感。这也解释了为什么在我们在完成自己的事时会感到很满足,因为这些事可能有成功的机会,或者我们至少可以自我安慰地这么想。

人们都有对掌控感的需要,这可能是你的孩子不会为了钱而在家洗碗的另外一个原因。他害怕陷入一个世界——在那里,他会在父母的奖励的不断召唤下变成一个傀儡。这是奖励和惩罚措施的主要缺点,我们用其来影响其他人的行为,而这正是让人们感觉到缺乏掌控感和自由的原因。许多人会反抗这些感觉,或者反抗产生这些感觉的根源,这就是激励措施会完全无效,甚至会适得其反的原因。

掌控感的重要性为改善世界和改善我们自己提供了一些更进一步的线索。试图掌控其他人的结果可能是灾难性的。因此,有时你只需要停下来,把控制欲放在一边,然后继续前进。

让我们回到违章停车罚单的故事上来。这个故事告诉我们,应用激励机制的对象是什么样的人——以及他有多大的配合程度——有多么的重要。换句话说，在一般的情况下，重要的不是你要掌控别人，而是找到和你志同道合的人，或者说服别人像你一样了解某个情况。

有一个明显的商业问题，即我们什么时候应该为优秀的同事提供奖励。

古老的商业格言说道："付出金钱才能获得人才并且留住他们。"虽然这是陈词滥调，但我们可以更好地判断，什么时候值得花费代价去"拥有最优秀的人才"。当奖惩措施能产生激励作用，尤其是面对简单的任务时，人的素质就不那么重要了。只要花钱雇用一个苦力，他就可以完成文件归档的工作。

当人们在奖金和内在动力的共同作用下，付出了更多的努力，并取得了更高的成就时，我们应该为其提供更丰厚的奖励。在这些情况下，社会地位的提升会加强而非取代金钱奖励的作用。工作的动力真的很重要，在诸如顶级律师、投资银行家和运动员等高薪人士身上，情况正是如此。这些最优异的表现者在努力奋进的时候，他们知道自己在为什么而努力，而不会像我在无力地挥动高尔夫球杆的时候那样茫然无措。

当某种工作对社会很重要，但年终绩效奖金却微乎其微，甚至根本不存在时，我们应该为从事这项工作的人才支付丰厚的报酬。这类相关机构通常想让员工发自内心地完成工作，那就更要确保雇用到了具有足够内在动力的人。具体点说，我们应该为学校老师支付更多薪水，没错，这些老师也包括我自己。

有的时候，问题并不在于支付更多的金钱，而是能不能重塑周围的同伴环境。1990 年,霍巴特和威廉·史密斯学院①的教授韦斯利·珀金斯②发现,多数学生认为自己的饮酒量低于所有学生的平均水平。这让他们感觉自己有缺点,并且胆小怯懦。这种压力促使他们喝更多的酒,以求和别人一样。当然,并不是每个学生对自己饮酒水平的感受都是真实的。这些感觉在很大程度上是一种错觉。我们经常假设别人比我们出去玩的次数更多,或者比我们玩得更开心。在现实生活中,我们比自己想象得更容易出现这种错觉。

当真实的饮酒量数据被公开时,学生们发现,只有少数同龄人在聚会上饮酒会超过 5 杯,这样,误以为同龄人都很放纵导致的压力就减少了。加利福尼亚州立大学系统③在学生身上成功地应用了这种公共关系法。与其对学生说"不要这样",不如说"像大多数其他人一样"更加有效。

虽然我内心是一个乐观主义者,但是我知道,许多激励问题在很大程度上是无法解决的。不过,我们仍然可能会取得一些进展。在极端情况下,有时我们只需要知道在什么时候应该放弃掌控别人,就可以了。我从来没有奢望让迟到的人守时。一般来说,我要么会容忍他们的迟到,要么就会取消和这些人见面。

厄瓜多尔的企业和公民团体最近发起了一场旨在让厄瓜多尔

---

① 霍巴特和威廉·史密斯学院(Hobart and William Smith Colleges)是一所位于美国纽约州的文理学院。
② 韦斯利·珀金斯(Wesley Perkins),耶鲁大学的社会学博士,霍巴特和威廉·史密斯学院的教授。
③ 加利福尼亚州立大学系统(California State University System)是美国规模最大的公立大学系统,位于加利福尼亚州(State of California)。

人更加守时的全国性运动。厄瓜多尔人以迟到而闻名；在这个国家，原定于晚上 8 点举行的晚宴可能要到晚上 10 点半才会开始。如果宾客 9 点到达，则会让女主人感到震惊，并且会被认为是不合适的行为。这种习惯在社交活动上出现可能还可以接受，但对商业活动来说，这种恶习却是灾难性的。据估计，厄瓜多尔人们因习惯性迟到所产生的成本占其国民收入的 4.3%。

但是现在，厄瓜多尔许多的企业和政府机构都签署了守时的承诺。他们承诺，只要迟到，就无法进入会场。会场入口处还放有一个双面指示牌，牌子的一面写着："请进：你很守时。"；而另一面则写着："请勿进入：会议已准时开始。"一家当地报纸还决定，他们要定期公布迟到的公职人员的名单。

一张厄瓜多尔的海报上是这样写的：

症状：很少按时完成任务，浪费他人的时间，事事拖到最后一刻，不尊重他人。

治疗：每天早上给自己注入一剂责任、尊重和纪律。

建议：制订计划、规划好安排以及修理你的手表。

厄瓜多尔的这项全国性运动尚未成功。

许多人对迟到有着更深层次的情绪上的解释。如果对方迟到，自己早到或准时到达时就会很失望。独自坐着等人是一种被对方拒绝了的痛苦体验。为了避免体验这种屈辱感，自己必须迟到。在有机会感受到对方迟到所导致的任何痛苦，甚至只是预期中的痛苦之前，迟到是迟到者先发制人的拒绝。但如果双方都有这种情结，又该怎么办呢？

还有一些人，他们迟到是因为优柔寡断。他们不确定在会面之前要做什么事情，以及以哪种方式去做这些事，或者应该什么时候出发才能保证准时到达。他们的体验是，承诺是对他们可能中的美好生活的破坏。承诺对他们来说是一件令人难过的事，是对其多彩生活的否定。承诺抹杀了期待的快乐，只预示着失望。然而这种情况的结果就是另一方要在星巴克咖啡店里独自等待。

我有一个好朋友，他因为制订计划的方法令人崩溃而臭名昭著——他总会把事情尽可能拖延到最后一刻，当然，对于"可能"这个词，他也有着不同的定义。比如，他要坐飞机去某个地方，他可能就会去机场预订多个航班。当到达目的地后，他又会在城里城外的多个餐厅中预订晚餐。然而，每次到了航空公司即将停止办理登机手续时，他才会决定乘坐哪个航班。选择餐厅就餐时，又会上演同样的戏码。不用说，他几乎总是迟到。

一种具有经济头脑的解决方案是，向参加会议或者活动时迟到的人收费，每分钟1美元怎么样？但这也不太可能奏效。

我们举一个例子就能说明问题：迟到的人往往是老板。一项研究结果显示，美国的首席执行官在60%的时间里开会都会迟到。厄瓜多尔的首席执行官的会议迟到率可能更高。这种情况下，谁来处理他们并对他们进行罚款呢？

此外，迟到者会把罚款视为迟到的代价。所以他们会认为，只要他们支付罚款就可以迟到。如此一来，公司管理者可能在一开始就同意减少会议，但是这样不利于部门间的沟通。这些系统性的迟到者往往会要求得到更高的奖金，从而弥补他们所缴付的罚款，这便削弱了惩罚的力度。我们是否应该要求部门经理挂断一个重要的电话，仅仅为了准时开会、避免罚款呢？我们可能需要对这一点重新进行思考。

一项针对托儿所的研究发现，对迟到者的处罚通常会适得其反。根据之前的规定，父母应该在指定的时间内接走孩子。毕竟，托儿所有固定的工作时间，额外花钱请人坐在旁边照看一个孩子是不划算的。再说，如果孩子开始哭闹着要食物，或者发烧，而他们的父母还没到，那应该怎么办？在这种情况下，有一些父母还是会迟到，但大部分父母都明白，按时接走孩子是他们的责任。托儿所随后决定对迟到的父母收取费用。这种收费的行为表明，家长迟到虽然会给托儿所造成不便，但是也没什么关系。显然，托儿所针对孩子父母迟到的问题有了相应的计划，而这个计划需要资金支持。截至目前，这一改变带来的结果应该不会让我们感到意外：父母来接孩子时迟到的比例显著上升了。

在我们的文化中，某些社交礼仪正在逐渐消失。这通常是因为在了解到同龄人的行为后，我们更加不确定自己应该怎么做。比如，我们在收到别人的邀请后，越来越难以回复并确认自己到底要不要出席。

婚礼策划和活动策划从业者称这个问题正在加剧。工作繁忙的人往往不知道自己什么时候才能放松一下，而有些人则根本懒得回复。还有一些人，如前文所述，在作出承诺时总会被情绪因素所牵绊，即便只是很小的承诺。来自易维特网①的数据显示，该网站用户的邀请回复率一直徘徊在 63% 左右。很多人在最后一刻才会决定是否出席并进行回复。

造成上述问题的部分原因是"邀请疲劳"。想象一下，你每周会收到 10 份到 15 份活动邀请，而这些邀请往往名目繁多，难以辨别其质量。我曾收到过署名为"全球化委员会"的邀请，我很难分辨它是会改变我的职业，还是只会浪费我的时间。既然犹疑不决，那就等等再说吧。当然，与此同时，这个"全球化委员会"不知道我是会拒绝他们的邀请，还是正在考虑中。很多时候我自己也不知道。

易维特网的服务与电子邮件相结合，这使问题变得更糟。我们收到的邀请比以前多得多。易维特还能让我们看到有哪些人被邀请了，还能看到哪些人已经接受了邀请并会出席活动。这些功能使我们能从"观望"中获得更大的收益。如果那个非常可爱的姑娘乔·安妮（Jo Anne）会出席这个活动，那么我也会去，否则就算了。与此同时，乔·安妮可能也正在等着看我的回复，或者更现实地说，她正在等着看那个叫比弗（Biff）的帅小伙去不去。

如果活动的组织者随后会进行电话确认，这个问题就会恶化。每个人都在等待组织者打来电话说"敬请回复"，他们认为无论如何自己都会接到后续的电话。但是，谁愿意因为一个活动而反

---

① 易维特网（https://www.evite.com）是美国的一个社会活动策划网站，用户可以在网站上创建活动并发送邀请。

复被骚扰呢？

当我们不在乎被占便宜，并且对失去友谊无所谓的时候，无法退还的预付款就会对确保我们出席某项活动起作用。演唱会门票就是这样卖的，但是和朋友进行门票交易时，要保证我们一定会出席就困难多了。

一个叫鲍勃·麦格鲁（Bob McGrew）的博主提出可以设立一种抽奖系统。对于是否会出席某项活动这个问题，这个系统会给首先回复"是"的那些人发放入场券，并且会在活动中进行抽奖。麦格鲁还提议，要让人们回复出席的概率，而不是简单地回复是或否。比如，可以回复"我有 40% 的可能会出席"。人们会以较低的出席概率回复还是较高的概率回复？我估计是较低的，这样当他真正出席时，主人会感觉很好。这样看来，依靠这种回复获得更多的信息似乎是一件轻而易举的事，却存在风险。原本会给出明确答案的潜在客人可能会犹疑不决，并回复自己的出席的概率为 84.68%。那么，活动组织者应该如何处理他们所获得的出席概率数据呢？估算出席概率密度函数吗？这真的会让你更容易确定要为活动购买多少葡萄酒和奶酪吗？

之所以很难激励这些迟到者或者不愿意出席活动的人，原因有两个。首先，这项活动可能不是定期举行的。这使得为该活动制定能够被普遍接受的规则或创立可供参考的先例变得困难。其次，对于那些根本不来参加活动的人，无论是奖励还是惩罚，都难以激励他们出席。

激励导致的有些问题则更加难以解决。我们如何激励那些比我们更了解绩效质量的人？曾经有人问杰瑞·宋飞[①]："牙医和虐待狂有什么区别？"他的回答是："牙医诊所有更新一点的杂志。"我们都知道看牙的时候会很痛苦。但是我们能不能想办法减轻这种痛苦呢？然而，我们又怎么知道看牙究竟会痛苦到什么程度呢？

牙医会担心自己获得不关爱病患的长期恶名，因此会尽量避免让病患感到痛苦，即不会全力治疗，这样病患就不会觉得看牙那么可怕了，但是，这同时意味着牙医的目标仅仅是达到病患的平均满意度。然而，不可避免的是，他们会以不同的诊疗服务来对待不同的病患。我担心的是牙医没有尽力来减轻我的病痛。我希望得到他们最好的诊疗，但我可能只是得到了平均水平的诊疗。

行为心理学表明，疼痛的持续时间与我们对疼痛程度的记忆关系不大。相反，我们往往会记住最严重的疼痛有多严重，也会记得痛苦的开始和结束。而在市场化的环境下，患者反馈的报告才是直接反映牙医仁心医术的指标，所以医生才会避免全力治疗，以减轻治疗中的痛苦。

我曾思考过，如果我的牙医在某次治疗中没有让我感觉特别疼痛，我会向她支付奖金。如此一来，牙医可能会尽量让我不承受痛苦。"牙碎了？别担心，你可以忽略它。"这样，最满意的

---

① 杰瑞·宋飞（Jerry Seinfeld），美国演员、剧作家及制片人，其代表作是情景喜剧《宋飞正传》（Seinfeld）。

患者不一定能得到其最需要的治疗。牙医的目标会变成让患者在短期满意，而不是患者牙齿的长期健康。

如果我们多年来总是去看同一名牙医，那么定期地送他圣诞礼物就不是一个坏主意。一个对自己的牙医不太信任的病人，可能会假装自己也是牙医或者是诉讼律师。我有很多朋友和亲戚，在我暗示他们需要去看牙医后，他们觉得我其实是牙医的业务联系人。

对于我现在的牙医，我假装没有恐惧。在诊疗结束时，我会说她做得很好。我希望这样能让她觉得自己是一名优秀的牙医，并且给我提供高质量的诊疗服务，由于她成为我的牙医的时间不长，我还不能对她使用高强度的激励措施。不过，也许有一天，她也会收到我的圣诞礼物（即使她是个印度教徒）。

所以，我不认为我可以掌控我的牙医，或因此而能得到最好的诊疗。然而，通过放弃这种对掌控感的追求，我反而可能会得到比平均水平更好一点的诊疗。

我在访问摩洛哥的马拉喀什（Marrakesh）时遇到了另一个难题。我已经阅读了相关的"旅游指南"，也了解了当地导游的信息，但是直到我到达之前，我还是没有完全了解等待我的将会是何种陷阱。在马拉喀什的每个角落都有当地人突然冒出来，要为我提供导游服务。

马拉喀什是一座美丽且令人敬畏的中世纪阿拉伯城市。其城墙可以追溯到公元 13 世纪。城内几乎每一步都令人叹为观止。作为游客，你会在游览时遇见出售古老的《古兰经》的小贩、耍蛇的艺人、珠宝商或者香料商人。不过，马拉喀什的老城区不是主要为游客服务的。在马拉喀什很容易找到中世纪式的阿拉伯牙医诊所，当然，这些诊所不会使用麻醉剂。显然，对外国游客来说，这不是一项很受欢迎的服务。

然而，这座城市里的好多地方，无论多么的可爱迷人，都像是一个迷宫。那些窄窄的小巷和蜿蜒的主干道都没有路标，所以，游客几乎不可能在没有帮助的情况下走到目的地，至少不可能在下午6点之前回到酒店。

一个根本问题是：在一天的大部分时间里，我根本不需要当地导游。但是，在那些像迷宫一样的地方，我需要一个导游。这个导游应该带我去我想去的两三家商店，而不是他想带我去的那20家商店——这会最大限度地提高他的佣金收入。

也许更重要的是，有一个导游可以远离麻烦。当我在没有导游的情况下游览马拉喀什时，所有那些想成为我的导游的人都会不停地纠缠我。这就像你必须选择要将哪个巨型水蛭放在头上一样，因为你知道你的头上不会一直是空着的。在马拉喀什，雇导游的主要目的很简单，就是让其他导游远离你。

一开始，导游的费用并不高，这些导游会说："我是你的朋友，我爱美国。我免费带你参观，我们是非常好的朋友，我不收取任何费用。"但在一天的游览之后，他们会向你要钱。他们的口吻可不仅仅是索要，而是乞求、恳求、哄骗，甚至是带着愤怒要钱。如果想要避免这种让双方都蒙羞的场面，那么至少要付给他们20美元。与此同时，导游会带他们的"受害者"去购物并获得回扣。因此，我们不能指望导游会按照我们的指示行事，或者带我们去我们想去的地方。

导游认为我们会对地毯厂和地毯高昂的价格喜闻乐见，还有给你倒茶的油滑世故的老板，以及大量的童工。

那么游客应该如何为导游制定一份"最佳补偿合同"呢？我们怎样做才能避免被导游带到自己不想去的商店里呢？如果实在避免不了，要怎么减少那些令人蒙羞的场面所带来的伤害？当然，我们不可能依靠导游的"内在动力"来达成这个目标。

然而遗憾的是，这个问题并不容易解决。我们可以预先付给导游一些钱，但一天结束时他们还是会索要更多的钱。如果导游做得好，我们可以让他一整天都为我们提供服务，并且还可以承诺过几天还会再请他做导游，但是导游知道他不太可能再次见到我们。此外，导游仍然希望带我们去地毯店购物，因为比起挣少得可怜的导游费，导游更愿意赚大额的佣金。我们可能会承诺在一天结束时支付大笔的导游费，但前提条件是导游不会带我们去任何我们不想去的地方。但是导游会相信我们的承诺吗？此外，他可能认为我们真的很想参观地毯店，而且确实有些游客是这样的。

导游的问题有点类似牙医的问题。在这两种情况下，我们都对如何实现目标知之甚少。导游比我们更了解马拉喀什。一旦进入小巷，我们就只能听任导游摆布了。比如他们会说"它（那个地毯店）就在你回去的路上"，这样我们就更难拒绝参观地毯店了。

要不要赌一赌自己的运气，选择酒店提供的"官方导游"呢？他们受到酒店的约束，不会有出格的行为。对于那些无法应付旅游乱象的游客来说，这确实是首选，但是，雇用这样的导游要花更多的钱，还必须住相对昂贵的酒店。

摩洛哥地毯之所以如此昂贵，是因为商人知道游客对地毯的真实价值一无所知。很少有当地人愿意帮助我们了解这些信息，他们更愿意让游客出高价购买地毯。结果是地毯商直接或间接地与导游成了利益共同体。在这种情况下，我们对导游加强控制是很不高明的做法。

提高会议质量是这个世界上最艰巨的任务之一。与会议相关的问题多如牛毛，而且相当严重。调查显示，被人诟病最多的问题是会议"漫无边际、重复冗余、偏离主题"。除此之外，主旨不明确、缺乏结论或任务分配不合理、时间过长、节奏缓慢、经常被打断，以及"与会各方普遍觉得浪费时间"，都是对会议的负面评价。

然而，各种会议仍在继续，甚至成为管理者打发时间的一种方式。一项调查结果表明，普通管理者每周有1/4的时间都花在开会上；中高层管理人员平均每周都有两天的时间花在开会上；一些高级管理人员每周甚至有4天时间都在开会。

这听起来是不是很耳熟？如果只看这些开会天数的统计数据，一个刚刚到访地球的不明就里的火星人可能会得出这样的结论：这些会议效率很高，而且很有趣。

绝大多数有关如何开会的文章都让人读起来如同嚼蜡，也许它们是由那些参加过太多会议的人所撰写的。我在亚马逊上搜索关键词"会议"，然后购买了排名第一的关于会议的书，即芭芭拉·J.斯特赖贝尔（Barbara J. Streibel）的《管理者有效会议指南》（*The Manager's Guide to Effective Meetings*）。这本书提供了以下几个策略：

1. 说明会议的目的。
2. 在会议进行中，询问是否有任何更改建议。
3. 在讨论时秉承重点，并且要不断推进。

如果这些就是她保证会议质量的最好方法，那么她就是我讨厌与其一起开会的那种人。毫无疑问，头脑冷静、言简意赅的经济学家至少可以比她做得更好一点。我听说过——或者说在某些情况下亲身经历过——以下更激进的提高会议质量的想法：

1. 让每个人都站着开会，直到会议结束。
2. 即使所有人都在同一层办公，也改为召开电话会议。这样能减少喋喋不休和窃窃私语的机会。
3. 给与会者一个国际象棋时钟，以限制他们发言的时间。

使用国际象棋时钟的规则很简单：每个人在开始发言时都按下按钮，开始倒计时。时钟会记录每个人发言的时间。当时钟上的小旗子落下时，发言者的时间就用完了，必须停止发言。不发言的与会者可以把自己的时钟连同时间一起让渡给其他人。

4. 在会议期间监控与会者的情绪。这个想法来自博学的博主兰德尔·帕克（Randall Parker）：

桑迪亚（Sandia）的项目经理彼得·梅克莱（Peter Merkle）说，在被称为个人援助链接（Personal Assistance Link）的微型传感器和发射器的帮助下，你的设备（在你的许可下）会成为一个内窥镜，如同一名监测你的实时生命体征的侦查员。它会监测你的排汗情况和心跳，读取你的面部表情和头部运动，分析你的语气，并将所有信息关联起来，以便你随时随地了解自己的感受——那些你可能会忽略的东西，而不是被动地等待问题发生。该设备还会将这些信息传递给你小组中的其他成员，以便每个人都能更有效地合作。

换句话说，在会议进行中，当每个人都感到百无聊赖的时候，蜂鸣器就会响起。我担心如果这种设备被广泛使用，我将永远不会被允许参加任何会议。

另一种选择是为每个人的时间成本定价。当与会者进入会议室时，可以悄悄地把自己的年薪输入电脑。然后，计算机会根据流逝的时间不断计算会议的总成本。在会议结束时，会议主持者可以说："好吧，我们已经花费了公司1500美元了——我们有何收获？"

我完全赞成进行自愿性质的实验，所以一定要尝试以上这些想法。作为一名前国际象棋选手，我对上述使用时钟的建议情有独钟。然而，提高会议质量是如此困难是有原因的。这不仅仅是因为世界上有很多地方存在愚蠢和不公正，尽管情况经常如此。还因为会议能提供有价值的、隐蔽的功能。

会议并不总是能有效地交换信息或发现新的想法。许多会议只是假装为了达成这些目的而开的。事实上，大多数会议都是一种伎俩，用于达成既定目标之外的其他目的。有时候会议是权力的象征，旨在显示哪些与会者占有主导地位。在这种情况下，开会可能就是需要"浪费"时间。如果某一方努力尝试但还是不能削弱这些人的主导地位，那么与会者就能感受到这些主导者的强大力量。因此，对这些主导者来说，削弱那些唱反调的人的势力是很有必要的。

会议还可能让与会者感觉自己是局内人并能参与某些决策，或者使其有某种虚幻的掌控感。我注意到，在官僚机构中，这种现象会特别频繁地出现。但是，这往往意味着这些与会者必须有机会发言，并且能够提出他们的意见。致力于建立、维持一个联盟是一件浪费时间的事情。一旦人们接受了经由会议而形成的决议，就会积极地去执行它。

正如前文所讨论的那样，如果人们对事情没有掌控感，奖励机制和惩罚措施可能会适得其反。从本质上讲，对于那些在会议上让我们挫败沮丧的、对议题毫无建树的人，会议通过让他们参与发言，使他们感觉到自己也是有影响力的人，从而抵消他们对掌控的缺乏感。（这会让我们感觉更好吗？）毕竟，其他人都坐在那里听他们发言。会议之所以难熬，是因为会议的目的原本是让每个人都能发表自己的观点，而不是仅仅让最了解问题或最能快速切入主题的人发言。所以，在这个层面上，倾听夸夸其谈者和反对者的意见变得尤其重要。

这是一个残酷的事实：从中期和长期来看，明显效率低下的会议对工作的影响有好有坏。会议有助于我们建立一个合作者而非搅局者的形象。会议还为人们提供了按照激励措施行事所需的社会环境。

按照前文所述，会议可以提供各种关于地位的信息。在会议上，谁发言了？谁没有出现？谁觉得有必要表扬某个人？要表扬哪个人？我们可以通过观察会议了解职场内部的运行规律——或者证实我们对这种规律的猜想。没有会议的工作场所会变得混乱，并会让人们在社交上变得无知。有能力胜任工作的人首先必须对职场生态有足够的了解，然后才能将其自身导向职场的社会环境中。

总而言之，如果我们想了解会议，就会触及内在激励的重要性的问题。一个好的会议可以让职场上的问题转危为安，使其从汽车销售员的故事中的情形（靠金钱激励工作），转变成违章停车罚单的故事中的情形（靠内心动力激励工作），当然，我在这里说的是瑞典外交官，而不是科威特外交官。

可以肯定的是，许多会议根本无法提高质量。一旦人们走进会议室，他们就很难控制自己。你真的认为这些人每次抛出一个愚蠢的感叹词后，就会停止发言吗？提高会议质量的一种简单的方法是限制会议的数量和时长。但是如果我们决定使用这个方法，那么我们就需要使用其他方法来形成正确的社交导向，并适当地增强大家的个人掌控感。我们应该多举办一些公司野餐；要求每个人对新的商业计划提出书面意见。控制会议的另外一种方法就是停止召开会议。

在我们的3个故事和实用建议的背后，是一个更加广泛的社会教训。获得正确的激励方法并不容易。没有任何一个核心计划者或者政府机构能够很好地使用激励方法。没有一家公司从零开始就会对职场中的奖惩措施了如指掌、游刃有余。

至于私营企业的成功，是因为我们依赖于长期的反复试验。我们借鉴其他人的经验，从中了解什么有效，什么无效。许多好方法都有成功的案例作为支撑，也因此被其他人学习。奖惩制度不佳的企业往往会失去其市场份额。因此，市场竞争中隐含着辨别有效奖惩制度的智慧。通常来说，当我们以特定方式制定奖励或惩罚时，我们甚至不知道自己在做什么，或者为什么这样做。我们只是凭"直觉"认为，即便学生获得优秀的成绩，我们也不应该给教师发奖金。

第 4 章
拥有所有伟大的艺术作品

04

除了控制权，什么才是我们真正想要的东西？经济学被认为是痴迷于金钱的学科，但在使用激励措施时，比金钱更重要的概念是资源的稀缺性。稀缺性是指我们想要的大部分东西都不会得到随心所欲的供应。当然，有些资源的稀缺性比其他资源的稀缺性更重要。

一个具有良好直觉的经济学家在解决实际问题时会问："和阻碍我们在这个问题上取得更好结果相关的稀缺性资源是什么？"我们需要提出这个问题，至少要开始寻找答案，否则我们解决实际问题时可能就会失败。譬如说，我们可能会在解决某个问题上投入更多的金钱，然而金钱却不是解决该问题的必要条件。通过识别最有价值的稀缺资源，我们就可以知道要在何时何处使用激励机制。

资源的稀缺性这个概念比我们都想拥有更多金钱的这一简单事实更为重要。随着我们的社会变得更加富裕，物质商品不再是最重要的稀缺资源。在这个高度文明的社会中，我注意到，最常见的稀缺资源是注意力和时间。

在文化领域，学习如何克服时间和注意力的稀缺问题，比花费 10 亿美元购买油画作品更有价值。比如，我们发现，人们真正难以实现的是对自己的日程安排有松弛感。也就是说，我们希望成为有时间关注电影、绘画、雕塑、音乐、小说，以及世界艺术和文化的人。

但这不仅仅是要清空日程安排的问题，我们还需要激励措施来贯彻和执行文化消费计划。所以，如果我们想更多地了解文化、享受文化，就需要学习如何惩罚和奖励自己，促使我们达成这一目的。很多人都不曾意识到：激励措施不仅可以影响其他人，也可以用来克服自身的不完美。我们需要将激励措施应用到自己身上，使自己对新的文化流派更加关注、关心，并怀抱一个更加开放的态度。

我们的个人缺陷往往比缺钱更加糟糕。尤其是在文化领域，金钱更不是万能的。没错，如果有 1 亿美元的闲钱，我们可以购买一幅著名的巴勃罗·毕加索（Pablo Picasso）的肖像画。但仅仅拥有这幅画并不能保证我们会欣赏和享受它的美。我拜访过一些艺术品收藏家，他们将最著名的作品束之高阁。我也见过名作被人遗忘在马桶后面的情况。对绘画作品缺乏好奇心可能是最严重的罪过;也许人们家里的壁炉上挂着一幅优美的风景画,却从来没有人真正地欣赏过。

享受绘画和运用绘画可以改善我们的生活品质,这是潜在的收益。如果一个人能够培养自己的艺术鉴赏力,并且对于艺术能形成一种开放且放松的正确态度,那么即使其年薪只有5万美元,从文化角度来说,也比无知的亿万富翁要富有得多。

缺乏关注意味着在某些时候我们对这些艺术品根本不在乎。我是一个狂热的藏书爱好者,但是我发现,我的连续阅读时间很难超过8个小时。如果书籍的尺寸过小,或者内容晦涩难懂,这个时间就会缩短到四五个小时。在连续欣赏了大约5个小时的音乐后(或者不到5个小时),我的耳朵会变得迟钝。那个时候,即使是我最喜欢的音乐,也会使我头痛,而不是让我提神。我在欣赏威廉·理查德·瓦格纳①的《莱茵的黄金》时感觉很好,这部歌剧通常只有2张或3张唱片,但是在欣赏《诸神的黄昏》时,我的注意力会逐渐消失,这部歌剧通常有4张唱片。我的确喜欢欣赏(某些)音乐,但说实话,当长长的演奏结束时,我会感到高兴,而不是觉得悲伤。两三个小时是我参观艺术博物馆的极限时间,不管里边的作品有多么精彩。因为超过了极限时间之后,我会感到双腿乏力,后背疼痛,再也无法欣赏挂在墙上的画作,

---

① 威廉·理查德·瓦格纳(Wilhelm Richard Wagner),德国的作曲家、指挥家,他的歌剧作品闻名于世。《莱茵的黄金》(*Das Rheingold*)、《诸神的黄昏》(*Die Goetterdaemmerung*)分别是威廉·理查德·瓦格纳的四部歌剧系列《尼伯龙根的指环》(*Der Ring des Nibelungen*)中的第一部和第四部。

甚至会开始抱怨。

每个营销人员都了解注意力的稀缺性。毕竟，如果不是为了让我们记住的话，愚蠢和空洞的广告为什么会重复这么多次呢？从毛巾到阅读台灯，为什么酒店会销售这些家居用品？因为他们知道你是一个被困在房间里的客户，你待在客房里的时候，也没有什么可关注的。为什么出版商要投入那么多时间和金钱，为他们的书籍设计出有吸引力的封面和醒目的标题呢？因为出版商和作者都希望封面和标题至少有一个会吸引客户的注意力，促使他们购买这本书。注意力需要精心地抓取，因为它太稀缺了。

对于一本已经售出的书籍，购买它的人真的有时间阅读吗？我家大约有40本我想读但还未读的书，更不用说那些我想重读的书了。我有大概20多张从未听过的唱片。有些时候，这一堆有待欣赏的唱片可能会减少到10张左右。还有50多张唱片，我只听过一次，当然，我很欣赏它们。我已经知道了如何使用iTunes，但是还没有时间下载我最喜欢的歌曲。我很愿意花费99美分下载马文·盖伊的《我会不高兴的》[1]。我住在史密森尼学会[2]附近，这里有19个可以免费参观的博物馆，当然，这些博物馆还会定期更换展品，而且大多数博物馆的展览都很精彩。相对而言，我是一个狂热的博物馆爱好者，但是我每个月也只能参观两三场展览。

---

[1] 马文·盖伊（Marvin Gay），美国歌手，曾于1987年入选摇滚名人堂。《我会不高兴的》(*I'll Be Doggone*)是马文·盖伊于1965年录制的单曲。

[2] 史密森尼学会（Smithsonian Institution）是美国的一个集博物馆、教育及研究于一身的学术机构，包含40多个博物馆和研究中心。

好莱坞每年发行的电影超过 200 部。我每年会到电影院看大约 40 部电影,还会看一些 DVD,但仍然错过了很多优秀的影视作品,尤其是那些来自其他国家的作品。我对宝莱坞电影很感兴趣,但印度每年会发行 800 多部电影,更不用说还有过去几十年的库存了。宝莱坞电影时长一般都会超过 3 个小时。我退掉了奈飞[①]的会员,虽然它的服务费我负担得起,但我觉得电视柜上那些未曾观看的 DVD 对我来说是沉重的负担和让人内疚的标志,我已经没时间关注奈飞上的影视作品了。

如果你住在纽约的曼哈顿、巴黎或者伦敦,那我几乎无法想象你如何才能将身边的艺术文化盛宴悉数尽享。当你思考注意力和时间的稀缺,以及它们对人类行为的影响时,你会发现一件很神奇的事情,那就是注意力和时间的稀缺在任何一种大众文化中可能都是普遍存在的。

撇开原画真迹不谈,大多数文化体验的花费都非常低廉,特别是当你住在大城市附近并且能访问互联网的情况下。《莎士比亚文集》在易贝上的售价低至 5 美元;贝多芬 32 首钢琴奏鸣曲的完整录音(他全部作品的精华)售价低至 40 美元;精美绝伦的建筑通常可以免费参观;公共或教育性质的图书馆能免费借阅到世界上大部分的文学宝藏。我们不必拥有约翰内斯·维米尔[②]的画作,就可以享有非常丰富的文化生活(事实上,目前没有任何个人拥有维米尔的真迹)。

---

① 奈飞(Netflix)是一家于 1997 年 8 月 29 日在美国成立的会员订阅制流媒体播放平台。
② 约翰内斯·维米尔(Johannes Vermeer),巴洛克时期的荷兰画家。

因此，阻碍我们享受文化艺术的主要的问题不是缺乏金钱，也不是缺乏正规教育。受过良好教育的人倾向于从文化艺术，尤其是高雅的文化艺术中"获得更多益处"，但教育本身并不是他们能够从艺术中得到享受和学习的关键。在当今的世界中，上高中、念大学以及攻读研究生，总是与智力、毅力，以及其他让人更容易欣赏文化艺术作品的品质相关。但情况并非总是如此。在16世纪的佛罗伦萨，贝多芬的听众中没有人拥有博士学位，也没人拥有硕士学位。然而，他们中仍有许多人以极大的智慧和热情深爱着各种文化艺术。哲学家乔治·桑塔耶拿[①]曾评论说，古希腊人是欧洲历史上没有受过教育的人，但在文化艺术方面，古希腊人贡献甚多。

在大多数情况下，能从文化艺术中有所获是一种后天习得的技能，想拥有这种技能，就要定期沉浸在文化艺术氛围中，并且要有主动学习和身处其中的意愿。在自我管理的激励措施上，通过关注以下两个原则，我们就可以在欣赏文化艺术方面有更多的收获：

1. 首先我们要问——"什么东西是稀缺的"，是时间、注意力，还是金钱（就拥有毕加索的画作这种情况来说）？

2. 要承认我们并不像自己所认为的那样关心文化——至少是某种特定的文化。如果我们强迫自己"以正确的方式享受一切文化艺术"，那么最终我们往往会完全避开文

---

① 乔治·桑塔耶拿（George Santayana），西班牙哲学家、散文家、诗人、小说家。

化艺术。我们要接受自己的不完美,并将它转化为优势。

但是,这些原则听起来是如此笼统和抽象。我们如何将它们应用于这个繁忙且嘈杂的世界呢?

假设我们想参观大都会艺术博物馆①,这时候请不要自以为是专家。大都会博物馆有 17 个独立的部门(大多数部门本身就相当于一个博物馆),拥有超过 200 万件艺术品。它一共有 3 层,占地约有 4 个街区。在文物陈列馆中,一个房间可能有 50 多件展品。我们从一个陈列室欣赏到另一个陈列室可能就需要花几个星期的时间。我们如何才能在这里获得最从容不迫、最丰富、最完整的体验呢?

相较于欣赏艺术品本身,大多数人会花更多的时间来阅读作品的提示牌。即使只是看提示牌上的描述,也需要从艺术品上转移视线,这就会分散我们的注意力。仅仅是阅读每件艺术品的日期和藏品来源,也会占用大量的参观时间。许多参观者只会在刚开始浏览的几间展室里仔细观察展品,没过多久他们的眼神就呆滞了,于是就变成了走马观花。此外,我们很快会注意到,许多博物馆的参观者也各具特色,就像那些艺术品一样有趣和养眼。艺术品的确很难引起我们的注意,也很难促使人们更仔细地观察它们。

---

① 大都会艺术博物馆(Metropolitan Museum of Art),位于美国纽约市,成立于 1870 年,该博物馆是美国最大的艺术博物馆。

艺术史学家或者学校的老师会建议我们在去博物馆之前阅读关于艺术史的书籍，或者在互联网上搜索相关信息。这些策略可能会很有用，但并没有解决审美负担过重这个根本问题。事实上，阅读反而可能会加重我们的负担，因为它会让我们意识到，还有很多精美绝伦的艺术品摆在我们面前，但我们不知道怎样让这些艺术品更好地为我们所用。我们没有时间或精力去一一欣赏这些精彩的艺术品。

艺术评论家试图让我们成为更懂得欣赏艺术作品的人。这听起来不错——毕竟，谁都希望自己能对艺术品侃侃而谈，但这不一定就是解决人们难以享受文化艺术这一问题的方法，其根本在于人们缺乏关注和兴趣。与艺术评论家相反，我们内心的经济学家首先会认识到，我们的注意力是稀缺的，并以此为基础去解决这个问题。因此，我的建议如下：

1. 在每个展厅里都问问自己，如果你只能选一幅的话，你会把哪幅绘画作品带回家？为什么？

这会迫使我们一直批判性地思考这些绘画作品。如果博物馆的警报系统处于关闭状态，并且展厅内没有警卫，我应该把谁的作品带回家？选择保罗·塞尚[1]、爱德华·马奈[2]还是皮埃尔·奥古斯特·雷诺阿[3]？在一间摆放着埃及文物的展厅里，哪一件最能引起我的注意？为什么？我们应该和同行的伙伴讨论这个问题。

---

[1] 保罗·塞尚（Paul Cézanne），法国艺术家、后印象派画家。
[2] 爱德华·马奈（Édouard Manet），法国现代主义画家。
[3] 皮埃尔·奥古斯特·雷诺阿（Pierre-Auguste Renoir），法国印象派画家。

说白了，我们就是要逼着自己保持关注。对绘画作品进行个人喜好程度排名会使我们的注意力集中在自己最爱的作品上，以及自己身上，这实际上是每个人最喜欢的话题——"我、我、我"。这个解释听起来很敷衍，不是吗？然而，如果正是我所说的这种"自我原因"使得人们与艺术背道而驰，那么，我们无法对博物馆保持长期热爱的根源就一目了然了。

最后我要说，把自己想象成小偷是很有趣的。当我们想象着自己拥有了某件艺术品时，便会更加珍视它。这也是一部分"自我原因"致使的。

当然，我们必须无视那些艺术领域的老手的吹毛求疵。受过良好训练的艺术评论家可能会声称，绘画作品无法排名，艺术品的价值是多维的，并且是主观的，或者他们会声称这种排名言论带着一种整体化的、殖民化的、充满占有欲的、后资本主义及西方霸权主义的论调。事实上，所有这些指摘都偏离了主题。对于艺术而言，应对注意力的稀缺是第一要务，其重要性高于包括对艺术家的尊重在内的一切。

2. 假装我们要按照预算购买绘画作品。

与欣赏绘画作品相比，我们可能会在购物方面受过更好的训练。因此，我们可以对价格进行一些基本的研究（比如上网查询或参观拍卖行）。如何把2000万美元花在大都会艺术博物馆里呢？

或者花50万美元怎么样？较少的预算迫使我们避开那些热门画作的市场，进入受关注较少的领域。这个方法能迫使我们再次集中注意力，让直觉变得更加清晰，并提高我们所浏览的艺术品的质量。同时也将"自我原因"悄然地重新置于我们欣赏体验的中心。

在拍卖行观看艺术品拍卖有助于我们了解价格。在纽约市，虽然当地的拍卖行全年都有类似的预展，但每年的5月和11月通常是参观拍卖品预展的最佳时间。一般来说，这些拍品的质量比艺术博物馆预先挑走的那些藏品的质量要差一些。尽管如此，即使仅仅抱着浏览价格和购物的心态，参观拍卖预展通常也会带来卓越的欣赏体验。

3. 当参观一个轰动一时的展览时，直接跳过第一个展厅。

人太多了，因为人们还不承认自己根本不在乎墙上挂的那些画。也许你也不太在乎，但你会通过卸下伪装而变得在乎。

4. 在参观结束时，问问自己哪些作品让你印象深刻。

参观结束后，你发现自己回想起的是爱德华·蒙克[①]、保罗·杰克逊·波洛克[②]的作品，还是中世纪的挂毯？一周后再问自己同样的问题，然后再去了解这些艺术家，或者同时期的作品。这是一个比提前阅读相关文献更有用的过程。

这些建议源自前文所陈述的一般原则：我们的时间和注意力是稀缺的。无论我们相信与否，艺术对我们来说都并没有那么重要。所以我们应该停止自欺欺人，承认我们不只是"为了喜欢艺术而喜欢艺术"。我们对艺术的热爱通常是暂时的，这取决于我们的心情，此外，我们对艺术的热爱还服从于我们建立积

---

① 爱德华·蒙克（Edvard Munch），挪威表现主义画家。
② 保罗·杰克逊·波洛克（Paul Jackson Pollock），美国抽象表现主义画家。

极的自我形象的需求。我们看待艺术时，应该考虑到这些缺陷，并对它们进行弥补。

艺术除了具有审美价值外，还具有社会作用。我们喜欢艺术，因为它可以完善我们的自我形象，以及我们与他人的关系。作为一个天生的理论爱好者，我更认同皮特·科内利斯·蒙德里安①以网格为基础的抽象艺术，而不是维多利亚时代的仙灵画派。② 当我还是单身的时候，如果我的约会对象喜爱奥斯卡-克劳德·莫奈③胜过所有其他的艺术家，那么我会产生疑虑。当然，莫奈是一位出色的画家，但我担心她会觉得我的品位——包括布鲁斯·瑙曼④和杰夫·昆斯⑤在内——太奇怪了，而我会觉得她的品位太过主流了。而且，是的，当我亲眼看到一个卢浮宫的展览，而我的朋友们却只在书里读到过相关内容时，我会特别高兴。这又是"自我原因"在作祟。

有时，博物馆会重新取出一些藏品进行展览，并称其为特展。即使绘画作品本身并没有发生很大的变化，来参观的人数通常也会上升。参观者会更细致地关注这些藏品。他们觉得自己获得了一些特别的东西，因此他们会更加关注展览。他们感觉很特别，这也会激发他们更多的兴趣。

---

① 皮特·科内利斯·蒙德里安（Pieter Cornelies Mondrian），荷兰画家、艺术理论家，也是20世纪抽象艺术的先驱之一。
② 仙灵画派（Fairy Painting）是以精灵以及童话故事为主要题材的绘画，该类绘画极度重视对细节的描绘。
③ 奥斯卡-克劳德·莫奈（Oscar-Claude Monet），法国画家，也是印象主义画派的创始人。
④ 布鲁斯·瑙曼（Bruce Nauman），美国艺术家。
⑤ 杰夫·昆斯（Jeffrey Koons），美国艺术家。

承认"自我原因"的存在是一个很大的优势。相反,假装它不存在则意味着参观博物馆会成为一种负担。从长远来看,这会抑制我们参观的欲望,最终会让我们觉得艺术很无聊,甚至开始厌恶艺术。

有时我们去博物馆,无论采取什么策略,仍然会发现所有或大部分的艺术品都没有吸引力。为什么会这样呢?首先,并不是所有的博物馆都是优秀的。其次,优秀的博物馆里,并非的所有绘画作品——即便是一流的博物馆——都值得一看。大多数艺术家,甚至著名的艺术家,都有很多平庸甚至糟糕的作品。尽管如此,博物馆里仍然挂着这些作品,因为艺术家的名字可以为博物馆带来声望,它吸引了更多的参观者或捐赠者。我们需要坦然地说,这些画确实很糟糕,即便我们可能说得不对。

这不是对当代艺术的(又一次)嘲讽。最乏味的展览往往是希腊和罗马的雕塑作品。许多文物的展览也令人大失所望。大多数当代艺术作品都无法通过时间的考验,只是我们并不知道在考研中失败的会是哪些。因为博物馆可能需要在一个它永远无法超越的领域,或者其他博物馆已经获得主要绘画作品的领域,花费捐助者所提供的资金。洛杉矶的盖提艺术中心[①]试图购买伦勃朗·哈尔曼松·凡·莱因(Rembrandt Harmenszoon van Rijn)和其他古典大师的高质量作品,但这些作品已经很难买到了。

一般来说,请记住:博物馆不是为了让你开心而存在的。我

---

① 盖提艺术中心(J. Paul Getty Museum)是位于美国洛杉矶市的一家艺术博物馆。

可以重复一遍吗？博物馆不是为了让你开心而存在的。也许这听起来很奇怪。毕竟，我们对那些让我们快乐的事物已经习以为常了。麦当劳试图让（某些）人开心，至少让经常光顾它的老顾客开心（我更喜欢奇波雷墨西哥烧烤[①]）。如果大多数顾客想要另一种炸薯条或鱼肉三明治，麦当劳会想办法解决这个问题以迎合顾客的需求。至于少数想吃到老味道的顾客，其他一些餐厅可能会跻身而入，填补市场上的空白。与大多数私营企业一样，餐馆的生计依赖于客户的满意度。

但博物馆在很大程度上并不依赖于"顾客"或购票者的满意度。对一个典型的艺术博物馆来说，门票收入还不足以支付运营成本的1/10。对麦当劳来说，顾客的消费几乎占了它所有的收入；我不知道是否有人向快餐连锁店捐款，也可能这种事情是存在的。

相比之下，博物馆更依赖捐赠者的捐款，有时还依赖政府的补贴。在西欧，政府的直接补贴是博物馆更重要的收入来源，而在美国，情况却有所不同，所以让我们把焦点放到捐赠者身上。对大多数美国艺术博物馆而言，捐赠者的捐款占年度预算的一半以上。捐赠者的实际影响力要大得多，因为博物馆里有一些被捐赠或借来的绘画和雕塑作品，这些人也是这些展品最重要的来源。捐赠者也许是帮助博物馆组织展览的志愿者，或者能利用他们的关系从其他博物馆借来展品。毕竟，最重要的博物馆捐助

[①] 奇波雷墨西哥烧烤（Chipotle Mexican Grill）是一家美国的连锁餐馆，主要经营的是墨西哥夹饼、墨西哥卷饼等快餐。

者是富有且颇具影响力的人。对以捐赠为主要收入来源的博物馆来说，如果不让捐赠者满意，那么博物馆的重要性就会下降，这和博物馆更趋于捐赠取向有关系。所以，博物馆的动机是取悦捐赠者。

捐赠者与参观者想要的东西不尽相同。参观者希望博物馆既有趣又易于参观。捐赠者则关心博物馆能否在高雅文化、上流社会，甚至高端金融领域赋予他们地位。捐赠者喜欢花哨的招待会，这就是博物馆举办它们的原因。

在某种程度上，博物馆出于间接原因也会关心参观者，因为他们不想让捐赠者觉得自己在支持一座无人参观的博物馆。但参观者和捐赠者的利益一般不会重合，所以我们不应该期望参观者的利益会优先得到保障（请注意，与博物馆相比，动物园的收入通常更多地依赖于门票，而不太依赖于捐赠者的捐赠，因为动物园往往是为了娱乐而建立的）。因此，并非每个博物馆都易于参观，我们也不要对此抱有奢望。我们只能去习惯它、适应它。使用心理重构技能，从而使得博物馆更像是旨在满足我们这些参观者的机构。

当我们多次看同一幅绘画作品时，就会出现一个非常不同的注意力问题：某件艺术品对公众过度曝光，会导致参观者对该作品甚至该博物馆失望，尤其是顶级的博物馆或艺术品。在某些时候，某件顶级艺术品太过频繁地出现后，我们便不再关心它了，甚至失去了关心的能力。我们应该都喜欢《蒙娜丽莎》，它经常被称作世界上最伟大的画作。然而果真如此吗？我更喜欢提香[①]晚期的作品，乔尔乔内[②]的风景画，或者委拉斯开兹[③]的肖像画。老实说，我不知道《蒙娜丽莎》有多好，我甚至不知道我怎么才能知道它有多好。

我不是在对客观价值标准的武断提出后现代式的怀疑。我甚至对自己有多喜欢这幅画一无所知。说到《蒙娜丽莎》，今天，任何一位美国人或欧洲人都很难用新鲜的眼光看待这幅画。文化评论者詹姆斯·特威切尔（James Twitchell）提供了一份此类曝光过度的艺术品的清单：

1. 《蒙娜丽莎》
2. 格兰特·伍德的《美国哥特式》[④]（你知道的，就是以前的玉米片包装盒上的那幅画）
3. 《华盛顿横渡特拉华河》[⑤]
4. 米开朗基罗的《大卫》[⑥]

[①] 提香·韦切利奥（Tiziano Vecellio），意大利文艺复兴时期画家。
[②] 乔尔乔内·巴巴雷利·达·卡斯特弗兰科（Giorgione Barbarelli da Castelfranco），意大利文艺复兴时期画家。
[③] 迭戈·罗德里格斯·德·席尔瓦·委拉斯开兹（Diego Rodríguez de Silvay Velázquez），西班牙黄金时代画家。
[④] 《美国哥特式》（*American Gothic*）是美国画家格兰特·伍德（Grant Wood）于1930年创作的一幅油画作品，现藏于美国芝加哥艺术博物馆（The Art Institute of Chicago）。
[⑤] 《华盛顿横渡特拉华河》（*Washington Crossing the Delaware*）是德裔美国画家埃玛纽埃尔·洛伊茨（Emanuel Leutze）于1851年创作的一幅油画，现藏于美国纽约大都会艺术博物馆。
[⑥] 《大卫》（*David*）是意大利艺术家米开朗基罗·博纳罗蒂（Michelangelo Buonarroti）于文艺复兴时期创作的雕塑作品，现藏于意大利佛罗伦萨美术学院博物馆（Galleria dell'Accademia di Firenze）。

5. 惠斯勒的《母亲》[1]

6. 蒙克的《呐喊》[2]，最近这幅画被盗之后又被归还，还受到了损伤，这是否能让它的审美特质起死回生呢，让我们拭目以待吧。

除此之外，我会把用于装饰一美元钞票的《乔治·华盛顿的肖像》[3]也添加到这个列表中。同样，我也不是很喜欢蒙德里安风格的手提包和洗发水。特威切尔还表示："莫奈、毕加索、德加[4]、塞尚、高更[5]及凡·高正处于成为陈词滥调的边缘。"经济学家称这种现象为"公地悲剧"（the tragedy of the commons）。当许多个人共同行动导致资产或资源的价值遭到破坏时，就会发生公地悲剧。

在我们所说的这种情况下，失去的价值是艺术所能带给我们的惊喜与力量。许多的信息源——作者、编辑以及广告商，都会使用名作的图片，但在此过程中，名作看起来会开始变得很普通。其结果是：惊喜感被快速耗尽，这些名作的图片也让我们感到厌烦，而不是给我们惊喜或者愉悦。就像有很多人在一周内给我们

---

[1] 《母亲》（*Arrangement in Grey and Black No. 1*）是詹姆斯·惠斯勒（James Whistler）于1871年创作的一幅油画作品，现藏于法国巴黎奥赛博物馆（Musée d'Orsay）。

[2] 《呐喊》（*Skrik*）是挪威画家爱德华·蒙克（Edvard Munch）于1893年创作的一幅油画作品，现藏于挪威奥斯陆国家美术馆（The Nasjonalgalleriet）。

[3] 一美元纸币正面中间印刷的《乔治·华盛顿的肖像》（*George Washington*），由美国画家吉尔伯特·查尔斯·斯图尔特（Gilbert Charles Stuart）所绘。

[4] 埃德加·伊莱尔·日耳曼·德加（Edgar Hilaire Germain de Gas），法国印象派画家。

[5] 欧仁·亨利·保罗·高更（Eugène Henri Paul Gauguin），法国印象派画家。

一直讲同一个笑话一样。不管这个笑话有多好笑，最后它都不再会有趣，甚至可能会变得烦人。

在音乐方面，惊喜感的耗尽不太常见，因为音乐能更直接地触及我们的神经系统。但是我在听到约翰·菲利普·苏泽的《自由钟进行曲》①时，还是会想到一只巨大的脚从上面走下来，揭开了《巨蟒剧团之飞翔的马戏团》②的表演；李斯特·费伦茨（Liszt Ferencz）的《匈牙利狂想曲第二首》③让很多人想起了《兔八哥》（Bugs Bunny），幸运的是，我很少看那个动画片；但是我在童年时期看过的电视剧《独行侠》（The Lone Ranger）毁了罗西尼的《威廉·退尔序曲》。④

背景的重要性表明，哪些艺术品会经过时间考验仍然是难以预测的。一个艺术形象在 2006 年可能看起来很出众，但是到了 2030 年可能会变得很平庸。法国印象派的色彩在现代观众看来并没有显得不协调或令人震惊，它们给人的印象是保守而漂亮。在齐柏林飞艇乐队⑤之后，文森特·克拉多克⑥听起来不再像一个硬摇滚歌手。史蒂文·斯皮尔伯格的《侏罗纪公园》（Jurassic

---

① 《自由钟进行曲》（The Liberty Bell）是美国作曲家约翰·菲利普·苏泽（John Philip Sousa）于 1893 年创作的一首军队进行曲。
② 《巨蟒剧团之飞翔的马戏团》（Monty Python's Flying Circus）是英国广播公司于 1969 年至 1974 年制作播出的超现实幽默喜剧。
③ 《匈牙利狂想曲第二首》（Hungarian Rhapsody No.2）是匈牙利作曲家、钢琴家、指挥家李斯特·费伦茨（Liszt Ferencz）创作的 19 首匈牙利狂想曲中的第 2 首。
④ 《威廉·退尔序曲》（William Tell's Ride）是意大利作曲家焦阿基诺·安东尼奥·罗西尼（Gioachino Antonio Rossini）创作的歌剧《威廉·退尔》的序曲。
⑤ 齐柏林飞艇乐队（Led Zeppelin）是活跃于 1968 年至 1980 年的一支英国摇滚乐队。
⑥ 文森特·克拉多克（Vincent Craddock），美国音乐家。

Park）中的恐龙在当时是一个特效上的里程碑，让数百万电影观众感到震撼。但是在今天，那些恐龙看起来做得很不专业，好像来自资金不足的东欧电脑游戏。

时代背景的变化会让某一种绘画或文艺作品变得更流行。美国爵士乐演奏家迈尔斯·戴维斯（Miles Davis）后期录制的那些有融合、放克和混沌音乐风格的唱片，对当时大多数的爵士乐评论家来说都是个谜，他们无法理解，为什么戴维斯要放弃咆勃爵士乐（Bebop或Bop）和轻柔的小号，转而演奏那些"噪音"。但现在这些唱片被视为丛林音乐、迷幻舞曲、说唱音乐和氛围音乐的先驱。美国风景画家温斯洛·霍默（Winslow Homer）在他所属的时代籍籍无名，而身处现代的我们则能注意到他对种族问题的广泛涉猎，以及对人类死亡问题的痴迷。

这些具有关联性的事例，为我们如何参观艺术博物馆提供了相当具体的指引。我们应当反复地观摩画作，尤其是在对其他艺术品有所涉猎之后。要深入了解一家博物馆，最佳的方法便是去参观另一家藏品与之相关又有所不同的博物馆。

不过，如果在家里就能反复欣赏这些作品的话，这些规则就不一样了。总有一天，技术的进步会让我们能够高质量地复制那些顶级画作。在毕加索的《阿维尼翁的少女》[①]或凡·高的《吃马铃薯的人》[②]的熏陶下生活，必将从根本上改变我们对艺术的

[①] 《阿维尼翁的少女》（Les Demoiselles d'Avignon）是毕加索于1907年创作的油画作品，现藏于美国纽约市现代艺术博物馆（Museum of Modern Art）。

[②] 《吃马铃薯的人》（De Aardappeleters）是凡·高于1885年创作的油画作品，现藏于荷兰阿姆斯特丹市凡·高博物馆（Van Gogh Museum）。

看法,当然我们也就能发现,对这些伟大而极具力量的画作进行长时间的欣赏变得更加容易了。

目前,那些杰出画作的复制品都不怎么样,品质不高,并且一次只能出产一张。要是我们能扫描伦勃朗的作品并制作出几千份精美的复制品——就像录制音乐光盘那样——情况会如何?把它们印在书上无法真实地还原那些原作的纹理和色彩(至少目前是这样)。它们无法替代那些精准、细腻且与原作大小无二的三维全息复制品,把这些复制品挂在墙上,足以乱真。

一开始,各家博物馆肯定不会愿意开放其经典藏品的复制授权,但随着公众给予的压力越来越大,这些复制画迟早会进入市场。原作也许仍会在我们心中保持神圣的地位,但更现实的是,我们不再需要通过去博物馆来感受人类最高的艺术成就。如果我们愿意,拉斐尔·桑西的《西斯廷圣母》[①]可以完美地出现在餐桌旁的墙上。

某些经典画作会因此而过度暴露于人前。久而久之,我们的审美标准会逐渐改变。那些被反复曝光却仍能带来惊喜感的作品可能会被认为是最有价值的,而一些基于"永恒神秘"之感而得名的画作——比如《蒙娜丽莎》——则可能在这种竞争中失败。如果艺术品具备令人愉悦的图形和色彩,可能会在这种竞争中表现得更好,因为它们拥有最根本的吸引力。正如批量复制技术(即录音)使音乐从"古典"风格转向更直抒胸臆的摇滚乐一样,绘

---

① 拉斐尔·桑西(Raffaello Santi),意大利文艺复兴时期画家,《西斯廷圣母》(*Madonna Sistina*)是拉斐尔于1513年创作的油画作品。

画也可能因此变得更偏重于表达直接的情感冲击，而减少知性的细节。画家们只要能吸引大众就能获得更多金钱和名望。

我相信，与传统概念上的"伟大艺术"待在一起会让大多数人感到有压力。他们倾向于更浅显易懂的表达方式，喜欢的是挂在自家墙上的那些平淡的风景画。一幅米开朗基罗画作的完美复制品，即便价格很低廉，市场需求也没有看上去那么大；对大多数人而言，一个生活在遥远的17世纪，生活放浪不羁，可能还有犯罪倾向和同性恋癖好的画家所画的那些黑暗阴郁的作品，对收藏者的"自我因素"没什么作用。

别因为人们会去博物馆，就以为他们想拥有米开朗基罗或列奥纳多·达·芬奇（Leonardo da Vinci）作品的复制品。在现代世界，拥有一份经典画作的完美复制品未必会提升所有者在身份和地位上的价值。

现在有多少人拥有巴赫的《赋格的艺术》[①]的唱片？截至2007年5月，这部音乐作品最畅销的版本在亚马逊网站的音乐销售榜上位列第5072名，卖得极慢，这可不是人人都已经拥有这张唱片而造成的。

无论如何，大多数人更喜欢能让他们感到快乐或放松的艺术作品。看看市场价格就知道，色彩明快的画比深沉暗哑的画卖得好，情绪快乐的肖像画比寡妇画像卖得好，横幅的画作更便于挂在壁炉或沙发上方。还有一些其他的市场规律：

[①] 约翰·塞巴斯蒂安·巴赫（Johann Sebastian Bach），德国巴洛克时期作曲家。《赋格的艺术》（*Die Kunst der Fuge*）是巴赫一部未完成的音乐作品。

1. 当前景中有马或人物时，风景画的价格可以提高到 3 倍。工业元素通常会降低画作的价值。

2. 带花卉的静物画比带水果的静物画更值钱。在所有带花卉的画作中，有玫瑰的那些价格居顶，而有菊花和羽扇豆（被视为工人阶级的象征）的那些价格最低。

3. 带动物的画作同样存在价格等级。纯种狗比杂种狗更能提升画作的价值，而西班牙猎犬又比牧羊犬更好。赛马比挽马值钱。当作品涉及可猎取的鸟类时，则存在以下规则：画中之鸟的猎取成本越高，画就越有价值。松鸡比野鸭更值钱，并且画家应该画出鸟的正面，而不是背面。

4. 水面能够提高画作的价值，但前提是水面十分平静。沉船则是不能碰的禁忌。

5. 圆形和椭圆形的画作极不受买家欢迎。

6. 一幅 18 世纪的弗朗索瓦·布歇[①]的女性人体素描，价格是同等水准男性素描的 10 倍。

以上的每种情况中，"自我因素"都在起作用。

艺术博物馆只是文化的一部分，也只是我们成为文艺大亨的媒介之一。阅读同样是让我们拥有深度、获取灵感的源泉；相比起绘画或雕塑，文学的确在更大程度上改变了我们的现代生活。

---

① 弗朗索瓦·布歇（François Boucher），法国画家。

但是，我们在刚开始看一部有些乏味的经典小说时，该如何激发自己的阅读兴趣呢？亚马逊上有一位买家留言说，威廉·福克纳的《喧哗与骚动》① "就像一个不领情的女朋友。你极力地去理解她，却得不到任何回应"。还有很多读者描述得没这么形象，但也表达了同样的感觉。

记住这个基本原理——时间和注意力的稀缺，以及对艺术的毫不在乎是普遍存在的——基于此我可以提供一些阅读技巧。关键在于，要让自己沉浸其中，而不是要模仿耶鲁大学文学教授的作为，深究其内容。如果人们对某种东西有兴趣——比如他们最喜欢的电脑游戏——就会花额外的时间去更好地理解它。

也就是说，我们可以尝试下面这些建议：

1. 不必执着于阅读顺序。你可以从小说的中间或结尾开始读，其中某些章节可能会激起你的兴趣。

2. 在第一次通读小说时，只追随各个声音或人物，如果有必要甚至可以跳过一些段落。要对至少一个角色感兴趣，即使这会让你无视其余的角色。然后按顺序重读整部小说。这对于多角色的小说尤其有效，比如福克纳的《我弥留之际》。②

3. 把小说的前 50 页连续读 3 遍，再接着读下去。确保你至少理解了小说的一部分。

---

① 威廉·福克纳（William Faulkner），美国作家。《喧哗与骚动》（*The Sound and the Fury*）是福克纳于 1929 年发表的长篇小说。
② 《我弥留之际》（*As I Lay Dying*）是福克纳于 1930 年发表的长篇小说。

4. 不必害怕要先跳过一些内容，之后要返回来再读。这对于约瑟夫·康拉德所著的《诺斯特罗莫》[①] 的前 50 页是很必要的。破坏我们对一本书的兴趣的内容都是有害的，无论它对情节或人物的发展有多么重要。反正你也不是要记下一本书的全部内容，所以不必为跳过一些关键部分而感到内疚。只要你愿意，就满心欢喜地跳过去吧。

5. 第一次通读一本书的时候，不要停下来，不必去深究到底发生了什么。把这次粗略的通读当作在书上进行投资，就像开车去书店闲逛一样，而不是浏览文学评论论坛。然后在对情节发展有所了解的情况下再读一次。

6. 如果是一本晦涩难懂的书，可以先读一些与它相关的辅助材料。目的同样是让自己对这本书产生兴趣；我不喜欢《克利夫笔记》[②]，仅仅是因为它很无聊，这让它所解读的作品也变得枯燥乏味。但是请不要担心这些辅助材料会让你对本书的理解变得"粗俗浅显"；不要从那些高高在上的文学评论开始读，除非你相信它能让你投入进去，或者让你觉得读起来很有趣。

7. 记录主要人物的名字和其最重要的特征。将这些内容写在书的扉页或其他方便找到的地方。

8. 放弃阅读。回想一下塞缪尔·约翰逊[③]的话："一个

---

① 约瑟夫·康拉德（Joseph Conrad），波兰裔英国作家。《诺斯特罗莫》（Nostromo）是约瑟夫·康拉德于 1904 年发表的长篇小说。
② 《克利夫笔记》（Cliffs Notes）是美国出版的针对中学生和大学生文学课程的学习指导丛书。
③ 塞缪尔·约翰逊（Samuel Johnson），英国作家、文学评论家。

人应该读他想读的东西；因为被他当作任务来读的内容对他来说增益甚小。"

混合使用这些技巧基本上总能见效。一般来说，我们最享受阅读的时候，正是我们觉得对内容有掌控感的时候（我又提到这个词了）。哈罗德·布鲁姆①告诉我们的道理是对的，我们应该"为了提高自我，为了感受它真正的趣味"而阅读。如果我们像绝望的白痴一样浏览书籍，就很难达到这些目的。

有一个常见的阅读建议——莫提默·J.艾德勒②的《如何阅读一本书》（*How to Read a Book*）曾提及——向自己或他人大声朗读。这可能是个好办法，但我很怀疑它是否对所有人都适用。大声朗读会造成两种极端结果，我们要么喜欢上这本书，要么完全放弃它。当我们大声阅读时，很难跳过那些没太理解的短语或句子，因为此时耳朵和眼睛都在控制着我们的阅读进度。阅读遇到了困难，有些人会更努力地尝试，进行更深入的钻研；另一些人则会干脆放弃。除非我们一开始就是优秀的朗读者，否则，我们只会觉得自己在读每个小节时都像个傻瓜。大声朗读是一种冒险的策略，只有真正信念坚定的人才能用好它。

请记住，书籍与艺术博物馆一样，并不总能契合读者的需求。也许我们认为自己应该喜欢思想深刻的书，但事实真的如此吗？这是谁说的？许多作家只为其读者群中的一小部分人而创作。以

---

① 哈罗德·布鲁姆（Harold Bloom），美国文学评论家。
② 莫提默·J.艾德勒（Mortimer J. Adler），美国哲学家、教育家。

前，很多作家写作是为了取悦或吸引包括政要贵族在内的赞助人。而今天，很多作家在大学任教，并致力于晋升终身教授职位；还有些人本身已经足够富有（即便只是因为有一个财力雄厚的配偶），他们写作只是为了取悦自己或某个小规模的专业文学团体。

对于文学经典，有时候我们只想说"算了吧"，但还有的时候，我们有自己的种种理由，想要去了解它们。其中最糟糕的做法就是假设我们应该喜欢某本书，然后在失去兴趣时又感到内疚。这会使我们与阅读渐行渐远。对作者来说，很多时候，我们对这本书的好恶并不是他关心的事。当詹姆斯·乔伊斯创作《尤利西斯》[①]时，他并没有刻意迎合读者的口味。

我们可以把学着喜欢一本书想象成和作者斗智斗勇的过程。如果你愿意，请尽情地和作者一分高下吧，颠覆作者的目的，颠覆他所期待的读者形象，去报复作者，让这本书成为你（而非作者）对生活的理解和有意掌控的一部分。

通常来讲，书在图书市场的情况与书本身无关。一项调查显示，伦敦超过 1/3 的购书者承认，他们很多时候买书"只是为了让自己看起来很聪明"。可以确定的是，在读书这件事上，弄虚作假者的比例更高，而且这种情况不仅限于伦敦。每 8 名年轻的受访者中就有一人承认，他们买书"只是为了让人看到自己有最

---

① 詹姆斯·乔伊斯（James Joyce），爱尔兰作家、诗人、文学评论家。《尤利西斯》（Ulysses）是他于 1922 年发表的长篇小说。

新的入围'布克奖'①的图书,仅此而已"。鉴于布克奖在英国的知名度,我怀疑这更像是一种英国现象,而不是一种美国现象,但美国也有流行书籍清单,包括"奥普拉精选"。50岁以上的人中,只有5%的人承认自己有类似的炫耀动机;毕竟,只有年轻人才更注重同龄人对他们的看法。

很难找到系统的证据来证明有多少美国人真正阅读了他们所购买的书籍。我听说编辑们曾表示这个比例不超过一半。同样来自出版业的杰罗尔德·詹金森(Jerrold Jenkins)表示,57%的人没有读完新买的书,但我尚不清楚这个数字是怎么得来的。没有哪项研究能对图书购买者进行实时监控,因此所有数据最终都只能依赖于自述。当然,就人们更偏向于塑造外在形象而非道出实情的程度来说,自我报告恰恰是不可信的。

"读书"关乎程度而非种类。你读了多少章?在整个阅读过程中都集中注意力了吗?在亚马逊网站上,对美国作家亨利·米勒(Henry Miller)的《北回归线》(*Tropic of Cancer*)有一条这样的评论:"这是我读过的最差的小说之一。我就读了三四页。"

一本书的真实读者的比例取决于书的性质。心理自助类的书通常是读者为了阅读而被买下来的;它们基本没有激发人的拥有欲或者展示给他人看的噱头。很少有人会阅读咖啡桌读物,它们也确实不适合阅读。但我发现这类书中的文字往往出人意料的好,也许因为其作者——或者更重要的是其编辑——觉得没有必

---

① 布克奖(The Man Booker Prize)是每年颁发给在英国或者爱尔兰出版的最佳英文小说的文学奖项,奖金为5万英镑。

要迎合读者。

我自己的还没来得及读的书单中包括卡米拉·帕格利亚的《性面具》[1]——有多少人读完了关于埃德蒙·斯宾塞的《仙后》[2]的那一章内容?还有托马斯·品钦长达784页的《梅森和迪克逊》[3],以及斯蒂芬·霍金(Stephen Hawking)的《时间简史》(*A Brief History Of Time*)。请注意,霍金在2005年出版了一个更通俗易懂的"续作",叫《时间简史(普及版)》(*A Briefer History of Time*)。第一版只有208页;这本续作更是被缩减到只有176页。正如一件书呆子T恤上写的那样:那么,你不了解量子力学的哪一部分?

有时候,人们不读经典作品时,对读书的感受反而会更好。当一本书不符合他们对"自我因素"的认知时,结果会让我们很难受。这是亚马逊网站上一条对威廉·戈尔丁的《蝇王》[4]的评论:

> 我对《幸存者》(*Survivor*)很着迷,所以我以为这本书会很有趣。我错了!这本书无聊和恶心得令人难以置信。当我发现年幼的孩子互相残杀时,我相当不安。我想任何有良知的人都会同意我的看法。

或者看看这一条评论,也来自亚马逊网站,是对我妻子

---

[1] 卡米拉·帕格利亚(Camille Paglia),美国社会评论家。《性面具》(*Sexual Personae*)是卡米拉·帕格利亚于1990年发表的作品。
[2] 埃德蒙·斯宾塞(Edmund Spenser),英国诗人。《仙后》(*The Faerie Queene*)是埃德蒙·斯宾塞于1590年发表的作品。
[3] 托马斯·品钦(Thomas Pynchon),美国小说家。《梅森和狄克逊》(*Mason & Dixon*)是他在1997年发表的后现代主义小说。
[4] 威廉·戈尔丁(William Golding),英国小说家、诗人,于1983年被授予诺贝尔文学奖,于1988年获封爵士。《蝇王》(*Lord of the Flies*)是他在1954年发表的小说。

非常喜欢的作家桑顿·怀尔德的《圣路易斯雷大桥》[1]的评论：

> 这本书讲的基本上就是有五个人死在一座小桥上，然后作者继续讨论这些人的生活。真是无聊。除非你是哲学书呆子，否则你根本不会喜欢这本书。如果我是这本书的作者，我会告诉自己——好好把握现实世界吧。

我们购买音乐作品时，要想提高质量，必须努力克服"对新事物的热爱"。

大多数人只会买最新的音乐作品，而不是挖掘过去，寻找以前最棒的音乐。像古典音乐爱好者那样的小众音乐粉丝也倾向于关注最新发行或最近重新发行的录音版本，即便那些音乐都是以前被创作的。和大多数人一样，他们也对市场上的新产品感到兴奋。有些人确实只购买威尔第[2]和莫扎特的作品，但这就是古典音乐在唱片发行市场中所占比例远低于 5% 的部分原因。

时不时地重新发布以前的音乐作品总会引起轰动。披头士乐队的精选集在 1976 年前后发行，许多歌曲再次成为热门单曲。但这种成功是一种例外而非常规。巴迪·霍利的《每一天》[3]是 20 世纪 60 年代初期最迷人的歌曲之一。詹姆斯·布朗两分钟的

---

[1] 桑顿·怀尔德（Thornton Wilder），美国剧作家、小说家。《圣路易斯雷大桥》（*The Bridge of San Luis Rey*）是他在 1927 年发表的小说作品。

[2] 朱塞佩·威尔第（Giuseppe Verdi），意大利作曲家。

[3] 巴迪·霍利（Buddy Holley），美国创作歌手。《每一天》（*Everyday*）是他在 1957 年发行的一首歌。

《迷惑》①是20世纪最有影响力的音乐之一。两首歌都朗朗上口，但它们都没有在拥有广泛听众基础的情况下为了再次成为热门单曲而重新发行。市场上也有很多重新发行的唱片，也包括上述这些艺术家的作品，但它们的目标客户是人数相对较少的"婴儿潮一代"或收藏家。没有人试图让它们再次成为热门歌曲。

大概音乐公司的高管们并不认为这两首歌会带来多少额外的收入，再次发行它们所挣的钱还不够支付营销费。

而在美国，大部分的音乐作品都是30岁以下的人购买的。我可以向你保证，这些人的大多数都没听过这些歌曲。大部分年代久远的音乐根本不在他们的考虑范围内。

这是为什么呢？明明巴迪·霍利和詹姆斯·布朗都是很棒的歌手。好吧，你们中的一些人可能认为我是个老古董。仔细想想，巴迪·霍利和詹姆斯·布朗的水准在现在看来也许"不入流"，这是音乐品位的问题。然而，1969年以后的歌以冲上单曲榜为目标而重新发行的也不多。70年代的、80年代的、90年代的……无论来自哪个年代，它们都一样。明白了吗？这种现象远不是我最喜欢的老歌可能存在的缺陷造成的，这些歌不可能都很差劲。原因是买家想要新的音乐。为什么？我认为还是"自我因素"的问题。音乐与身份认同有关，也与身份差异有关。

老歌不入流的问题很简单：已经有人喜欢它们了；更糟糕的是，喜欢它们的人可能是我们的父母或者祖父母。我相信，某种

---

① 詹姆斯·布朗（James Brown），美国黑人歌手。《困惑》（*Bewildered*）是他在1959年演唱的一首流行歌曲。

音乐受祖辈喜欢，不像受父辈喜欢那么令人尴尬，但也很难引起年轻人的共鸣。

巨星猫王，即埃尔维斯·普雷斯利（Elvis Presley），在上一代人中受欢迎的那一刻——当他结束兵役归来时——他在年轻人中便不那么受追捧了。他不再是一个叛逆者。1975年的年轻人（我也是其中之一）认为猫王不过是个浅吟低唱的胖子，与韦恩·牛顿①一样，适合去拉斯维加斯游玩的老太太听。但他比劳伦斯·韦尔克②或李伯拉斯③还是要高出一筹的。很久以后，我听到了《太阳会议》④，开始将猫王视为非裔美国人粗犷的布鲁斯文化的性感载体和重要的音乐改革家。

在许多文化市场上——尤其是音乐市场——很多买家都追求在艺术上与前人脱离。也就是说，他们喜欢新鲜事物，至少会喜欢在同龄人看来新鲜的事物。这种脱离现象并不会每年都发生。如果涅槃乐队⑤在1994年最火，那么在1995年开始听"酷音乐"的人就没必要拒绝它。和它有关的是学校里"只高一年级"的学长学姐，以及家里"就大一点点"的哥哥姐姐。虽然年轻人对比自己稍年长一点的人的感情很复杂，但也怀抱着一种强烈的模仿欲和相当大的包容心。所以，这两个群体喜好的音乐并没有多大差异。涅槃乐队会继续火上一年（或更长时间）。

---

① 韦恩·牛顿（Wayne Newton），美国歌手、演员。
② 劳伦斯·韦尔克（Lawrence Welk），美国音乐家、手风琴演奏家。
③ 李伯拉斯·利波拉其（Władziu Liberace），美国画家、歌手、演员。
④ 《太阳会议》（*The Sun Sessions*）是美国歌手猫王的歌曲合集，于1976年发行。
⑤ 涅槃乐队（Nirvana）是一支成立于1987年的美国摇滚乐队，活跃年份为1987年至1994年。

但随着岁月的流逝,涅槃乐队风光不再。对于 2004 届的学生来说,涅槃乐队是那些刚刚获得工商管理硕士学位的 27 岁学长的最爱。或者,喜欢它的是那些"人生失败者"或者"油腻的中年人"。这能有多酷呢?怀疑开始了。从某个时候起,听涅槃乐队的歌不再是一个建立独特身份标志的好方法。现在很多喜欢独立摇滚的人仍然会喜欢涅槃乐队——毕竟,他们确实激发了之后的一些独立摇滚乐队的活跃,比如白色条纹乐队[①]——但已经很少有人将自己的身份认同与涅槃乐队挂钩了。

有些潮人会用"复古"的方式来表现自己的身份认同,比如穿 20 世纪 70 年代的喇叭裤,或者听阿巴乐队[②]的歌曲。但与其说他们是要真实复现他们所钟情的特定时代的风貌,不如说是在表达对其他所有时代风尚的反叛。这是一种新的、更激进的标新立异的形式——他们中很少有人会喜欢那时候的电视节目或汽车,除非只是作为偶尔的消遣。

对于那些不相信音乐市场在很大程度上与个人身份认同有关的人来说,他们一定不能理解,一个人的音乐品位为什么完全可以预测出来。比如说,一个 20 岁的犹太小姑娘,在康涅狄格州(State of Connecticut)的郊区长大,在一所常春藤大学主修英语。那么,她是重金属音乐狂热爱好者的概率有多大?答案是很小。她的音乐品位极可能偏向于"独立摇滚"。她还可能会喜欢古典

---

① 白色条纹乐队(The White Stripes)是一支成立于 1997 年的美国乐队,活跃年份为 1997 年至 2011 年。
② 阿巴乐队(ABBA)是一支成立于 1972 年的瑞典流行乐队,活跃年份为 1972 年至 1982 年。乐队于 2016 年重新复出并开始演出。

音乐，尤其是如果她从小就演奏乐器的话。而乡村音乐和西部音乐会让她避而远之。想用美国创作歌手汉克·威廉姆斯（Hank Williams）和创作歌手约翰尼·卡什（Johnny Cash）的荣耀之作打动她，几乎是缘木求鱼。

研究表明，一个人受教育程度越高，对"低俗"音乐的厌恶程度就越比对"高雅"音乐的喜好程度要高。一项关于音乐品位的研究发现，在所有音乐流派中，重金属是最受大多数人讨厌的，说唱排在第二位。它们也是仅有的两种人们表示自己"非常不喜欢"，而不仅仅是"不喜欢"的音乐流派。

当然，某种流派的音乐越是被一些人拒绝，就越是被另一些人接受。以俄克拉荷马州（Oklahoma）一位加油站服务员为例，他23岁，没有上过大学，平时爱喝啤酒。那么最符合他口味的是乡村音乐和西部音乐。假设他17岁，住在密歇根（Michigan）中部，那么他是重金属狂热者和吉他崇拜者的概率就会增加。甚至连他们是否吸食大麻也可以用来预测他们喜欢哪一种音乐。这两个人都不太可能特别喜欢R.E.M.[①]、美国创作歌手拜克·汉森（Beck Hansen）、酷玩乐队[②]或其他风格绵软的独立摇滚偶像，就像他们也不会喜欢莫扎特或者美国小号演奏手路易斯·阿姆斯特朗（Louis Armstrong）一样。

这并不是说密歇根州的白人青少年天生就喜欢重金属；但他们的音乐品位会让他们认同自己的身份，以及他们在世界上的位

---

① R.M.E.是一支成立于1980年的美国摇滚乐队，活跃年份为1980年至2011年。
② 酷玩乐队（Coldplay）是一支成立于1996年的英国摇滚乐队，从1996年开始活跃至今。

置。如果这个密歇根少年是黑人而不是白人，说唱就可能会取代重金属成为他的心头好。

从中国的琵琶到阿尔及利亚的莱①，从巴赫到施托克豪森②，从咆勃爵士乐再到20年代的布鲁斯，有谁会喜欢所有的音乐家和音乐流派呢？这样的人要么是音乐专业人士，要么是中上阶层专业人士中的书呆子，通常还会有一些国外的生活经验。我就是这样的人。很遗憾，和大急流城③的瘾君子比，我的喜好并不是更不好预测的。

就连大部分对音乐秉承世界主义的人士，也能在追求新事物的过程中得到更多的收获。乡村音乐和福音音乐在美国普遍流行（三个最受美国人欢迎的音乐流派中就包括这两者），但它们不受那些声称对音乐很包容、喜欢多种音乐类型的人的喜爱。在被问及喜欢的音乐时，这些秉承世界主义的听众更倾向于热爱拉丁音乐、爵士乐、蓝调和节奏蓝调音乐。事实上，较之美国公众整体的倾向，秉承世界主义的听众——我们以他们声称自己喜欢的音乐类型尤为庞杂来定夺其身份——对乡村音乐和福音音乐格外反感。

换句话说，我们大多数人都免不了要反抗点什么。你可能已经猜到了，这正是一种建立掌控感的方式。

音乐市场痴迷于寻找下一种流行的叛逆方式，因为主宰这些

---

① 莱（Raï），阿尔及利亚的一种民间乐器。
② 卡尔海因茨·施托克豪森（Karlheinz Stockhausen），德国作曲家。
③ 大急流城（Grand Rapids），美国密歇根州西南部的城市。

市场的是年轻消费者。曾经有一段时间，世界比现在更贫穷，人们收入更少，父母对音乐的消费拥有更大的控制权。在 20 世纪下半叶之前，购买美国的大部分音乐作品的人还不是青少年。因此，直到 20 世纪 50 年代，美国的流行音乐与叛逆的关系都是不大的。

为了说明情况，以下分别是 1951 年、1961 年以及 1971 年前后最畅销的音乐最火爆的音乐人。

1951 年：《红男绿女》[①] 的原声带，美国男高音歌唱家、演员马里奥·兰扎（Mario Lanza），秘鲁花腔女高音歌唱家伊玛·苏马克（Yma Sumac），织工乐队[②] 美国吉他演奏家莱斯·保罗（Les Paul），以及美国歌手托尼·班奈特（Tony Bennett）。

1961 年：德国器乐演奏家贝尔特·坎普弗特（Bert Kaempfert）、《出埃及记》[③] 的原声带、美国音乐家及手风琴演奏家劳伦斯·韦尔克（Lawrence Welk）、美国演员及歌手朱迪·加兰（Judy Garland）。还有猫王、美国流行歌手康妮·弗朗西斯（Connie Francis）、美国歌手布伦达·李（Brenda Lee），以及加拿大创作歌手保罗·安卡（Paul Anka）。青少年的口味正在崛起，这些孩子的零用钱也在增长。当然，康妮·弗朗西斯是一个相当温和

[①] 《红男绿女》（*Guys and Dolls*），是一部由约瑟夫·里欧·曼凯维奇（Joseph Leo Mankiewicz）执导的歌舞电影。

[②] 织工乐队（The Weavers）是一支成立于 1948 年的美国乐队，20 世纪 40 年代到 60 年代活跃于美国乐坛。

[③] 《出埃及记》（*Exodus*）是一部由奥托·路德维格·普雷明格（Otto Ludwig Preminger）执导的美国电影，于 1960 年上映。

的叛逆信号，但这时候，猫王已经在电视上扭屁股了。

到了20世纪60年代后期，除了美国小号演奏家赫伯·阿尔帕特（Herb Alpert）和蒂华纳铜管乐队①（Herb Alpert & the Tijuana Brass）之外，音乐市场已经是由年轻人来驱动的了。

1971年：英国创作歌手乔治·哈里森（George Harrison）、《耶稣基督万世巨星》②、美国创作歌手詹尼斯·乔普林（Janis Joplin）、斯莱和斯通家族③、迈克尔·杰克逊、美国创作歌手卡洛尔·金（Carole King）。

涅槃乐队对于2004届的学生来说究竟听起来怎么样，或者R.E.M.对美国中西部的瘾君子来说听起来怎么样，这种问题没有确切的答案。这个人是不是明明很喜欢R.E.M.却不承认？或者他的文化倾向使他根本无法欣赏音乐？也许他没有一份关于音乐欣赏的"参考文献"，他的荷尔蒙在尖叫着，那是"激流金属吉他"的嘶吼，而不是"温柔的高音和声"。也许他一开始就没有给R.E.M.一个公平的入选机会，所以他也无法发表真正的意见。

---

① 蒂华纳铜管乐队（Herb Alpert & the Tijuana Brass）是一支活跃于19世纪60年代的美国乐队。
② 《耶稣基督万世巨星》（*Jesus Christ Superstar*）是一部由安德鲁·劳埃德·韦伯（Andrew Lloyd Webber）作曲、蒂莫西·迈尔斯·宾斯·赖斯（Sir Timothy Miles Bindon Rice）作词的摇滚音乐剧。这部剧于1971年在美国纽约百老汇首演。
③ 斯莱和斯通家族（Sly and the Family Stone）是一个成立于1966年的美国合唱团，在20世纪80年代到90年代活跃于美国乐坛。

鉴于以上几点，我们可以回到如何才能成为文化上的亿万富翁这一问题上来了。正如喜欢哥特音乐的男孩有拒绝弗朗茨·约瑟夫·海顿①的理由一样，大多数人都有拒绝某种音乐流派的理由。在不同的情境下，我们会忽略蓝草音乐、印度古典音乐、流行音乐中排名前40的歌曲、说唱音乐、文艺复兴音乐、非洲流行音乐、大乐队爵士乐或古斯塔夫·马勒②，这是因为我们有不同的文化背景和感受能力。

平心而论，有一些障碍是无法克服的。比如，我发现大多数美国人根本不会也不能对埃及流行音乐中的微分音哀号产生兴趣。对于这个问题，偏见并不是其中的主要障碍，对美国人的耳朵来说，这种音乐听起来像是噪音。

但我们拒绝不同的音乐，很多时候纯粹是由身份认同引起的，这一点可以通过转变个人的文化取向来改变。我们只是需要更广泛、更国际化的视野。从美学上讲，这种对不同类型音乐的抗拒是愚蠢且不合理的，大部分原因都可以归结于"自我因素"。

有些读者可能会反对这一点。很多人都试过了听重金属音乐，并且确实不喜欢。我自己也不太喜欢。但大体上所有的音乐流派——包括重金属——最拔尖的一批的质量都是相当好的。而且我们不必从最不喜欢的音乐流派开始听起。如果我们反感重

---

① 弗朗茨·约瑟夫·海顿（Franz Joseph Haydn），奥地利古典主义音乐时期作曲家。
② 古斯塔夫·马勒（Gustav Mahler），奥地利浪漫主义作曲家。

金属，可以尝试听卢文兄弟①的蓝草音乐、阿瑟·布莱基②的咆勃爵士乐、巴厘岛的甘美兰音乐③，或者若斯坎·德普雷④16世纪文艺复兴时期的音乐。

如果我们能够超越"自我因素"，哪怕只是一点点，就会有大量一流的音乐呈现在我们面前。简单地将光盘放入立体声音响听一下，可能不会让你喜欢上它。听10遍可能也不行。关键是要真诚地相信这种新音乐对你和你的生活都有意义。

做到这一点这可能很困难，但对于发掘美妙的新音乐而言，这实际上却是我们所能掌握的最便宜的方法。披头士乐队不会再复合了。约翰内斯·勃拉姆斯⑤死了。不会有大量作曲家回归巴洛克风格了。我们自己掌握着发动"最便宜的艺术革命"的力量，想达到这一目的，我们只需要决意去做就可以了。想象一下，全世界在一年内创作出了200首杰出的交响乐，5000首令人惊叹的流行歌曲，300张一流的爵士乐唱片，以及5000首令人兴奋的拉格舞曲。⑥而这还只是一个开始。

这与那些已经存在而我们大多数人却并不知晓的乐坛珍品，以及相对来说能够迅速被发现的乐坛遗珠相比，根本不算什么。我们只需要下定决心，就能让自己成为文化上的亿万富翁。漫

---

① 卢文兄弟（The Louvin Brothers），一支成立于1940年的美国乐队，其活跃年份为1940年至1963年。
② 阿瑟·布莱基（Arthur Blakey），美国爵士乐鼓手。
③ 甘美兰（Gamelan）是印度尼西亚的一种传统音乐。
④ 若斯坎·德普雷（Josquin des Prés），法国文艺复兴时期的作曲家。
⑤ 约翰内斯·勃拉姆斯（Johannes Brahms），德国浪漫主义时期的作曲家。
⑥ 拉格（Raga），印度古典音乐所使用的调式。

步于艺术博物馆时，关键是要调动你的"自我因素"来让自己对艺术品产生兴趣。而对于音乐作品，我们则需要稍微降低"自我因素"，让自己对新的音乐流派和类型怀抱更加开放的态度。

但是，对于"自我因素"，我们该什么时候放手？我们什么时候应该把自己从被某种特定的文化或过去的风潮或流派所控制的生活中释放出来？毕竟，如果我们是听着贝西"伯爵"①的音乐长大的，跳到梅尔·哈格德②和布莱恩·伊诺③的音乐中难道不是一种背叛吗？我们这样做，难道不是在否认自己的核心取向，乃至对家乡、种族、宗教和家庭的忠诚吗？

我们也可以就我们对个人文化体验的依赖提出类似的问题。什么时候应该读完一本已经开始读的书？在这个问题上，我的答案比较极端，也许我会一开始读 10 本书，最后只读完 1 本书。一直这样断断续续地读下去，我也不会感到内疚。为什么不残酷一点呢？这是我现在能读到的世界上最好的书吗？至少对我来说，答案通常（但并非总是）是否定的。无论最值得阅读的书是哪一本，我都愿意购买或以其他方式获得它们。而其他大部分书我都不关心。

看电影的时候我经常中途离席，尤其是我一个人去的话。有很多电影我去看的时候就预计自己会中途离席，我也确实想这样

---

① 贝西"伯爵"（"Count" Basie），美国爵士乐钢琴家、作曲家。
② 梅尔·哈格德（Merle Haggard），美国创作歌手。
③ 布莱恩·伊诺（Brian Eno），英国音乐家、作曲家。

做。我想了解这部电影是关于什么的。这种好奇心一部分是为了满足我的研究，因为我写过关于电影的经济学的文章。某些电影是如此的受欢迎或有名气，以至于没人希望它们在自己的文化体验中是个神秘的未知项。我想在电影上映阶段就感受它，我不想等着看 DVD，或者从小屏幕上感受它的魅力。从其他人转述的内容中了解一部电影总是有限的。但我真的需要看完结局吗？我可以猜测电影的结局，也可以阅读电影评论文章知道结尾。对我来说，克林特·伊斯特伍德的《硫磺岛家书》[①]——一部还不错的电影——只看前半部分就足够了。

如果我得以在一部电影的中途离席，我就可以在同一天看到其他电影的部分内容。有一天我看了 4 部电影的部分段落。我很高兴，并没有为此而沮丧。其中 3 部电影都比我预期得要好，但还是不够好。

有时候我会看一部在下午 4 点左右结束的电影，但我会将某个预约或电话安排在下午 3 点。我期望实现我的计划。如果这部电影真的很好——比我预期的要好——那就麻烦了。但那是一种很好的麻烦，意味着在那个时候，看完这部电影是我当时能做的最棒的事情，让人印象深刻。如果这是需要担心的麻烦，那我也会处之泰然。

经济学家罗伯特·哈尔[②]说过类似的话："如果你从未错过飞

[①] 克林特·伊斯特伍德（Clinton Eastwood），美国演员、导演。《硫磺岛家书》（Letters from Iwo Jima）是一部由克林特·伊斯特伍德执导的美国战争电影，获得第 64 届金球奖最佳外语片奖。

[②] 罗伯特·哈尔（Robert Hall），美国经济学家。

机,说明你在机场等待的时间太长了。"

踏上这条通往文化财富的道路,你需要考虑更多的"自我因素"——你不必像这些文艺作品的创作者们希望的那样,长久地对这些作品投以关注。然而,我们不能在所有事情上以及任何时间里都如此行事。在许多情况下,我们会希望实现之前的计划,即使这不是出于对创作者或者电影制作人的尊重。

我们购买了昂贵的戏剧演出票,但突然发作的头痛让我们不想去看了。我们内心的经济学家可能会敦促我们待在家里,并咒骂"沉没成本①已经沉没了"。沉没成本已成为经济学家的行话,意思是过去的事情就让它过去吧。我们坚持去看戏才会让门票物有所值,如果这部戏不花钱,我们可能压根儿就不会去。

然而,在这种情况下,有许多人会为已经花了钱而感到内疚。于是乎,我们会去看戏,决心让钱花得有效果,并想维护自己忠实的艺术爱好者的形象。

这种倾向非常普遍。我们可以想一想吃自助餐的情形,我们自己买单时,通常会比有人请客时吃得更多,尽管这两种情况都是付费后可以随意地吃。尽管如此,我们总觉得必须"让我们花的钱物有所值"。在另一种情况中,与一切都很顺的时候相比,许多夫妻在需要为对方牺牲时,彼此间会作出更多的承诺。我们重视自己的奋斗所得,这就是女人会欲擒故纵的原因之一。

我们都会遇到这样的问题,那要如何解决呢?我们什么时候

---

① 沉没成本(sunk cost),在经济学中指已经付出且不可收回的成本。

该改弦更张，什么时候该坚持既往？我们什么时候应该延续文化上的投入？答案仍然在于更好地理解"自我因素"。

我们用文化上的选择来支撑或塑造自己的人设——我们是什么样的人，想要什么样的婚姻，或者渴望做什么工作。这些叙述中最重要的是——你能猜到吗？——我们自己。我的人设是一个好奇、聪明而博学的书呆子，一个满怀爱意的丈夫和继父，一个音乐爱好者，以及一名墨西哥非主流艺术收藏家，当然，我还有其他个人特质。无论如何，我从没想过要成为"社区的支柱"、"热心的政治活动家"或"自杀求助热线的接线员"。有时候我会改变或调整我的人设，但大多数情况下，我会投入于已经拥有的人设并扩展它们。即便我开始一项新事业，也会寻求它与我以往的兴趣和投入之间的连续性。

所以，如果我们的人设很重要，那么我们的过去也就很重要。好的人设不会时刻变化，也不会像小说情节一样，每次转折就全然转入新的方向。只有将过去、现在和将来之事串连起来，我们的整体人设才能成功。重视我们的人设，意味着要让我们过去的决定和叙述可信，也就是说要尊重沉没成本。过去的事情从不会真正地过去。我们尊重过去的付出和既往的文化依赖，由此才能建立起关于自己的描述和自我形象。

有时候，我们当前的行动也许能为过去的行为亡羊补牢，并证明以前的牺牲没有白费。我们甚至设立了新的目标，这样就能把之前的投入视为一个合乎逻辑的模式的一部分。我们会为自己相信的事情创造新的理由，尤其是以前的投入看起来很愚蠢的时候。比如，许多支持战争的评论员在发现伊拉克并不存在大规模杀伤性武器后，不管说的对不对，都重新定义了美国攻击伊拉克的原因。

所以，我们现在有了办法决定在什么情况下即使头疼也要去剧院。当我们有机会强化有益的人设时，我们应该去，这也是对我们之前在沉没成本上的投入的尊重；而当去看戏的决定无益于我们的人设，或者会使我们的人设崩塌时，则不应该去——这会使我们稍微脱离自己的过去。有益的人设会有利于我们自身的幸福和社会福祉；有害的人设则恰恰相反。

因此，如果购票者想在生活中保持更多的一致性——他已经40岁了，无法再建立不同的长期生活习惯——那么他就应该起床去看戏——"这该死的头痛"。如果购票者只是个附庸风雅的人，也许他就该放松一下，摆脱那种生活。他应该治疗他的头痛，留在家里看《迷失》①或《美眉校探》。②

有些经济学家会说，如果我们必须尊重沉没成本，那么就该选择成本相对较低的时候去实施行为。头痛欲裂时就待在家里，而手上长个小倒刺时就去剧院看戏。但这个建议没有理解投入某件事的真正含义，也没告诉我们应该如何证明这一点是对的。正是我们愿意付出重大牺牲——带着几分不适和痛苦冒险外出——我们的人设才能变得有意义。在我们付出最大的牺牲时，去剧院的决定对我们的人设而言往往收益最高。

---

① 《迷失》（*Lost*）是一部于2004年开始播放的美国电视剧。
② 《美眉校探》（*Veronica Mars*）是一部于2004年开始播放的美国电视剧。

带着这一点,让我们回到是否可以通过成为音乐"杂食者"而变成文化亿万富翁的这个问题上。通过这种方法拓展我们的个人身份认知,将会产生一些非常实际的成本。多听一种新的音乐可能意味着少听我们自幼便熟悉的音乐,或者能与最好的朋友分享的音乐。但这些成本也证明了我们的投入,并赋予我们新的、更加国际化的自我文化形象。

为了得到新的、更广泛的文化身份,我们值得这样做吗?

我们可以看看关于现状偏差①的心理学研究,它表明人们倾向于高估商品、服务以及身份的价值,因为人们已经拥有或者能支配它们了。在某个实验中如果我们送给人们杯子,他们会在收到杯子后立即将其价值高估一倍或者更多,仅仅因为这是"他们的"杯子。类似的忠诚效应已在各种条件下渗透到各种不同的商品或所属物。在某种程度上来说,我们被自己的财产绑架了。

人类可能已经进化出这种保护性倾向,来巩固对家人和密友的爱。当然,爱和依恋是令人钦佩的品质,但我们不需要、也不应该在生活的各个方面都如此重视这种现状偏差。

现状偏差的普遍存在意味着,我们大多数人对自己以前的文化依恋可能都有点过度执着。那么回到那样做(即文化上的拓展)是否值得的问题上来,文化上的拓展——以及对一些新的音乐理念的尝试——对我们大多数人都有好处。

---

① 现状偏差(status quo bias)是情绪性地倾向于维持现状的一种认知偏差。当现状客观上优于其他选项或者存在信息不完备时,做维持现状的决定是一种理性的行为。但现状偏差与此不同。在现状偏差的情况下,现状被当成基准,任何改变都被视为一种损失。大量证据表明,人的决策经常会受到现状偏差的影响。

对于这个问题，另一个答案是，我们应该简单地赌一把这种文化上的转变是否值得。本章是关于如何成为一个文化亿万富翁的。如果你不想成为一个文化上的亿万富翁，也许你正忙着成为其他领域中的亿万富翁，那么，本书的其他章节可能会在你的这些努力中派上用场。

第 5 章

任何时候看起来都不错

05

我发现下面这段对话十分引人注目：

"你把我当成了你的财产。"一位女士对她的男人这样说。他的回复是什么呢？

"如果我把她当成我的财产来对待，就意味着我会照顾她，保护她，善待她，胜过一切不属于我的东西。"

突然，我意识到这位女士脸上并没有如我内心一般燃烧着幸福。然后我意识到了我的错误：我们都只能拥有自己，她和我一样。但假设有人说要像对待财产一样对待她，会引出一个极其重要的问题：

"你是说公有财产还是私有财产？"

我建议你不要向自己的伴侣提出这个问题。这不是维系幸福浪漫的亲密关系的最佳方式。

这里有一个重要的问题，它也是本章的主题。我们希望在各种各样的环境中——无论是工作、友谊还是恋爱关系——都看起来光彩照人。你内心的经济学家知道，你的外表不仅限于你的衣服、健康情况乃至你所说的话。它是你向外传递的所有信号的总和，以及你为接收信号的一方量身打造这些信号的方式。

信号，正如经济学家所使用时那样，是一个简单的概念。每次向外界传递关于我们自己的信息时，我们都是在"发出信号"。信号是一种个人广告。我们穿着时髦的衣服，我们进入合适的研究生院，我们给别人送上颜色合适的鲜花——它们都是信号。信号的要点在于发送成本或难度，这也是它能传递有效的信息的原因。如果花是免费的，或者每个人都知道应该送什么样的花，那大多数女性就不会为收到花而感到欣喜。如果每个人都可以轻松地被哈佛商学院录取，并选到合适自己的导师，那哈佛商学院的学位就没有那么重要了。

请记住，许多信号在某种程度上都是隐藏的信息。要使信号有效，它们就不能是，或者至少不应该是完全明确的，通常会有一部分被隐藏起来的或间接的表达，只有对更感兴趣或更留意的人才会读到这些迹象。这使得信号难以被传递。我们希望通过信号来表达某种观点，但是又不能表现出我们正在这么做。我们不想让自己看起来像是在吹嘘，或是过于努力，或者尚待成功。我们想让自己看起来像那种已然大获成功，因此不必沉迷于向外界传递信号的人。

著名的博主兼医学博士兰热尔（Rangel）提供了这个能让你给女性留下深刻印象的秘诀：

> 陪她喝酒，请她吃饭，给她打电话，拥抱她，支持她，爱护她，给她惊喜，赞美她，对她微笑，倾听她诉说，和她一起笑，和她一起哭，给她浪漫，鼓励她，相信她，和她一起祈祷，为她祈祷，与她相拥，和她一起购物，送她珠宝首饰，给她买花，牵她的手，给她写情书，为了她去天涯海角。

但上述这些建议并不总是有效，这或许有些令人惊讶。通常来说，给女性留下深刻印象的最好方法就是做一些让男性印象深刻的事。著名的政治家们——他们通常没有时间实践上述内容——不乏浪漫的行为。他们甚至不必很富有。

有一些人——我们可以称他们为恶棍——试图通过给出信号来表现自己坏的一面。李小龙主演的电影《龙争虎斗》中的坏人是一个名叫波洛（Bolo）的浑身肌肉的恶棍，由中国香港功夫巨星杨斯饰演。在与武术比赛中的对手较量之前，波洛会用手或头击碎木板和水泥块，这让他的对手在比赛开始前就退缩了。波洛会打伤他们的脖子，对他们的还击不屑一顾。关键在于，瘦弱一点的人——比如我——甚至无法用锤子敲坏木板，更不用说用头了。

有哪个职业摔角①选手会给自己起名叫斯迈思-汤姆森（Smythe-Thomson）②呢？

这些例子似乎表明，表面的光鲜亮丽是肤浅的、微不足道的，维持光鲜并不是一种良好的长期行为。下面我们来谈谈更重要的问题。

有个人写了一篇关于马桶盖应该掀开还是应该合上的经济分析文章，或者说是一篇"博弈论"文章。他使用复杂的数学公式得出结论，节省手部运动是关键因素。按照他的说法，我们应该在使用之后让马桶盖"保持原样"。因为下次使用时还是要把马桶盖掀开，那为什么还要把它合上呢？

与你内心的经济学家长时间对话后，对于这件事你会产生一种更复杂的理解方式，即你会认识到这件事情应该怎么做，取决于怎样才能让你的妻子满意和开心，这通常意味着在使用马桶后你要把马桶盖合上。这是认可她的价值的象征。

"信号"的经济学含义是指通过一个代价高昂的行为来发送信息。我在情人节给妻子买花就是在发出信号，尽管我并不认为她在二月中旬需要盛开的鲜花。但我要很抱歉地对你们这些小气鬼说，信号的成本才是让信号有效的重点。精致奢侈的钻戒比鲜花传递的信息更进一步。而一条免费的建议，无论它多么有价值，都不会产生和钻戒相同的效果。

---

① 职业摔角，一种以表演方式进行的娱乐摔跤比赛，比赛内容以及结果都经过预先计划。
② Smythe 是一个职业姓名（occupational name），这种名字一般描述了这个人的工作。Smythe 意指铁匠（blacksmith）这一职业。

女性一直都很重视某些男性不太关心的物品，比如鲜花和钻石。除非为了转售或赠送，否则我不会花 200 美元去购买世界上最好的钻石。而女性会把这些物品视作礼物，部分原因是男人并不关心它们。如果我给妻子买《太空堡垒卡拉狄加》[①] 的 DVD 全集，即便她渐渐爱上了这部剧，也会怀疑我的行为是出于自私，而不是为了送给她礼物。所以，最好的礼物往往是那些作为送礼者的我们并不太重视的东西，这样的礼物表明我们重视收礼者，即便买钻石真的是在浪费钱。

对于爱，我们没法用科学或直接的方式进行测量，至少在神经科学取得巨大进步之前是这样的。因此我们必须持续地向他人展示我们的爱，这意味着我们希望自己能发出正确的信号。

信号这个概念于 1973 年被正式提出，当时，经济学家迈克尔·斯宾塞[②]——后来他成了诺贝尔奖获得者及斯坦福商学院的院长——借鉴了他在教育方面的经验，在哈佛大学发表了相关的论文。有许多学位，比如工商管理硕士（MBA）和法律博士[③]，其价值似乎远高于人们实际上在学校学到的东西的价值。商学院的大部分课程不都是无用的苦读吗？斯宾塞提出了一个假设：被哈佛商学院录取并完成了艰苦的学业，为雇主们鉴别出了有才且敬业的未来员工。雇主会雇用优秀的学生，即使那些人从好乐

[①] 《太空堡垒卡拉狄加》（*Battlestar Galactica*）是一部美国军事科幻电视剧。
[②] 迈克尔·斯宾塞（Michael Spence），加拿大裔美国经济学家，于 1972 年获得哈佛大学经济学博士学位，并于 2001 年获得诺贝尔经济学奖。
[③] 法律博士（Juris Doctor）是广泛存在于美国、加拿大、澳大利亚以及中国香港的一种法律职业类文凭证书。

门（Hellmann's）蛋黄酱的案例研究中什么都学不到。

三年制的 MBA 学习是识别人才的宝贵手段。仅仅给每个人做一个测试并雇用得分最高的人是远远不够的。由于反歧视法，许多常规的能力测试在美国都是非法的，但这并不是重点。一个人的考试成绩很优秀并不能保证他拥有持之以恒的精神。表示一个人是可用之才的信号，必须代价高昂，而且要是历经艰辛而得，否则无法挑选出最好的求职者。纵横商业世界不仅需要应试技巧，在所有的个人品质中，自律可以说是预测一个人未来在商业及学术上是否能成功的最重要的因素。

有时候，信号显示出的是一个人很聪明，而不是自律，比如当男性试图搭讪时。那么，什么是好的搭讪方式，或者如英国人所说的"聊天"方式呢？如果这个说法太不正经，那么，我们该怎么在教堂舞会上做一番优秀的、有益于获得青睐的自我介绍呢？搭讪是信号的典型代表，事实上，它们就是一种纯粹的信号，不受任何其他可能的动机的影响。一名正在寻求伴侣的男性有极大的动力表现得迷人、可靠，并且在一定程度上要在他的诸多竞争者中显得与众不同。

简而言之，这名男性应该表现出他的独特性，但又不能显得用力过度。这的确很难。

美国作家尼尔·施特劳斯（Neil Strauss）写了一本书，名为《把妹达人：那些坏小子教我的事》（*The Game: Penetrating the Secret Society of Pickup Artists*）。这本 464 页的大部头作品本应揭示让人有魅力的秘诀，事实上，在展现天赋的重要性上，这本书是个反面教材。施特劳斯表示：

> 我了解到，你越让自己高不可攀，就会有越多的人想要得到你。你越说"不要再碰我了""我有喜欢的人了"，或者"你不是我喜欢的类型"，就越有人追求你……这是一个小例子——听起来很糟糕，但这是真的——假设我想亲某个人却遭到了拒绝，我发现，我只要转过头不理她们，大约5秒后再回过头来说前面的那种话，大多数时候她们就会过来吻我。这可能事关惩罚与奖励机制，抑或是因为人们的第一反应往往都是否定的，一旦有时间考虑一下，人们就会想，"好吧，也许这个人还不错"。

我并不精通搭讪的技巧，但不管怎么说，这是我听过的关于恋爱的最糟糕的建议。

纯粹的"欲擒故纵"策略无法满足信号理论家所说的——请原谅，我在这里要用一个呆板的专业术语——"分离均衡"。[①] 换句话说，它不会对赢家和输家进行分类（或者说"分离"）。"欲擒故纵"对于失败者来说太容易模仿了。如果追求女性（男性也一样）时，只需要使用"欲擒故纵"策略就能成功，那么隐士将会成为无数人追求的对象。然而他们不是人们的梦中情人，而且也不是每个人都想成为隐士。

首先，你需要注意下面这件事情。多年来，我一直在和萨尔

---

① 分离均衡（separating equilibrium），是指不同类型的发送者以1的概率选择不同的信号，或者说，没有任何类型选择与其他类型相同的信号。

玛·海耶克①玩"欲擒故纵"的游戏——我一直是她的粉丝,而这种表达仰慕的含蓄方式并没有带来什么收获,我甚至连礼貌性的电子邮件或聚会邀请都没有收到。如果她回应了,我就准备"后退",对于得到她的回应,我费了九牛二虎之力,最终却一无所获。而求爱的伴侣必须知道如何诱发或引起对方最初的兴趣,然后(可能)在确实需要后退的时候,再把握好后退的时机。

这就像投资房地产一样。我们都知道房价会起起伏伏、循环往复,而聪明的投资者就是那些知道何时买入、何时卖出的人,而把握好时机确实困难重重。

至于"欲擒故纵"的用法,其实很难恰到好处。正是因为这一点,在搭讪高手巧妙地运用之下,这招数才能收获奇效。如果一名男性努力地使用"欲擒故纵"策略,却没有灵活的手腕来处理其中的细节,那么,大多数女性会认为他是个傻瓜或混蛋。

仅靠努力并不足以让人成功地找到合适的伴侣。女性精于评估男性的真正能力,而男性亦是如此,为了寻求优质的伴侣,我们才进化出了这样的能力。

较之尼尔·施特劳斯及其追随者兜售搭讪伎俩后得出的论断,有一项研究得出了完全不同的结论。这项研究向205名大学生(包括142名女生和63名男生)展示了40条不同的搭讪用语,在每个"爱情故事"里,都有一个男生用其中的一条去接近一个女生,再由后者对这些话的潜在有效性进行评价。这不是什么高

---

① 萨尔玛·海耶克(Salma Hayek),墨西哥女演员、电影制片人。

科技的办法，但其确实比施特劳斯书中的故事探究得更加深入。这项研究的结果证实了基于常识的直觉：笑话、空洞的赞美，以及与性有关的内容并没有给女生留下深刻印象；而表现出搭讪者乐于助人、慷慨大方、有运动精神、有"文化"和财富等特质的话语则获得了合理的优秀评价。换句话说，如果这个男生表现出一些有价值的品质，或者至少他有展现这些品质的机会，（相对来说）他就会赢得女生的青睐。

当然，抽象地评估搭讪用语会让我们忽略这项技能中很重要的一部分。真正的诀窍不只是你说了什么（"嘿，宝贝儿，来看看我的施坦威钢琴①吧！"——或者我应该说贝森朵夫钢琴②？），还要有合适的着装和举止，并要表现出对社会环境的理解。当一名男性追求一名女性时，获得她的朋友的认可有很大的帮助，私人飞机、马克·罗斯科③的抽象画作，以及一系列绝版唱片有同样的作用。女性一下子就被这些东西激起兴趣。换句话说，女性通常会对那些"失败者"难以模仿的特征有反应，而男性在追求女性时，则会对女性在容貌、智力、教育、社会阶层，以及对孩子的兴趣等方面的确切信号有回应。男性和女性对于伴侣所需具备的品质往往有不同的需求，但在甄选伴侣时，他们运用着同样的信号逻辑。

---

① 施坦威（Steinway），美国钢琴制造公司。
② 贝森朵夫（Boesendorfer），奥地利钢琴制造公司。
③ 马克·罗斯科（Mark Rothko），拉脱维亚裔美国犹太人，抽象主义画家。

如果发送信号是一种让自己看起来还不错的方式,并能让我们获得更多想要的东西,那为什么我们不去一直这样做呢?问题就在于,发送信号会浪费资源。

"我想证明马来西亚人可以有世界级的贡献。"

这是努尔·玛莲娜·哈桑(Nur Malena Hassan)说的话。2004年,这位年轻的马来西亚女性连续与6000多只毒蝎子生活了32天。为了展示她的壮举,活动在马来西亚首都吉隆坡以东约260千米的关丹市①的一家购物中心举行。熙来攘往的购物者在路过展区时,会停下来观看蝎子爬过哈桑的身体。她在一个玻璃房间里睡觉、吃饭、向着麦加的方向祈祷。她可以每天离开这个房间一次,每次15分钟。在活动期间,哈桑还看了DVD;她最喜欢的电影是《蜘蛛侠》(Spider-Man)。

哈桑在2001年就已经创造了一项世界纪录,她与2700只蝎子共同生活了30天。其间她多次被蜇伤,以致昏迷不醒,但她还是坚持了下来。令她懊恼的是,一年后,即2002年,泰国的干乍那·凯特克(Kanchana Ketkeaw)在一个有3400只蝎子的玻璃房间中生活了31天。那么,对哈桑来说,就有必要以更艰难的形式重新完成这个挑战。哈桑肯定地说:"同6000只蝎子一起生活与同3000只蝎子生活是绝对不一样的。情况更加糟糕。"

哈桑注意到,蝎子在夜间更加活跃。不过,至少蝎子通常不会蜇人,除非受到攻击或被踩踏。关键是人要保持冷静,并且需

---

① 关丹市(Kuantan),马来西亚彭亨州(Pahang Darul Makmur)的首府。

要练习才能实现这一壮举。哈桑为了习惯"与蝎共舞",让自己被蝎子蜇了5年多,才对此习以为常,并具备了完成这项挑战的能力。而在她第二次创造世界纪录的尝试中,又多次被蜇伤。有一段时间她甚至不能走路,但并没有昏过去。

在看到那些多此一举或是别的什么令人迷惑的行为时,我们应该意识到,我们看到的可能正是某种信号。我们都关心外界对我们的看法,尤其是同龄人的看法。比如,很多黑人小孩不愿意在学校取得好成绩,是因为怕被其他小孩贴上"太白"的标签。在学业上不求上进其实是他表明自己属于某个"团体"的一种方式,很显然,这个不好好学习的学生不想被踢出这个团体。

如果我们对这个世界感到沮丧,那么信号很可能是罪魁祸首。《石板》(Slate)杂志的问答专栏《亲爱的普鲁迪》①中有一封信,我们可以对它进行思考,其部分内容如下:

> 亲爱的普鲁迪:我最近参加了一位年轻女士的婚前派对……当所有人都到齐后,新娘给每位客人发了一个信封,让我们在信封上写好自己的地址,以便收到她的感谢信。但我是通过邮寄的方式收到派对邀请的,所以我只能认为她知道我的地址。这种无礼的行为让我震惊——我抽出时间来参加她的派对,还买了礼物,而新娘竟然不愿意花点心思好好写一封感谢信……是我太挑剔了吗?
>
> ——一个寻求解惑的人

---

① 《石板》是一本美国杂志,《亲爱的普鲁迪》(Dear Prudie)是《石板》杂志中的一个建议专栏,读者可以向普鲁迪提问并得到回复。

这位女士算的经济账是:"我们为什么不能这样做?"但遗憾的是,以牺牲形象为代价去追求效率往往是错误的。普鲁迪回应说这种行为仅仅是因为对方不擅交际:"她缺乏礼貌,毫无人际技巧,也缺一个不厌其烦教她社交礼仪的母亲。"

再次强调,我们所发出的信号,其全部意义和价值都来自发送的成本和难度。而这些信号标明了每个人在社会秩序中的位置。

有时候,发送信号会促生低效。有一个概念叫"跟上琼斯效应"①。你们知道那个老笑话吗?在妻子看来,丈夫只有比自己的妹夫收入更高,才算是一个富人。如果这个妹夫晋升了,妻子就会期盼丈夫——这个曾经的富人——更加努力地工作。

重点不是要停止发送信号——这是不可能的——而是要利用信号来使自己获益。更重要的是,如果我们理解了信号的含义,就能更有耐心、更有毅力去接受那些我们无法改变的社会事实。就本质而言,传递信号是难以绕开、超越或者回避的,它会让我们大多数人感到烦恼,或是处于不利的环境中,这种情况在我们的生活中每天至少会发生一次。

信号理论有助于解释为什么成功人士会感到身心俱疲。在视频通话的时候发出信号往往是我们感到沮丧的根源。对于这个问题,我内心的经济学家不知该如何解决,或许你内心的经济学家可以。

人们——不仅是在工作中——如果受到了粗鲁或专横的对

---

① 跟上琼斯效应(keeping up with the Joneses effect),也称作"跟琼斯家比富",是西方英语国家常用的一个俗语。隐含了一种社会地位寻求理论,意指不太富裕的人将自己的社会地位和财富与富裕阶层相比,并通过炫耀性消费或炫耀性休闲来表明自己的价值。一般也表示一个人在社会经济与文化上的自卑。

待，即便手头的问题可以很快得到解决，也会感觉被冒犯。试想一位客座教授来开研讨会，但我却不能（或许是不想？）抽出时间与他共进午餐。我们本来可以利用午餐闲谈一番，但现在这位教授觉得我不太重视他的研究——或者说他本人。人类会有这样的虚荣心，你能想到吗？如果别人认为我们的时间很重要，那么他们就会想方设法地占用它。我们的孩子评判我们时，不是看我们如何有效地支持他们的成长，而是看我们为养育他们付出了多少努力。"对不起，约翰尼（Johnny），我知道你的少年棒球联盟比赛是在明天，但我有一个重要的电话会议，你自己坐出租车去吧。"千万别这么做。如果你这么做了，即便加上一句"别担心，你比赛的时候我会赚更多的钱，给你攒更多的学费，何况还能让你获得的遗产有更高的'预期现值'[①] 呢"也无济于事。

我们有办法解决这个问题吗？毕竟一天只有 24 个小时，而且我们又分身乏术。于是我想到了一些策略：

1. 假装一些其他特权（亲吻手或者送生日贺卡）成本非常高昂，并且很难得到。通过提供这种特权代替提供大量的时间。

2. 装得比实际上更加繁忙。让人们相信——也许是真的——其他人得到的你的时间更少。必须留给别人一种你总是匆匆忙忙的印象。

3. 假装你的时间不重要。（注意：这可能包括穿得

[①] 预期现值（present expected value），用于计算未来（或过去）产生的一笔现金在当前流通情况下所具有的价值，此处是指预期的现值。

随意点）这样可能就没有人因为不能占用你太多时间而感到被冷落了。谁会因为没得到免费的图钉而觉得受到了冷落呢？不过这也可能导致另一种结果，即让被忽视的人感觉更受伤害。毕竟，你甚至连这种没什么价值的时间都不给对方。随意地穿着本身也是有成本的。

这些小技巧都不能解决问题。一天只有这么多时间，经济账算得再好，你内心的经济学家也无法改变物理定律。

没有什么是比家庭关系中的信号更重要的了。鉴于直接的金钱刺激在家庭关系中作用有限，要建立起家庭内部的信任与合作，信号至关重要。

许多人——包括我的妻子——都希望在遇到任何可能的风险时都能有安全感。如果我不想买产品保修服务，我妻子会认为我不负责任。我并不是在表达我会对安全作出最大的承诺。如果我能买保险却不买，就会给人一种"这个男人粗心大意，做事不负责任"的印象。购买保险通常旨在表明我们是什么样的人，以及我们关心什么事情；保险销售人员早就意识到了这一点，并会以此展开销售宣传。

我的同事、经济学家罗宾·汉森[①]认为，许多保护行为实际上是为了"表现出你的关心"。对于没有"尽一切可能"保护孩子

[①] 罗宾·汉森（Robin Hanson），美国乔治·梅森大学（George Mason University）经济学教授，于1997年获得加州理工学院社会科学博士学位。

的父母，我们会怎么想？什么样的男人会跟他的妻子说，在为她的癌症进行额外活检之前，他权衡了花这笔钱的成本和收益？在卡特里娜飓风①肆虐之后，我们正在努力重建新奥尔良②，这不是因为我们做了可靠的收益评估，而是因为这是我们的责任。没有人希望自己看起来好像不关心新奥尔良，尤其是政客。

从经济角度来看，我们应该只在那些会对我们造成毁灭性打击的风险问题上投保。小事不值得支付保费，何况保险的定价大多都不公平。针对其产品出售保险的公司必须将保险费用以涵盖赔偿、维修产品的成本，以及销售保险的花销。既然销售保险的成本最终转嫁给了购买者，那么从长远来看，保险购买者是无法维持收支平衡的。其中一些人能幸运地从中受益，但整体而言，购买保险是赔钱的。

举个简单的例子，我们应该拒买大部分的产品保修服务。对大部分人来说，不买产品保修服务省下来的钱，比产品维修和更换所获得的价值更高。百思买③和电路城④通过这些策略赚取了高额利润，这就是他们将这些保修政策推向毫无戒心的客户的原因。

大多数人都将保险视为生活的一部分。通常来说，一个人购买保险是为了体现自己忠于承诺。比如某人购买人寿保险，是要

---

① 卡特里娜飓风（Hurricane Katrina）是 2008 年 8 月在美国南部登陆的五级飓风，共造成 125 亿美元的损失。
② 新奥尔良（New Orleans），美国路易斯安那州的首府，于 2005 年遭受了卡特里娜飓风的袭击。
③ 百思买（Best Buy）是一家成立于 1966 年、总部位于美国的跨国电子消费品零售企业。
④ 电路城（Circuit City）是一家成立于 1949 年的美国电子消费品零售企业。

表示对保单受益人的重视，表明自己对受益人有着深厚的情感，而不是因为受益人需要这笔钱。我们可能会为新的燃气灶买保险，以示自己将家庭安全放在心上，让家人免受悲剧或灾难的影响。

购买保险通常与个人形象紧密相关。有数据显示，最差的司机最不可能有保险。这些人在开车和购买保险时都漫不经心，这就是他们的自我形象。这与经济学中的"逆向选择"（adverse selection）假设背道而驰，这一假设错误地预测最好的司机最有可能放弃保险，因为他们最不需要。我的妻子想要确保我不是个粗心或鲁莽的人，因此希望我购买很多的保险。要是有个能涵盖各个方面的保险套餐，我会很高兴的，但实际上我们最终购买的保险远多于此。

不买保险和产品保修看起来可能存在风险，但实际上这往往是更谨慎的行为。我们可以把省下的钱花在购买更安全的汽车上。这带来的好处通常是间接的，或者难以计算，但如果我们真的关心爱护家人，有时候就不得不多做一些计算的工作，即使这会显得我们对家人有一点不在乎。

但我很难通过经济学的逻辑来赢得家庭辩论，因为保险的好处比它的成本更容易被看到。我妻子坚持要购买空调保修服务。我在这个问题上的立场不需多言，但最终我们还是买了。瞧，空调又坏了，产品保修服务涵盖了维修。从那以后，这件事就被不断提及，和"买了保险的那些小玩意儿都没坏过"比起来，这可是令人难忘的轶事。

那么，我们应该购买保险吗？在表达关心和计算成本之间取得适当的平衡并不容易。如果你"表现得很在乎",只是为了达到看起来在乎的这个目的,或者是为了给他人留下深刻的印象,人们会看出来的,并会得出"这个人根本不在乎"的结论。所以,不要在每一次需要表达关心或发送信号时都用经济学的逻辑去衡量得失。不要总是拿出你的袖珍计算器,一味地计算会在灾难来袭时破坏彼此的信任,使将家庭、文化乃至国家凝聚在一起的纽带受到冲击。不要去分辨我们是否应该帮助遭受飓风袭击的城市。不要每天估算忠于婚姻的成本和收益。作出这些决定时,我们都要不假思索。

最好的结果是,让经济学来指导我们的家庭决策,但不要全然依赖于此。我们应该使用金融经济学来指导我们进行房地产投资或退休储蓄。与此同时,经济学和信号分析(特别是后者)不应该被视为家庭互动的主导力量。大多数时候——我当然是说在家里——如果想拥有和谐愉快的气氛,就要把你内心的经济学家隐藏在深处。

许多经济学的通俗读物都会用经济学原理来给读者当头一棒。罗彻斯特大学[①]的史斯蒂文·E.兰兹伯格教授在他的著作《公平竞赛》中告诉我们,"婚后财产是令人憎恶的",因为其中包含了对生产活动过高的"税";在他看来,他的妻子凭什么得到他生产所得的一半?

如果让经济学逻辑掌控一切,那么家庭成员之间的信任就会

---

① 罗彻斯特大学(University of Rochester),美国的一所成立于1850年的私立研究型大学,位于纽约州。

分崩离析。"做正确的事"将被视作满心算计。因此，我们应该拒绝用经济学逻辑来决定家庭琐事，比如"马桶盖是应该被合上还是掀起来"。在家庭中，更重要的是表达基本的诚心诚意，让其他家庭成员高兴。

让你心里那个经济学家保持沉默。封住他的嘴，让他自己去博客上念叨吧。不要让他将家庭决策置于"委托代理防止重新谈判共谋的最优理论"之下。说"婚后财产令人憎恶"之类的话对家庭是无益的。你内心的经济学家知道这一点。

想要让经济学对家庭生活有所贡献，诀窍是在不完全违背经济学逻辑的情况下，限制在家庭生活中使用经济学的范围。经济学对家庭生活多有裨益。比如，如果我们35岁，就应该将大部分储蓄投资于美国股市（有风险，但预期回报率为7%），而不是美国货币市场基金中的短期国债（流动性好、且安全性高，但预期回报率约为1%）。这种时候就该坚持经济学逻辑。如果我们投资1000美元，但手里的股票不走运，收益率只有5%，那么50年后，两者的预期回报额将是1600美元与11400美元，相差约8倍。两种方法的收益判若云泥。

你内心的经济学家甚至可能会对分配电视遥控器的使用权有更好的主意——让孩子们通过做家务换取看电视的时间。如果这样做，我们会将家庭生活搞得鸡飞狗跳。

家人越是觉得我们违背了关心家庭的承诺，经济学的建议就越难被接受。当经济学理论在家庭生活中普遍使用时，会显得很不靠谱——"竞标电视遥控器？那可不太好；这意味着如果我想要电视的控制权,就得让出我妈妈来探访的次数。"

应该将"家庭中的经济学"视为不敢直言的真相。如果你是家庭中对经济学有所了解的成员,甚至是个经济学家,千万不要炫耀。要收起经济学具备普遍性或广泛适用性之辞。不要将经济学的智慧作为生活原则或生活中的思考方式。如果想让自己在家庭中获得不错的地位,请在纯粹的特定背景下阐释经济观点,不要喋喋不休地谈论激励或信号,将经济学的概念视作了解整个世界的万能手段。

生活中的基本问题之一是我们应该投入多少成本来表达我们的关心。上文提到了我的同事罗宾·汉森,他将这个问题视作他工作及生活的核心。罗宾在 46 岁前是一名计算机科学家,后来成了经济学家。他是一个很棒的父亲,家里有两个聪明可爱的男孩。罗宾对他的家庭关爱有加。他的孩子们也知道父亲在乎他们。

但罗宾对传递信号的行为研究了很长时间。任何长期研究传递信号行为的人都会对社会的虚伪心生厌恶,并会被诱变为某种有知识的激进分子、革命者,或是略显平和的怪人,而这已经发生在罗宾身上了。当谈到他对家庭的关爱时,罗宾想知道为什么他的关爱还是显得不够,并且想知道为什么他必须以非常传统且昂贵的方式传递爱的信号。罗宾就是我所说的社会修正主义者。

罗宾总是会有奇怪的想法。如果技术上可行,他愿意每年支付 200 美元,以获得在他死后将头部冷冻保存的资格。他期待着,在遥远的未来,自己的头会被人解冻,可能只是为了好玩,也可能只是因为未来的富翁想来一场关于人类过去的有趣对话。

罗宾认为，应该利用博彩市场来管理许多人类的事务，包括政府的政策。我们应该在那些能使国民收入最大化的政策上押注，而政府可以根据博彩市场显示的最可能成功的事项来制定政策。罗宾声称，我们花在医疗保健上的钱是一种浪费。既然医生害死的人同他们救的人一样多，那么没有他们的救助我们也能活很久。这听起来很疯狂，但数据显示，在世界范围内，医疗保健支出与人类预期寿命之间都是没有相关性的。罗宾认为，我们正以每年超过 300% 的增长率朝着"机器人经济"迈进，然而工人的工资却可能低于维持生计的水平，导致没有那么多钱的人普遍陷入贫困。

不，我还没准备好全盘接受罗宾的观点，但他提到的问题是所有社会思想家都会面对的挑战。除非同意罗宾的观点，不然你就需要解释我们如何接受在信号传递中所产生的资源浪费现象，以及如何把这一点合理化。

对于罗宾的观点，我的另一个朋友兼同事布莱恩·卡普兰[①]有很好的描述："当一个典型的经济学家跟我谈论他的最新研究时，我通常的反应是'呃，也许吧'，然后就忘得一干二净了。而当罗宾·汉森跟我谈论他的最新研究时，我通常的反应是'不！不可能！'，然后他的话会让我想很多年。"

---

① 布莱恩·卡普兰（Bryan Caplan），美国经济学家，乔治·梅森大学（George Mason University）经济学教授，于 1997 年获得普林斯顿大学（Princeton University）经济学博士学位。

罗宾相信，信号传递几乎无处不在。事实上，他的想法接近人类行为学的"单一原因"（single cause）理论。从他所持的还原者论①的角度来看，生存竞争是激烈的。现存的物种都经历了数百万年，甚至数十亿年的演化竞争，为什么要在并非有利于优化遗传的问题上浪费资源呢？

粗略的预测只适于两种活动：繁殖和试图繁殖。在罗宾看来，我们其余的活动都必须致力于优化遗传。这通常意味着要发送信号——或换句话说，要采取代价高昂的行动——来表明自己是优良的伴侣。

罗宾倒并不认同"所有人类行为都是为了交配"这种荒谬的观点。一个90岁的老奶奶坐在椅子上织毛衣，她不会考虑如何用织毛衣来吸引男性。但据罗宾的说法，我们在演化中形成的能成功吸引心仪伴侣的生物"程序"会产生一些副产品，织毛衣可能就是其中之一。比如说，女性喜欢织毛衣，可能是因为在过去，男性在自然选择伴侣时会倾向于那些心灵手巧的女性，也可能是因为这是个能照顾家人的实用技能。

如果我们喜欢艺术，欣赏艺术的能力就会演化为一种信号，表明我们具有爱心，并且能理解或创造复杂的符号信息。看上去我们只是因为艺术本身的价值而热爱艺术；事实上，热爱艺术是一种信号，艺术之谜正是促成这一点的关键之一。如果我们热爱艺术是为了吸引他人——或者愚弄他们——我们就必须真诚地

---

① 还原论（Reductionism）是一种哲学思想，这种思想认为，对于复杂的系统、事务及现象，可以通过将其化解、拆分成各部分的方法来加以理解和描述，例如解剖学。

感受到自己的热情。

如果我们享受运动，或许是因为我们天生就会在狩猎时炫耀这些技能；如果我们歧视他人，或许是因为"内团体[①]"取向在游猎-采集社会中是很实用的。

罗宾是现代诺斯替主义者[②]。他深信我们所观察到的现实不过是披在一些更深层次的真理上的外衣，几乎所有的事都是表里不一的，而社会上近乎一切的事务都从根本上受人类传播基因本能的引导。在罗宾看来，我们的演化进程往往与现代社会格格不入。他因此认为人类面临着生存危机。技术改变社会的速度，远远超出我们的生理和本能可以适应的程度。比如，找敌人报仇似乎是深嵌在我们的基因当中的本能。在以长矛和石头为主要武器的时代，这种复仇可能是合适的（不是对全世界，只是对个人而言），但当我们的武器库中有核导弹和生物武器时，复仇就变得相当危险了。

罗宾希望我们所有人都能更清醒一些，这就是他成为社会修正主义者的原因。他自己是个脾气好、略带神经质，但始终很热情的人，而在他信奉科学的外表下藏着一颗传教士般的心，他渴望对社会的虚伪和欺诈进行抨击。在更实际的层面上，罗宾不明白他为什么应该一直发送信号。他甚至幻想了一个未来世界，在那里我们都是"电脑生成"的，再也不需要发送信号，只需要

[①] 在社会学和社会心理心理学中，内团体（in group）是指具有共同利益关系的、相同归属感的、以及密切结合的社会群体。

[②] "诺斯替"一词在希腊语中意为"知识"。诺斯替主义（Gnosticism）是希腊哲学晚期的一种思想。

阅读其他人的程序即可。一切的一切都被明确地表述，没有什么隐蔽的、引诱性的或者神秘的东西。

但这样的世界对我来说就没有意思了，尽管有人会说我对信号的看法偏向保守，不那么理想化，甚至是令人厌倦的。我不认为人们会停止发送信号，或者认为对这种行为的谴责能产生多大的积极影响。人和社会的变化是有限的。但在被"罗宾虫"感染后，我也不禁好奇，"传教士"罗宾试图发出什么样的信号？谴责虚伪如何有助于传播人类基因？

罗宾关心他的家人，那些刚开始想要组建家庭的人又该如何行事？他们应该发送什么样的信号？

来自加利福尼亚的梅甘（Megan）是一个 30 多岁的漂亮女人（我曾在一次博主聚会上见过她）。她是我相当喜欢的博主之一，经常在网上发表文章。2006 年，她在网上发布了一则个人征友广告，问题是：她应该如何描述自己？这当然是个关于发送信号的问题，它挑战了"发送的信号必然是间接性的"这一观念。

这是她的征友广告：

> 你知道我其实想和谁约会吗？一个留着胡子、有着明亮眼神的研究生。其实不一定要是研究生，也不一定要留着胡子，我说的是那些体贴、开朗、具备女权主义思想的人。工作时，他们在自己部门的走廊里缓步而行，工作时间里相当友善——很遗憾，我说的不是给《阁楼》

（Penthouse）杂志的论坛写信的那种"工作时间"。他们养狗，做研究项目，通常是犹太人，喜欢运动。他们优雅而漂亮，有点罗圈腿，但关键是双眼含笑。

问题是，我还没有遇到过这样的人。你在哪儿呢，留着胡子的研究生？请别告诉我你已有妻儿，那对我就没有意义了。你是不是正身处野外，研究着栎树猝死病？如果你满头大汗、饥肠辘辘地回到我身边，我会为你备好晚餐，和你一起洗个冷水澡。是不是你终于有了点时间用你的天文望远镜看星星，所以没时间打电话？好吧，宝贝，打电话来吵醒我吧，没有关系的，我永远都不想错过和你说话的机会。你是不是在某个本地咖啡馆，忙着证明一道数学题？我会去那儿见你，不过我也会带本书，这样就不会打扰你了。我只要你在看到我的时候对我微笑，让我看到你眼角的细纹。

（小伙子们，如果你不是留胡子的研究生，或者你是个研究生，但不确定自己是不是我要找的人，请不要贸然给我写信……希望收到你的来信，留胡子的研究生！）

梅甘应该写出这么具体的要求吗？或者说，广告上应该简单地列举一些她的基本特征（迷人、聪明、有工作），以吸引尽可能多的男性来回应吗？

梅甘明确具体地写出了自己的择偶要求。大多数男性都不是梅根要寻觅的人，尤其是考虑到梅甘的年龄后。我称这种方式为"让勇士现身"。用这种方法刊登广告的女性，并不相信一般的广告给她带来的那些反反复复的互动——互发电子邮件、喝咖啡等——能带来一个理想的约会对象，所以在广告中将自己的喜好说得相当明确。回应者变少了，她希望那位合适的男性能看懂她是什么样的人，然后选择她。这位女士坚信她的真命天子会看到这则"适龄女性征友"的广告。

换句话说，无论是好是坏，发布高度具体的广告，是为了给自己后续的选择设限。这同样会通过吓跑潜在的追求者，达成提前拒绝不适合之人的目的。"除非你确定自己能无条件地忍受我，否则请别靠近"——这是这则广告隐含的信息。

高度具体的广告也表明了一种对近乎缥缈之事的追求。发布此类广告的女性追求的是最浪漫的故事，她要求一个男人能极敏锐地感受并欣赏她的天性，从一开始就对她充满爱意。这会吸引一些男人，并推走另一些男人。

还有一种梅甘没有尝试过的办法，即吸引尽可能多的优质男性来回应自己。我将之称为"甜蜜陷阱"，这听起来是最直接而朴实的名字了。女性应该找出那些符合其择偶条件的男性在相关问题上的"瓶颈"，并通过广告帮他们克服掉这些瓶颈。

我们来举个例子。有时候，这个瓶颈是很多男人怕女人不回信，所以才不给女人写信。如果一位女士不介意说谎（或者写很多信），她就可以承诺无论如何她都会回复消息。如此一来，会有更多男人给她写信，从而就能打破"瓶颈"。

还有什么呢？可以放张照片，至少放个照片的链接，或者放个可以视频聊天的链接怎么样？男性会根据照片判断对方是不是"当妻子的料"，此举不会让符合条件的男人被踢掉。如果男人没看到照片，可能会觉得这个女人没能通过他的测试。我并不是说只有最丑的女人才不愿意放照片，而是说，在大多数男人的概念中，被默认的假设就是任何不放照片的女性都无法通过他们的外表测试。

不是每个男人都在寻求超模一样的女人，但每个求偶的男人都有一个标准——"我不想找这样的人"。我单身的时候，不想找的是那种穿普拉达（Prada）的女人，我担心她们不够聪明。因此，有照片会更能传递"这位女士看起来很不错"的信号。

如果以我的择偶观为准，征友广告的其他部分所表露的信息要非常准确，还要以相当直接的方式显示出自己的高智商，但在其他方面不能那么引人注目。这位女士可以说一两句独特的话，这可能会吸引到一些热情的仰慕者，但也不能显得太急躁，或是太过特立独行，那样会把别人吓跑。换句话说，不要让男人因为种种合乎逻辑或不合逻辑的畏惧而排除了自己的可能性。如果一个聪明而善于探索的男人看中了一个女人的长相，认为她很聪明，并盼望得到她的回复，那他就会给她写信的。

我们可以从这个角度来思考。女性和男性其实都不知道自己到底想要什么，尽管他们自认为知道，或许在他们自认为知道的时候，反而是不明就里的。男性和女性都容易犯错并自欺欺人。关键就在于要让两者进一步联系，比如发邮件，或者见面。因此广告中的自我描述应该包含一些模棱两可的内容，而非完全诚实的自述。广告发布者不能认为，阅读者仅仅根据广告就能给自己进行恰当的分类和选择，因此发布者必须吸引到大量的回应，在随后的互动中（比如见面喝咖啡），再继续进行分类。

那么，我们到底应该发布什么样的个人征友广告？答案是，要视情况而定。如果这位女士（或男士）精于挑选，并且愿意承担拒绝或后续交往的成本，那就该选一则平淡无奇的广告。如果她厌恶被拒，认为对方能更好地判断择偶对象，并且要求对方给予她最高程度的体察，那么一个高度具体的广告会效果更佳。

约会的时候，我们很难让自己看起来不错。而在对竞争的恐惧和焦虑中，如果我们能说服别人相信我们展示的是"真实的自己"，真的是个奇迹。在我们说着真话，但空气中却弥漫着怀疑的气息时，想要说服别人确实太难了。

想象一个完全无辜却被捕且受到酷刑威胁的人。不管出于什么原因，他应该非常愿意说出自己掌握的信息，因为他的首要目的就是避免痛苦。比如，请想象一下，一个人正在黎巴嫩度假，却被误认为是一名美国中央情报局（CIA）特工。现在，他被绑在椅子上，坐在一个空房间里，周围是一群面目狰狞、胡子拉碴、肌肉发达的秃头男人。

这时候，他该如何表明自己的身份？他可能想要表明自己是个不知情的无辜者，希望能尽快获释，毕竟这样的恐怖组织并不会立刻杀死他们抓到的每一个人。而秃头男人们当然不会相信他。毕竟，谁说一个老练的CIA特工不会假装成一个对海滩、阿拉伯音乐和中东美食感兴趣的美国游客呢？

这表明所有讲真话的策略都很难实现目的。因为说谎者会使用同样的方法。劫持者在用阿拉伯语低声交流一番后，开始折磨他，对他拳打脚踢。他看到远处的角落里放着钻头、钳子以及园艺剪刀，它们被整齐地放在桌子上。这些东西都传递出强烈的信号。

关于如何抵抗酷刑的指导手册一定是存在的。它会告诉人们，被捕后要秉持坚定的意识形态或宗教信仰，为处境危险的同仁们着想，对俘虏自己的人保持礼貌，并通过一些心理技巧来保持对局面的控制，哪怕是最小的事情也行。如果这个人能选择穿哪件衬衫或吃哪种早餐，他就更可能经受住酷刑。一些有过囚禁经历的战俘发现，他们可以供出个人而非机密的信息，在审讯人员过于接近军事真相时可以进行欺骗，或者歪曲事实，以此免遭受酷刑。

我不确定这些说法是否经过了科学的实证检验。但有证据表明，确实有很多人能忍受酷刑。比如，1510年至1750年间的法国庭审记录显示，在625名遭受酷刑的人中（这些酷刑包括溺毙、肢体拉扯和关节破碎），超过90%的人拒绝招供。许多美军俘虏在书面的供词和对美国军事政策的谴责文件上签了字，虽然他们遭受了多年的身心折磨，但其实很少有人提供了有用的信息。

尽管如此，这个建议对黎巴嫩的无辜俘虏来说并不是很有用。他没有试图隐瞒信息。事实上，他很乐于招供，他只希望获得自由。

关键是要找到与训练有素的特工不同的行为模式。折磨他的人看起来经验丰富,所以他们大概知道 CIA 或摩萨德①的特工在压力下的真实表现。最合理的办法是,做相反的事,来表明自己并非一个训练有素的特工。

但是,在这种情况下,表现出无辜和一无所知并不容易。大多数特工都会在训练学校中学习如何避免酷刑或承受酷刑。一些人可能接受过如何伪装自己的专业训练。他们会采取和无辜的俘虏相同的做法。无辜者能不能获释,取决于施刑者会把哪种行为解读为真正坚定的 CIA 特工不太会采用的策略。

那么,我们无辜的受害者该怎么做呢?

1. 立刻招供,乞求怜悯,自取其辱,说出他们想知道的一切,哪怕是编造点什么

这是个不错的尝试,也是我们中的很多人即便在精神崩溃的情况下都会去做的事。但这样做没有说服力。毕竟,如果这种行为真的符合恐怖分子对一个无辜者的预期,那一个训练有素的特工也会这样做。我们无辜的俘虏就会看起来很像个受过训练的、狡猾的特工。

而且,如果他马上就开口,恐怖分子可能仍然会折磨他,就为了看看他交代的故事会不会有变化。既然他真的没有更多的东西可以招了,恐怖分子何必要停下来呢?在某个时候,他就会开始改变自己讲过的故事,希望能让恐怖分子满意。一旦故事变了,恐怖分子就将继续折磨他,想看看哪些地方会有更进一步的改

---

① 摩萨德(Mossad),即以色列情报及特殊使命局。

变。出于这样的原因，我不得不对这个诱人的选项投反对票。

2. 我们无辜的俘虏可以假装强硬，这十分困难。一旦产生无法忍受的痛苦，他就会开始哭泣，然后就会切换到策略1

这一条策略的逻辑是这样的。一个真正的CIA特工不会一开始就表现得很强硬，而大多数人都演技拙劣，如果恐怖分子看穿了他蹩脚的演技，或许就会放过他。当然了，CIA特工真的很强硬，所以如果这确实是一名特工的策略，他就很容易能装出强硬的姿态，甚至可能太容易了。他看起来不像是在演戏。要让他去模仿一个业余人士，这个来自CIA的家伙就必须"表现得像个蹩脚的演员"，就像是乔·史密斯①使自己看起来很强硬。这对他来说可能很难做到。

基本来说，这条策略的前景也很难是乐观的，但我认为策略2是比较好的选择。

3. 等恐怖分子使出浑身解数之后再开口，他们会觉得目的已经达成，于是会停下来

我不推荐使用这项策略。首先，我认为我们中的大多数人不能坚持这么久；其次，这在无形中断绝了让他们提早停手的机会。最好的做法是在不经意间把这个策略变成策略2。

---

① 乔·史密斯（Joe Smith），美国职业拳击运动员。

4. 首先提供（或编造）一些以示自己妥协的信息，表现出对恐怖分子正在对抗的事业的不忠。这样俘虏的清白就更可信了

请注意，要使这一策略奏效，并不一定要让恐怖分子相信自己的话，而是需要做到一点——这份妥协声明能让真正的 CIA 特工感到尴尬。俘虏可以重复地说"美国人是帝国主义娘娘腔"这样的话，并提出可以把这段声明录下来，全网播放。

俘虏还可以试着说"我从没见过 CIA 的间谍，也不想见。大家都说这些人很坏"，或者说"削减 CIA 的预算吧"。恐怖分子可能会认为一个真正的特工不愿意以这种方式羞辱自己。这可能会让俘虏显示出自己与特工的不同之处，从而证明他的清白。

我的朋友们都不会因为我在压力下说了上面这些话而厌恶我。但 CIA 特工的朋友和同事可能会认为这家伙很软弱，就像那些美国战俘，他们对自己崩溃后招供的程度讳莫如深。即便对真正的间谍来说，这种策略能最大限度地提高其被释放的概率，他们中的一些人可能也不愿尝试这么做。

5. 我们的俘虏可能会说自己什么也不知道，并试着与酷刑对抗，但再也无法忍受酷刑时，他就会崩溃。他没法糊弄那些恐怖分子，能做的最好的事其实就是"经受磨难"

用经济学的话来说，我们的俘虏陷入了"混同均衡"①，这意味着他无法将自己与真正的 CIA 特工区分开来。试图拒绝这种被折磨的命运只会让他的处境更糟糕。这让恐怖分子感到困

---

① 混同均衡（the pooling equilibrium）是信号传递博弈的精练贝叶斯均衡的一种，是指不同类型的信号发送者选择相同的信号。

惑，而为了解除困惑，恐怖分子会被勒令对这个人施以更多的折磨。他们还能做什么其他的事吗？他们可不是精通归纳推理和贝叶斯推断[①]的大师。无辜的俘虏能做的最好的事就是接受一名正牌特工的遭遇。这样太可怕了。

目前我们尚不明确，一名无辜的俘虏能否做得比策略5中描述的更好。而与之相关的问题是，俘虏有什么话可以对美国当局说，以避免被引渡到巴基斯坦呢？

你内心坚持不懈的经济学家会进一步展开分析。如果这个问题的最佳答案取决于施刑者的预设动机，情况又会如何呢？如果施刑者认为刑讯折磨本身就是一种乐趣，那就不利于执行策略4，因为他们并不关心这个俘虏是不是真正的间谍。在这种情况下，俘虏就可能陷入策略5的处境中，那他又何必羞辱自己呢？

又或者说，施刑者们觉得自己眼下的活计是份苦差。他们折磨俘虏只是因为得到了承诺——"撬开这个人的嘴之后能有奖金"。那么，采取策略2和策略4就更有可能成功。所以，当施刑者拿着钳子来到俘虏面前时，俘虏应该看看这些人在动手之前是笑着的，还是皱着眉的。

顺便说一句，这个问题影响了美国针对被捕嫌犯的政策。这些嫌犯中有一部分是无辜的，或者只是有轻微的违法行为，而非坚定的恐怖分子。但如果我们试图折磨他们，我们怎么区分谁有罪、谁无辜呢？这并不容易。这就是酷刑只能作为最终手段使用

---

① 贝叶斯推断（bayesian inference）是推论统计的一种方法，它使用了贝叶斯定理，在有更多证据及信息时，更新特定假设的概率。

的原因，比如，应对定时核弹在曼哈顿市中心的某个地方嘀嗒作响这种危机时，我们才能使用酷刑。

这一点很容易理解，因为我们很难以令人信服的方式向他人证明我们说的是真话。与此同时，我们会把这个问题归入"难以解决"的类别，然后便抛诸脑后。

当然，并不是只有这些施刑者难以获得真相。研究表明，一个人在一天中至少会说一到两次谎。一组自测者的测试结果表明，人平均每天会说谎1.5次，当然，由于这些人经常说谎，他们的答案可能低估了说谎的真实概率。那么，我们有没有办法在充斥着模棱两可之辞的信号传递中获得真相？还是说，因为每个人都想让自己显得挺不错，或者每个人都别有用心，于是，这样的事实令人绝望地把所有事搞成了一团乱麻？

关于说谎者的标准刻板印象通常并不准确。大体上来说，说谎者并不会在说话时把目光移开，或者不进行眼神交流。事实上，有些说谎者反而会进行过多的眼神交流，哪怕只是为了防止自己实现了人们对说谎者的典型行为的普遍预期。他们似乎也不会以格外高的频率触摸鼻子或清嗓子，又与对说谎者的普遍观点相反。

如果说些那说谎者有任何可以察觉的身体特征的话，那就他们说话时往往很少移动手臂、手和手指，眨眼的次数也会更少。和说真话的人相比，说谎者更少会出现语法错误或是结巴的现象。他们不太会像普通的讲述者一样，对事情进行回溯，并补上"我忘记了"或"我搞错了"的那一部分故事。说谎者会调用更多的大脑区域说出谎言，因此他们会下意识地关闭大脑其他区域的功能，以保持注意力。

说谎者也会努力地不去犯错，因为他们害怕让自己看起来就像在撒谎，或者会避免让自己因为恐惧而看起来很困惑，从而引来更多的审视。一个正常的讲述者不太可能有这种拘束感，因此反而更可能在叙述中结结巴巴、期期艾艾。简而言之，说谎者说话时会过于照本宣科。加利福尼亚大学圣芭芭拉分校[①]从事欺骗研究的贝拉·德保罗[②]提到说谎者时说："他们的故事好得不真实。"

一些研究人员认为，说谎者身上会出现能泄露真相的面部表情，即众所周知的"微表情"。已经退休的加州大学旧金山分校[③]的心理学家保罗·阿莱克曼[④]在他的职业生涯中花了大量的时间研究这些线索。他发现，说谎者会有抽搐、眼球运动、停顿和肢体迟缓等暴露说谎信息的特征。但这些动作通常不容易被发现，即便我们留意寻找也是如此。比如说，社会心理学家、纽约州立大学布法罗分校[⑤]的传播学教授马克·弗兰克[⑥]查看那些声称自

---

① 加利福尼亚大学圣芭芭拉分校（University of California, Santa Barbara）是一所位于美国加利福尼亚州的公立研究型大学。
② 贝拉·德保罗（Bella DePaulo），美国加利福尼亚大学圣芭芭拉分校心理与脑科学系教授，于1979年获得美国哈佛大学社会学博士学位。
③ 加利福尼亚大学旧金山分校（University of California, San Francisco）是一所位于美国加利福尼亚州旧金山市的公立研究型大学。
④ 保罗·阿莱克曼（Paul Ekman），美国心理学家。加利福尼亚大学旧金山分校退休教授，于1958年获得美国艾德菲大学（Adelphi University）临床心理学博士学位。
⑤ 纽约州立大学布法罗分校（State University of New York at Buffalo）是一所位于美国纽约州布法罗市的公立研究型大学。
⑥ 马克·弗兰克（Mark Frank），纽约州立大学布法罗分校传播学系教授，于1989年获得美国康奈尔大学社会心理学博士学位。

己无辜的骗子、杀手以及说谎者的慢动作录像时，花了长达数百个小时。

大多数人都不善于识破精心设计且前后一致的谎言。平均来看，面对这样的谎言，参与实验的人只有 55% 的概率能辨别其真假，这只比随机猜测的概率（即 50%）高一点点。

理解说谎者的肢体语言对甄别他是否说谎往往没有多大帮助。即使说谎者不怎么挥手，也不意味着那些说话不怎么挥手的人就是骗子，因为这些人可能天生就冷静镇定。我们也不应该因为意大利裔美国人说话时喜欢挥手，就能断定他们说谎的概率低于平均水平。说谎者具备这些特征在统计上可能是准确的，但它们是宽泛的、笼统的特征，而不是能让人明确判断某人在说谎的指南或类似的东西。换句话说，就像上文提到的严刑拷打一样，诚实的人很难传递出能表明自己绝对诚实的信号。

测谎仪也远非万无一失。测谎会给无辜的人带来压力，引发类似说谎的压力反应，而犯罪者则可以学会如何欺骗测谎人员。更先进的技术包括使用高密度脑电采集系统扫描大脑，使用这一技术时，使用者的面部和头皮上会被放置 128 个传感器。毕竟，说谎比说真话要多花费 40 毫秒到 60 毫秒的时间，这可能需要大脑采取新的数据汇编策略。我们也可以用眼周热成像技术来测量眼睛周围毛细血管的血液流动情况。研究人员称这种方法的成功率有 70% 到 80%。

发明家詹姆斯·拉尔森（James Larsson）将电极连接到了餐具上，这样主人就能确定客人是感到非常高兴还是紧张。拉尔森打算用他的发明来帮助那些不太能解读身体语言的"技术宅"更好地约会。这种技巧或相关的想法更有可能被用于商务谈判中。也可以用在其他的一些娱乐场景中——"嘿,伙计们,今晚在我家玩扑克吧"。无论这些方法有什么优点,我们都无法真正地在日常生活中使用它们。

有些人——通常不是专业人士——可以充当超级测谎仪,其识别说谎者的准确率可达 80%,甚至可以更高。研究人员莫琳·奥沙利文(Maureen O'Sullivan)指出:"这些人(超级测谎仪式的人)会关注非语言线索和词语用法上的细微差别,并对不同的人进行不同的应用。他们看两秒录像带后,就能告诉你关于某个被测谎者的 8 件事。这些人注意到的事情之细微着实惊人。"这些超级测谎仪式的人甚至击败了训练有素的专业人员,但在研究对象中,只有大约 0.1% 的人表现出了这种不同寻常的能力。

大多数人可以用一个更简单的技巧来识破说谎者。这个诀窍很简单:要想知道一个人的真实见解,问问他认为其他人都相信什么就可以了。在麻省理工学院教授心理学和认知科学的德拉任·普雷莱茨[1]将这种方法称为"贝叶斯真相血清[2]"。

这种方法生效的前提是,如果人们持有某种特定的观念,他们更有可能会认为其他人与自己想法一致或有类似的经验。比

---

[1] 德拉任·普雷莱茨(Drazen Prelec),美国麻省理工学院管理科学教授,神经经济学研究的开拓者之一,于 1983 年获得美国哈佛大学实验心理学博士学位。

[2] 贝叶斯真相血清(bayesian truth serum)是一种调查评分方法。在回答有关个人的内在隐私问题的多项选择题时,向诚实回答问题的调查对象提供奖励。这些问题包括意见、品味,以及过去的行为。

如，一个男人有超过 30 个性伴侣，他就更有可能认为这种放荡的行为是常见的。毕竟他的生活就是一个"数据点"，而且这个数据点想必在他的概念里很重要。其实大多数人都没有这样的经历。此外，有超过 30 个性伴侣的男人可能会认识更多这样的人。这将进一步使他高估其他人有过多少性伴侣。

如果我们问及这个男人的风流史，他可能会撒谎，淡化他的放荡之举，特别是在他和未来的约会对象或妻子交谈时。

但是，我们可以出其不意地识破这些骗子。因为他们仍然倾向于假设其他人的生活史至少会在某种程度上与自己相似。无论我们是否有意识，当我们在谈论别人时，常常也是在谈论我们自己。还记得"自我因素"吗？它在人们闲言碎语时有所体现，同样会体现在问卷调查的回答上。所以，我们可以问问那些登徒子，他认为其他男人一般有多少个性伴侣。如果一个男人说他有过 7 个伴侣，但他认为一般男人会有 30 个，那就要当心了。

另一个获得诚实答案的技巧是简单地寻求建议。当人们告诉你"我们"应该做什么时，他们真实的自我、真实的欲望以及真实的世界观会显露无余。人们非常好为人师，所以很少有人会拒绝这个展现真实自我的机会。

寻求真相的方法有很多，有时还包括拒绝一些明显形式化的东西。让我们用对一些观察的讨论来结束这一章，看看什么方法在审讯室里不起作用，但在办公室中却可以起效。

想一想，最令人印象深刻的日本名片是那些只列出姓名而没有头衔或隶属关系的名片。

如果我是一个垃圾邮件的发送者，我可能会试着以"我不确定这是否值得你花时间阅读"为标题发出邮件。这样，有些人就会有足够的兴趣去阅读这封电子邮件。

下面是一些反信号传递的例子。

全无名衔的日本名片并不意味着这个人没有成就，恰恰相反，他的事业是如此成功，所以不需要过多介绍。反信号就是指非常富有的人穿得像流浪汉。还有一个例子，都会美型男对自己的性魅力非常自信，以至于他的举止、穿着以及走路的样子都可以像个所谓的"娘娘腔"。

一天早上，我收到一封电子邮件，标题不是太吸引人——"不是骗局"。哈哈！本来可以看也不看就删掉，但是我当时正在为自己的博客寻找逸闻趣事，所以我打开了这封电子邮件，它的内容如下：

面对现实吧，你的付出与回报不成正比。

http: //www.silverstate.co.sy@click.netclick.net.ph/click.php?Id=sicosyl

若不想访问我们的数据库，请点击下面的链接：

jdefdmu s vgkitbaqizknh bdqdwxpoav w brfpu gotwzykprljsywaonqk

我讨厌垃圾邮件，但又忍不住佩服这封邮件的狡猾。

如果一本书的作者名字后面有"Ph.D.①",那你就要小心了。作者需要这个头衔来表明自己的重要性。这通常意味着作者不太常和同行互动,容易吸引爱上当的人,或者是提出了可疑的主张。毕竟,史蒂芬·霍金在介绍自己时可没有用过这三个字母。

如果你在哈佛大学读了博士,那么可以试着说你是在"波士顿附近"上的学。在英国的精英寄宿学校里,人们认为最聪明的学生要么得最高分,要么就成绩相当差。成绩在这两者之间的都是愚蠢的学生,因为他们试图达到优秀,却失败了。他们不知道,如果一开始自己就不去尝试达到优秀,最后失败时自己就会显得更聪明。

在大多数行政会议上,我都拒绝打领带。一方面,我觉得这种着装礼仪对身体来说是一种压迫;另一方面,我在表明自己是一名终身教授,我的薪水并不怎么会由某个参会者的另眼相待来定夺。我曾经听我的(前任)院长说过,一位教职人员"因为穿着太考究"而不被信任。每个人都想搞明白这位教授究竟想给谁留下深刻印象,或者他还想进入哪些领域取得成就。我很想知道,那些在学术机构穿着讲究的人,是不是对行政工作或咨询工作更感兴趣,而不是想致力于学术研究。

但反信号传递必须是少数人的策略,才会有效。如果每个人都不打领带,那么不管怎样,我对社会习俗的漠视就不会是一种

---

① Ph.D. 是拉丁语哲学博士(Philosophiae Doctor)的缩写。Ph.D. 中的 Philosophiae 使用的是其在希腊语中的本意:对智慧的爱(Love of Wisdom)。哲学博士是西方国家的大学所颁授的最高的研究型学位。一般在 Ph.D. 后会注明所学专业,例如数学博士是 Ph.D. in Mathematics。

有效的信号。

反信号还有另一个含义：透露好消息并不总是一个好主意。当我接到写这本书的合同时，基本没有告诉任何人。

这一点很矛盾，透露好消息会让别人对自己有不好的印象。如果我们急于透露好消息，那么周围的人就会认为我们不经常得到好消息。又或者，他们会觉得，我们将好消息视为一种不可思议的幸运，而非自己的能力所致。迈克尔·乔丹（Michael Jordan）有必要在每次比赛得了 30 分后都告诉他的朋友吗？一个即将被 NBA 放弃或更换的球员才可能会反复向他的教练或总领队强调这件事。比尔·盖茨（William Gates）晚上回家后会告诉妻子他今天赚了很多钱吗？我对此表示怀疑。

得到好消息的时候，我们通常应该把它藏在心里，至少在条件允许的情况下应该这样做（比如，我们不会明天就被解雇）。反正消息迟早会让人知道的。如果需要的话，让一个没有所谓利益关系的第三方将其公之于众。如此一来，我们周围的人将会惊叹不已："他是个多么谦虚的人啊！""我想知道他还隐瞒了什么好消息……"

印第安纳大学①的里奇·哈博②和美国劳工统计局③的西奥多·托④这两位经济学家分别对反信号传递进行了巧妙的测试。

---

① 印第安纳大学（Indiana University）是美国的一所公立研究型大学。
② 里奇·哈博（Rich Harbaugh），美国经济学家，印第安纳大学商学院教授。
③ 美国劳工统计局（Bureau of Labor Statistics）是美国劳工部下属的一个部门，主要负责与劳动经济相关的各项统计工作。
④ 西奥多·托（Theodore To），美国经济学家，劳工统计局研究员。

他们假设，在拥有特定头衔——比如博士——的人群中，最不成功的人应该最有可能总是把头衔挂在嘴边。为了验证这种假设，研究人员调查了不同机构中的经济学教授，研究谁会在电话的语音信箱问候语和课程大纲中使用"博士"和"教授"这样的头衔。他们的研究囊括了教授 26 门不同的经济学课程的若干位教授，并赋予教授 8 门博士课程的几位教授更高的权重，而研究结果并没有让我感到惊讶。

里奇·哈博和西奥多·托告诉我们："在电话语音信箱的问候语中，使用某个头衔的情况在研究型大学的教师中要少得多。研究型大学中，有少于 4% 的教师使用头衔；而在非研究型大学中，有 27% 的教师使用头衔。类似的情况也存在于课程大纲中。在研究型大学中，大约 52% 的教师在课程大纲中使用头衔；而在非研究型大学中，有超过 78% 的教师使用头衔。"

想让反信号传递有效是需要技巧的。其中最重要的是，传递反信号的人必须已经具有某种神秘感，使之在众人中鹤立鸡群。最好的程序员参加面试时都不打领带，但他们通常已经在一定程度上蜚声业界了。如果一个籍籍无名之徒没有打领带就去参加面试，面试官只会推断他是个游手好闲的人，或者他对这个面试毫不重视。但是，如果面试官认为那个来自谷歌公司（Google）且被大肆吹捧的求职者很可能是个天才——但又不确定——那么不打领带将会加强这个人确实是技术大神的印象。

对于那些讨厌管理自己所传递的信息的人来说，这一经验是令人悲伤的。反信号之所以能起作用，是因为它们的使用者在过去的某个时刻曾经参与过信号传递。让人鹤立鸡群的神秘感不会从天而降，我们的道德经验就是，我们不能避免传递信号。

此外，有效的反信号传递必须不易被察觉。在传递反信号时，我们要避免表现出有意识地操纵他人的迹象。传递反信号时被看穿不仅让人显得很笨拙，而且还显示出这个人并没有真正地、完全地、彻头彻尾地被认可。这个人是在装腔作势，假装自己达到了最高的成就，但实际上他只是一个不想打领带的闲人。

更糟糕的是，装腔作势被抓包的反信号传递者冒犯了所有人。对那些真正被认可的人来说，反信号传递者强行将自己置身于佼佼者中的这种伪装，是对他们的一种冒犯。而那些疯狂地用领带传递信号的普通人，则会因为反信号者认为自己过于优秀，于是不屑于玩他们那些愚蠢的小游戏而感到生气。而其他反信号伪装者会为他们中的一个已经被揭穿感到担忧——我说过反信号传递是有风险的吗？

考虑到这些风险，谁应该参与反信号传递呢？我有一点粗浅的经验。如果一种职业有很大的上升潜力，而下降的风险很低，那么反信号传递在这个职业领域就应该是常见的。终身教授就是一个很好的例子。最出名的人会获得财富和名誉，但最糟糕的人也不会被解雇。程序员这一职业也是同样的道理——最好的程序员即使在某份工作中因为头发过长而被解雇，也能东山再起。

而当一份职业下降风险高而上升潜力小时，反信号传递则应该相应地减少。大多数在沃尔玛（WalMart）做收银员的人都没有晋升到最高管理层的实际机会，如果他们搞砸了收银员的工作，就会被毫不留情地被解雇。他们在如何接待顾客、如何提高销售业绩，以及如何举报店内盗窃行为等方面都要遵循严格的规定，对此，我们丝毫不会感到奇怪。很难想象会有沃尔玛的收银员进行理性的思考："我要用自己的方式提高销售业绩，这样能够向上级展示我是做高层管理者的料。"事实并非如此，沃尔玛的员工会严守规则。

我的许多朋友认为，反信号传递出现在男性身上时，比出现在女性身上时效果会更好。我同意这种观点。也许我们的社会仍然给了男性更多的自由，或者在外貌方面对男性的要求更少。许多潜在的反信号传递改变了人们的着装或外表，这意味着女性面临着更加困难、竞争更加激烈的信号传递问题。工作中的男性只需穿上得体的西装，打上领带就可以了，但女性必须进行选择，从而保持某种整体的形象。信号传递的复杂性可能意味着女性的生活更有趣、更微妙，同时她们也会更有压力。

第 6 章
自我欺骗的危险和技巧

06

　　错觉是拥有幸福婚姻的秘诀之一。你内心的经济学家知道这一点,但他也知道,这是不应该在餐桌上争论的观点之一。

　　如果我们和一个人在一起很长时间了,那么挫败感与懊丧往往会悄然而生。我们记住的往往是对方的轻视和不公平的对待,而不是对方的恩惠和友善。夫妻二人的成长是相对独立的。16%的已婚夫妇承认他们在过去一个月内没有性行为,我相信真实的比例会更高。随着时间的推移,在心里保有配偶的良好形象变得越来越困难,但我们必须这样做。

　　比本章开篇的那句话更准确的说法是,婚姻的幸福是建立在选择性遗忘的基础之上的。那些一起戴着玫瑰色眼镜回顾过往生活的夫妻是幻想家。想拥有好的婚姻,首先需要知道在什么时候应该选择忘记，在什么时候应该选择视而不见。

心理学家创造了"婚姻的强化"这个短语，用来形容对配偶和婚姻不切实际的积极评价。比如，许多夫妻在接受问卷调查时会表示"我的配偶不会让我生气"，或者会表示"我不记得与配偶发生过争吵"。人们曾经认为，只有新婚夫妻才能给出这样的答案，但那些结婚40年以上的夫妻也会给出同样积极的答案。这些人更有可能拥有持久和幸福的婚姻。

婚姻幸福的夫妻也倾向于认为，他们与伴侣之间有很多的共同点，数量往往比他们真正存在的共同点还要多。他们觉得自己与伴侣"志趣相投"，或是互为"灵魂伴侣"，即便以更客观的标准来看，事实并非如此。

会自我欺骗的不仅仅是已婚人士或订了婚的夫妻。一项针对100万名高中生的调查显示，70%的人认为自己的领导能力高于平均水平，只有2%的人认为自己低于平均水平。在与他人相处方面，60%的受访高中生认为，在同龄人中，自己的受欢迎程度在排名前10%之中，25%的学生认为自己的受欢迎程度是同龄人中的前1%。

大多数人认为自己比一般人更聪明，拥有更好的驾驶技术，而且的确比一般人"更好"。即使我们认识到我们的敌人和对手更有影响力或更成功，也很少有人相信他们有更高的道德水平，或者会以更高的道德水平行事。

如果有必要，我们将重新定义竞争的维度，这样我们才能获胜。不，我不是世界上最好的或论文引用量最高的经济学家，但我研究的是"真正重要的问题"。

为了保持谦虚的自我形象，人们会贬低自己在某些领域的技能。我不认为自己是一个好的保龄球手，也很愿意承认自己不会修理坏了的电脑。但是，这些自我贬低是为了提升我的身份认同，而不是降低我的道德价值感。毕竟，一个完全自负的人会可悲地缺乏判断力，也没有自知之明，那可不是我。不要误会我的意思，我是说，即使不会修电脑，我也知道不要把时间浪费在无望的事情上。

我们通常会认为，随着时间的推移，自己会有很大的进步。我们谴责以前的自己自私、缺乏判断力，或者只是缺乏技巧。这种刻意的怀疑再次表明，我们并不只是在吹嘘自己当下的美德。我们其实是在试图证实一种(通常是错误的)印象，即我们能够长时间、认真地审视自己。最重要的是，我们希望支持自己当下这个大体上是积极的自我形象。针对这一目标，过去的自我是牺牲品，就像现在的自我会在10年或20年后被未来的自我批判一样。

我们认为自己比一般人更会判断政治真相和宗教问题。尽管有大约一半的人不太可能超越其他人的集体智慧，但仍有数百万美国人投票选举。不仅如此，作为美国人，我们中的许多人认为——尽管我们所声称的与此相反——我们是整个世界上对政治、宗教真理判断得最好的法官。

如果我们接受了他人对真理更好的评判，我们便会一直接受那个人的意见，甚至会用他的意见来代替我们自己的意见。而面对所持观点不同的人时，即使对方明显具有更高的智商、更高的教育水平、更专业的知识或更显赫的地位，也很少有人会怀抱像对前者那样的恭敬态度。

即便我们恭敬某个人，也会自认为"对于我们应该遵从谁而言，我是最善于观察的人"。没有人比我的叔叔更了解政治了。当我们不能获得荣誉时，就会寻求成为荣誉者附属品的荣耀。

在经济问题上，当涉及自由贸易的好处等技术问题时，很少会有选民听从专业的经济学家的意见。这种不愿遵从的态度似乎并不是对专家的怀疑，也没有充分的依据。对于自己的观点，许多公民会故意表现得欠缺考虑、固执和不甚理性。与此同时，这些人还会保持一种狂热的自我正义，他们更愿意谈论某件事，而不是倾听，这与"信息收集者"的行为恰恰相反。辩论和信息交换往往会使意见两极分化，而不是达成一致，甚至部分上的一致。

专家们也在自欺欺人。在接受调查的大学教授中，94%的人认为，与同事相比，自己的工作能力比平均水平更高。社会学家做了一项调查，询问每位教授，希望自己能获得多大的影响力。在198名被询问者中，有近一半的人希望自己在至少一个专业领域跻身前十。超过一半的人预计，即使他们的职业生涯结束，其他人也会阅读他们的作品。而这些人连美国社会学协会[①]——一个相当有声望的社会学组织——的大多数前任主席的姓名都

[①] 美国社会学协会（American Sociological Society），是一个致力于推进社会学研究的非营利组织。协会成立于1907年，总部位于美国首都华盛顿哥伦比亚特区。

不知道。除此之外，这项研究还表明，随着年龄的增长，人们对事业长青的期望并没有变得更加现实。当人们简单地拒绝思考或处理他们不喜欢的信息时，常常会自我欺骗。同样，人们会说服自己相信某些事情，即便在某种程度上他们知道那是可疑的或完全错误的。奇怪的是，通常人们认为这是可以接受的。

满足自己的骄傲需要进行自我欺骗。我们中有多少人会喜欢听一场主题是我们自身优缺点的显著性、长达两小时的牛津式（且有正式规则）辩论呢？我们姑且假设持"优点显著"这个观点的一方将赢得这场辩论，并可能会赢得轻而易举。但聆听这场辩论所带来的痛苦仍多于快乐。如果我们希望自己快乐、高质量地度过一生，就需要从我们的意识中剔除那个对"自己究竟有多好"的根本性疑虑。

自我欺骗可能是我们最好的朋友，也可能是我们最大的敌人，正如你内心的经济学家所预言的那样。

经济学家习惯于认为人们都是重视信息的，或者会有"理性的预期"，直到最近他们才开始研究"自我欺骗"。也许他们已经开始减少花在研究数学模型上的时间，终于用更多的精力来思考他们的学生是如何备考的了，更确切地说，是如何不去备考的了。现实生活中，了解人们对世界的看法是理解激励机制如何运作的重要因素之一。不管我们喜欢与否，人们确实认为这些看法是"关于自己的一切"，这意味着我们必须仔细审视自我欺骗行为。

自我欺骗的概念在西方思想中有着悠久的历史，其形式多种多样。从荷马①与柏拉图②开始，希腊人就对这个概念着迷。佩涅洛佩③并不是真的想让奥德修斯④回家，在故事的最后，奥德修斯也不是真的为再次离开而伤心，以上都反映了自我欺骗的存在。自我欺骗也是莎士比亚戏剧中常见的主题（仔细阅读后你会发现，罗密欧（Romeo）和朱丽叶（Juliet）对他们的爱情相当不确定）。自我欺骗同样是17世纪法国伦理道德作家们惯用的主题，其中最著名的是弗朗索瓦·德·拉罗什富科。⑤ 我们来读一下他的箴言：

> 我们总是习惯在别人面前隐藏自己的本性，最终也会在自己面前隐藏自己的本性。

还有这条箴言：

> 无论我们在自尊这块土地上有什么发现，仍然有许多未被发现的领域。

18世纪，亚当·斯密将自我欺骗描述为人类行为的一个主要特征。西格蒙德·弗洛伊德（Sigmund Freud）强调了潜意识如何构建一个人对现实的描述，以适应这个人的神经症和偏见。

---

① 荷马（Homer），古希腊诗人。
② 柏拉图（Plato），古希腊哲学家。
③ 佩涅洛佩（Penelope），荷马所著的史诗《奥德赛》（Odýsseia）中的人物，她是奥德修斯（Odysseus）的妻子。
④ 奥德修斯，荷马所著的史诗《奥德赛》中的英雄。
⑤ 弗朗索瓦·德·拉罗什富科（Francois De La Rochefoucauld），法国道德伦理作家、箴言作家。

让-保罗·查尔斯·艾玛·萨特①将自我欺骗置于情绪理论的核心，也许在某种程度上，他知道自己在支持约瑟夫·维萨里奥诺维奇·斯大林（Joseph Vissarionovich Stalin）方面并不诚实。

让我们再来看看我最喜欢的杂志栏目——《石板》杂志的答疑解惑专栏《亲爱的普鲁迪》。有一位读者写道：

> 经过几年的寻找，我遇到了一个人，他很有望成为我的真命天子……他说话温和，对我很尊重。他做了很多年的鳏夫，一个人抚养他的孩子，从事着一份了不起的工作。他工作努力，为人坦诚，而且似乎对我很着迷。我们有很多共同之处，包括我们的职业，这对我来说，曾是一个真正的挑战，因为我在农业领域从事着一份非传统的工作。问题是，他的接吻技术很烂，我觉得这个技术在亲密关系中很重要。

对此，我的粗浅的观点是什么呢？我觉得这位读者并不像自己想象的那样爱这位真命天子。是的，接吻需要一些基本的技巧，但对于接吻技术的好坏而言，心理和两人的关系方面的因素占90%。这位寻求建议的女士需要打破自我欺骗，诚实地问问自己：我为什么不写信给普鲁迪说"我爱他"呢？她的描述只会让这位真命天子看起来像个笨蛋，她会越来越瞧不起他的。

如今，构建美国经济的一个组成部分——健身房会员——似

---

① 让-保罗·查尔斯·艾玛·萨特（Jean-Paul Charles Aymard Sartre），法国存在主义哲学家、作家、文学评论家。

乎都是基于自我欺骗而产生的。大多数人都高估了自己去健身房的频率。只有当他们是真正的健身爱好者时，购买健身房的会员资格才有意义。当然，多数人并不是真的爱好健身。

一项针对 3 家健身俱乐部中 7752 名健身会员的为期 3 年的研究证实，我们在很大程度上高估了自己对健身的喜爱程度。合同显示，这些健身房的客户每月都要支付超过 70 美元的健身费用。而他们平均每月去健身房 4.3 次。也就是说，每次去健身的平均价格略高于 17 美元。

这些客户原本可以购买一张可以去 10 次健身房的会员卡，每次只需要花费 10 美元，这个价格要低得多。每月的平均费用是 43 美元，而不是 70 美元（还有一种单次卡，只要 12 美元，算下来也会更便宜）。整体算下来，普通的健身房客户，在整个会员周期，如果选择办理 10 次的会员卡，可以节省大约 600 美元。一个天真的经济学家（与你内心的经济学家相反）可能会认为这是一个省钱的方法，人们当然会选择这样办卡，而真实情况并不是这样。

事实上，有更多的人选择多花 600 美元。他们花钱是因为他们不愿意正视自己并不真正热爱运动这个事实。或者他们可能会错误地认为，每月 70 美元的固定费用会让他们更频繁地去健身房。对这些用户的调查显示，他们希望自己能多去健身房，从而使会员费用物有所值。然而，他们中的大多数人都想错了。

600 美元——我们可以把它视作在运动方面进行自我欺骗的代价，也可以将它视为衡量我们自我欺骗的动机有多强烈的一种标准，这证明了一点——我们总是会高估自己。

这项研究还产生了另外一个结果。那些支付了会员费又不常去健身房的人，花很长时间才会取消会员资格。他们不愿意承认自己是懒惰的人。他们去健身房的频率通常会慢慢降低。中途放弃健身的人，平均会在不去健身房的 2.31 个月之后，才去办理终止会员资格的手续，其中，有 20% 的人会拖 4 个月甚至更久的时间。无论如何，这些中途放弃健身又没有及时取消会员资格的人，在最后一次去健身房后，白白浪费掉的平均费用为 187 美元。他们真的认为自己会坚持下去吗？我们可以把这笔钱算进自欺欺人的成本里。

假设我们可以选择做手术，或者服用药物来纠正我们的自我欺骗。这种药物会消除我们对自己的所有偏见。我们也许会突然意识到，我们的道德水平（很可能）不比普通人更高，我们甚至不应该得到上次的晋升机会。服药之后，我们所有的信念都会与事实相一致。

千万不要吃这种药，因为你不一定能承受服药的后果。

心理学家曾写过关于"抑郁现实主义[①]"的文章。抑郁的人，尽管其思维过程通常是非理性的，但往往对自己在世界上的真实地位有更准确的看法。他们更有可能承认自己在各个领域的成就并不比普通人高，而且他们更有可能意识到，在许多方面，他们不如普通人。

---

① 抑郁现实主义（depressive realism）是于 20 世纪 80 年代被提出的假说，即抑郁的人比非抑郁的人能作出更现实的推断。

抑郁症患者通常会在一个主要方面上自我欺骗——他们会低估自己摆脱抑郁的可能性。许多患有抑郁症的人觉得自己会永远抑郁下去。对他们来说，这种感觉就像乌云，永远不会散去，而实际上，这种状态往往是来去匆匆的。

到底是抑郁导致了自我欺骗的缺失，还是自我欺骗的缺失导致了抑郁？这是一个有争议的问题。也许两者的因果关系是双向的。无论如何，我们确实需要自我欺骗。

那些自我感觉良好的人，无论其感觉是否合乎事实，往往会取得更多的成就。他们更自信，更愿意冒险，也更容易获得他人的忠心。自我欺骗也可以防止我们分心。作为生物个体，如果我们把追求食物、地位和交配权等作为主要目标，那么自我欺骗可能算是我们进化出的一种防御机制，它可以对抗焦虑、分心和注意力丧失。

我们能安稳度日，只是因为我们不断地忽视了一个事实，即他人一直在对我们进行观察、评价和评判。想象一下，我们走在大街上，如果每时每刻都知道别人是怎么看待我们的，恐怕大多数人很快就会觉得难以忍受。

想象一下有这样一个网站，可以记录下我们每个人在生活中的表现，以及我们对他人的慷慨付出，你会有什么样的感受。有这样一个网页，专门用来监测名人付小费的习惯。给小费很慷慨的人包括查尔斯·巴克利[①]、比尔·克林顿（Bill Clinton）

[①] 查尔斯·巴克利（Charles Barkley），美国职业篮球运动员。

和罗伯特·德尼罗①。但是,艾伯特·戈尔②、泰格·伍兹(Tiger Woods)和 O.J. 辛普森③ 的名声就不那么好了。服务员看起来很友好,但实际上他每时每刻都在评判我们:

> 最近,一位名叫"巨石"的职业摔角选手成了我的顾客——我在一家经营了 50 年的著名牛排店里工作。他提前打电话,要求餐厅为了他早点开门,因为他想避开粉丝。我可真是一个幸运的傻瓜啊,需要为这个"小丑"鞍前马后地服务。他不停地抱怨,嫌大蒜吐司上抹了太多黄油,我前前后后给他加了 10 次苏打水,总有诸如此类的麻烦事。为了他那区区 7 美元的小费如此备受煎熬根本不值得。虽然小费平均来说是餐费的 25%(你内心的经济学家会说这还不错),但我觉得,一个佩戴名表、穿着如此讲究的人,至少应该为我投入的额外的时间和服务多付 20 美元,而且这对他来说应该轻而易举。这家伙对我来说不是一块巨石,他只不过是一块廉价的鹅卵石罢了。

与诽谤相关的法律让我无法复制这个网站上的其他条目。但是想想看,别人一直在谈论和思考我们的行为,就像我们会谈论和思考他们的行为一样。这是一个令人不安的设想,不是吗?不过现在请把这一点抛诸脑后,继续阅读。

---

① 罗伯特·德尼罗(Robert De Niro),美国演员、制片人和导演。
② 艾伯特·戈尔(Albert Gore),美国政治家,曾任副总统。
③ O.J. 辛普森(O.J. Simpson),美国职业橄榄球运动员。

对于这种情况，想要保持良好的心态，关键在于，你要把自欺作为一种缓冲，但是针对具体问题，要选择性地克服它。

激励措施的微小变化可以极大地改变我们的信念。比如，在过去的 10 年中，不明飞行物的目击率急剧下降。也许科幻电影不像以前那么吸引人了，但我认为是其他因素在起作用，即手机和手机的拍摄功能。

"飞船在一个没信号的区域？你没有拍一张相片吗？"

"对不起，亲爱的。他们用神秘的射线枪把我的手指固定住了。"

这一类的故事突然变得有点难以置信了。最重要的是，相较于欺骗配偶和朋友而言，欺骗自己要更难。研究外星人绑架事件的人员得出结论，大多数相信不明飞行物存在的人都是真心实意的。

我们可以做一些简单的改进。我们中的许多人应该大幅减少跑腿的次数，至少我们不应该让自己对完成这类差事感觉满意。我们经常会为这些事情浪费一整天的时间，只是为了避免面对更棘手的问题，比如打电话给一个愤怒的客户，完成论文或修理屋顶。当我们自欺欺人地感觉自己正在完成某件事情时，如果做的是这一类的差事，那就是最危险的——我们正在欺骗自己。

我们会完成某些事情，但这些事情未必是我们该去做的事。许多孩子学习不努力，这样他们就能给自己小测验考得不好找借口。因为如果我们努力了，但还是成绩不好，那我们的自我价值感就岌岌可危了。正因为如此，父母并不总是会通过强化对好成绩的奖励，或是加重对糟糕成绩的处罚，来让孩子表现得更好。

因为越是如此，孩子越会感到有压力，继而产生试图减轻心理压力的自我破坏行为。孩子会念叨自欺欺人的口头禅："学校反正也不是那么重要。"强化奖惩会使孩子陷入更多的自我欺骗当中，这恰恰是需要我们自我反省的时候。

每天，在我距离表达完自己想要表达的一切还有一步之遥时，我便会停止写作。因为我发现，相比"一吐为快"，为下一次的写作"留有余地"时，我的写作效果会更好。这让我觉得自己是一个热爱写作且擅长写作的人。难道我不喜欢写作吗？毕竟，我一直想写更多的东西。当然，如果我需要这个技巧，那么我的热爱写作的作家形象就不完全是真实的；否则为什么我不一吐为快呢？尽管如此，我还是会使用这个技巧，它能让我写更多的东西，也能让我更喜欢写作。

当我们想要把文章写完的时候，大多数人最大的敌人是一天都没有写东西，而不是写得太少了。如果一个人每天能写一页，那么一年就能写一本书，这是一个令人羡慕的速度。所以作家需要把自己塑造成每天都能完成某件小事的人，而自我欺骗可以帮助我们实现这一点。

购物是我们在必要的时候要把不愉快的信息——我们的预算——从脑海中驱赶出去的关键时刻。大多数人都有"逛街"和"购买"两种模式。一旦我们进入购买模式，那就要小心了。无论你看起来多么平静，一种疯狂的情绪总会袭来。我们大脑中的某些部分被激活了，它们会让人意识到有得到奖励的可能，并会淡化财务风险。用神经经济学的语言来说就是，我们的大脑边缘系统将我们置于一个大脑"活跃"的模式。我们根本无法判断成本，我们开始寻找要买的东西。

但是，这种"活跃"模式往往来去匆匆。人们都有相当程度的惯性，只要不是完全无法控制，就很容易回到之前那种正常状态。因此我们只需要在失控之前停止疯狂的购买行为就可以了。

我们该如何节省开支呢？把信用卡留在家里可能太有违常理了。毕竟，我们确实需要时不时地买一些昂贵的东西。因此，我提供一些建议。

我们可以将第一次的购买行为视作一种内疚的快乐，而不是一种必要的行为，从而使自己一开始就产生悔恨情绪。换句话说就是把这种放纵感放在购物之前，而不是购物之后再感到内疚。

当我们购买大件物品（我们真正需要的东西），然后不假思索地再去买一些无用的小东西时，危险就来了。好吧，也许我们确实需要一件 800 美元的新的西装外套。但是，我们应该事先决定是否要买领带和袜子，而不是在我们拿着西装外套走向柜台的时候才决定这件事。

我们可以去那种有多个收银台的商店，并在那里购物。当我们可以把所有东西都放在同一个收银台时，我们会花更多的钱。而多次付款却会破坏我们购物的兴致，让我们的注意力集中在购物成本和商品价格上。

是的，错觉让我们继续前进，但有时我们需要更残酷的自我考验，即使这些考验在我们生活中只占很小一部分。教授博士生宏观经济学课程时，我做了一个简单的实验。我让学生们自己出考题，然后把考题放在一个网页上。大家可以随意看考题，但在考试之前，答案都是保密的。

学生们应该在课余时间解答这些问题。但大多数人只是研读、思考和讨论了这些问题，便"感觉"自己掌握了这些内容。我让学生们自己选择学习伙伴，然后挑出5个问题作为练习。学生们应该在模拟考试中伴随着时钟的嘀嗒声写出答案。

重点是，大多数人的学习效果并不好。他们学习是为了让自己感觉自己在努力，从而感觉良好，而不是为了让自己在相关领域取得成功。他们花了几个小时茫然地盯着考卷，对问题点头表示理解。一般来说，在伴随着时钟嘀嗒声的模拟考试中，学生应该花更多的时间尝试解决问题并完成答题。嘀嗒，嘀嗒……时间在一点一滴地流逝。没错，这声音的确很恼人，所以尽快答题才是正解。

很少有作家会展示他们的初稿，因为他们不想听到别人尖锐的批评。通常来说，作家在草稿上花费的时间越长，他就越不希望得到反馈。私下里，他会担心批判性的评论会让他心力交瘁。他告诉自己："我的稿子写得很好。我的方向是正确的。"正是这句咒语让他每天早上从床上爬起来，坐到电脑前。然而，当他希望得到批判性意见的时候，往往为时已晚。

我把批判性意见称为"锤子"。大多数人都害怕锤子。成功的关键之一就是在需要的时候被锤子敲打，但又不能过分削弱我们的乐观情绪。当我们害怕锤子的时候，会试图躲在别人的后面。

这就是我们总是躲在"头脑风暴"之后的原因。

对于解决问题而言，头脑风暴是一种适得其反且浪费时间的办法，人们独立想出来的新点子通常会比以团队的方式思考时想到的要多，心理学家称之为"集体生产力的错觉"。一项元分析研究表明，在22次的比较中，有18次的比较结果都显示，人们在小组中工作效率更低下。此外，小组规模越大，生产效率越低。我们都知道，很多人过分依赖别人的工作，成为"搭便车的人"。然而，令人惊讶的是，我们仍然倾向于高度重视小组的讨论结果。超过80%的受访者认为，集体头脑风暴比个人头脑风暴能产生更好的结果。

自我欺骗是导致这种错觉的罪魁祸首之一。我们进行小组讨论时，通常会有其他人说话，这会让我们的压力变得少一些。我们不会因为自己沉默或缺乏新想法而觉得自己愚蠢。相反，持续与小组互动的形式给我们一种参与集体发现的感觉。如果我没有得到启示，也许别人还得到了呢。毕竟，一定会有好事发生，不然我们为什么要聚在这里？我们的确喜欢身处团队当中，尤其是获胜的团队。

在团队进行头脑风暴后，许多人会把别人的想法误认为是自己的。与会后，他们的自我感觉会好很多。此外，如果问题很难，每个人都会发现其他人也觉得它很难，这会让我们感觉不那么糟糕。

相比之下，当我们独自工作时，总会遇到毫无进展的情况，此时我们明显觉得很痛苦。你内心的经济学家的声音并没有被淹没。你不能否认自己没有效率，你也没有借口。

如果小组成员在轮到自己发言时才能发表意见，这种情况下的头脑风暴效果是最差的。人们在等待的时候，往往会在脑海中排练他们已经准备好的演讲。他们时而紧张，时而想象自己的才华将如何使自己一鸣惊人。因此，大多数人不会再继续寻找新的想法。由于认知能力的限制，许多人在等待的时候无法产生新的想法，讨论也会因此停滞。

与头脑风暴会议相比，尝试计算概率是产生自我了解的有效方法。当我们对职业选择或求婚心存疑虑时，我们应该尝试将这些选择量化。我们应该拿着纸和笔坐下来，试着计算概率，算出哪一种选择能带来更好的结果。

这听起来多少有些不可思议，但是我们的目标并不是从这个过程中得到一个合理的数字。这并不是说"预期效用理论[①]"在某种程度上是正确的，也不是说这能反映我们作出选择的复杂性。这样做的目的是让人们摆脱无用的妄想。对数字的思考往往会让我们大脑中最不理性的部分变得迟钝，它会迫使我们从一个不那么情绪化的角度来看待这个问题。

在这种情况下，我认为"预期效用理论"就像去不同的收银台结账买袜子一样。大多数人，甚至是对数学一窍不通的人，都可以重新审视他们的假设并从中受益。这不就是商业顾问为我们做的事吗？询问一个算命先生可能也会对我们有所帮助，只要我

---

① 预期效用理论（expected utility theory）是西方经济学中的一个概念，在收益不确定的情况下，它可以为如何作出决策提供参考指南。这一理论根据在复杂情况下的个人的风险偏好，通过最大化效用函数的期望值在众多选择中作出决策。

们清楚自己对他的预言是心满意足还是心烦意乱，我们就能知道自己的真心所想了。

我的一位高智商、受过良好教育的女性朋友曾经提到，她和她的前男友正在考虑重归于好。至少她认为他们在考虑这件事情。"这件事能成吗？"这是我当即的、也许不是十分礼貌的回应。我没有得到一个直截了当的回答，连一个数字性的回答都没有。

我接着问："你觉得……这件事的概率有多大？"

"我不知道。"她说。

"你当然不知道了。也没有人会知道哪支球队会赢得下一届'超级碗'①。这就是我们要使用概率的原因啊。那你觉得你们复合的概率是多少呢？在两种结果有多大的差距下，你会选择赌某一方获胜呢？你的朋友肯定给你报了赔率。"

信不信由你，他们甚至没有考虑过报赔率。

"我猜是1/3，"我说，"你觉得怎么样？"

她没告诉我他们成功复合的概率是多少，但从她的反应中，我相信大家都知道可能的结果是什么。

对控制的需要，或者感觉一切都在掌控之中，也是我们的自我错觉之一。在我描述如何掌控世界的章节中，我希望自己已经阐明了拥有掌控感的体验对人类的重要性。在这一章中，我希望读者能够看到管理自己的掌控感是可行的。

---

① 超级碗（Super Bowl）是美国橄榄球联盟（National Football League）的年度冠军赛事。一般在每年的1月底或2月初举行。

为什么有那么多人觉得开车比坐飞机安全（尽管事实并非如此）？当我们开车时，我们在操控汽车。我们认为，如果发生意外，我们可以迅速反应，使汽车和乘客平安无事。虽然这是一种误导，但我们确实喜欢掌控一切的感觉。

当我们冒着给自己带来灾难的风险时，我们对这种风险会有一种特殊的恐惧感。请想象下面的场景：

一种致命的流感病毒在美国蔓延，目前尚无治愈方法。据医生估计，一个人有 10% 的概率会死于这种病毒。现在有一种疫苗，它是由弱化的病毒制成的。这种疫苗会使得大多数接种者幸免于患病，但是也将使 5% 的接种者死亡。

显然，我们最好还是接种这种疫苗。接种后 5% 的死亡率，不管有多可怕，都不会比 10% 的死亡率更糟糕。然而，在接受调查时，并不是每个人都想接种这种疫苗。相较于可能降临在他们身上的患病风险，许多人更害怕承担选择带来的风险。

发表在《普通内科杂志》[①]上的一项民意调查结果显示，只有不到一半的受访者表示会接种这种疫苗，其余的人则非常害怕接种可能会给自己带来风险。的确，这只是一份调查问卷，如果这些人处于感染病毒甚至死亡的边缘，或许他们的选择会更加理性。但在问卷调查中，他们的直觉让他们拒绝接种疫苗。这一事实表明，接受调查的人群并没有理性地对待这些问题。这些人更有可能向其他人推荐这种疫苗，尤其是与自己关系较远的人，

---

① 《普通内科杂志》（Journal of General Internal Medicine）是美国普通内科学会（Society of General Internal Medicine）的官方出版物，创刊于 1986 年。

比如陌生人。

当选择与自己无关时，人们似乎会更加理性地思考。选择越个人化，恐惧就越有可能驱逐理智。

关于理性地评估风险这件事，美国在国家政策层面上也会犯类似的错误。许多对抗流感大暴发的政策都集中在开发疫苗和隔离病人上。这两种方法都反映了一种控制心态。制定政策的人的想法是：只要我们有了有效的疫苗，我们就能控制住病毒。或者，只要我们停止旅行，就能把病毒困在一个范围内。

另一种方法就是在疾病大流行时加强急诊室的应对能力。许多专家认为，这将是我们使用有限资源的最佳方式。当然，对于美国人来讲，这是一个很难接受的建议。它迫使我们承认，也许我们无法控制这种病毒。许多美国政客喜欢说："是的，成千上万的人会死，但我们至少可以挽救其中一些人。"即使这是真的，听起来也远不如"我们将保护每一个美国人"那么悦耳。

我们对恐怖主义的反应显示出了类似的偏差。我们不愿意采取承认存在损失但又能尽量减少损失的政策。政客们对宣称这个问题可以控制太过热衷。有的时候，对普通人来说，将更多的钱花在当地的消防部门上，要比试图追踪并杀死每一个潜在的恐怖分子要有意义得多。

面对挑战，美国政府通常拒绝承认自己可能会失败。我们有一种"敢作敢为"的心态。我们制造了第一颗原子弹，我们把人类送上了月球，我们在20世纪80年代和90年代重振了美国经济——这些在我们实现之前似乎都是不可能的。这种自信令人钦佩，然而，它也阻碍了美国的进步。我们倾向于寻找一些选项，这些选项能够为我们提供战无不胜、掌握一切的机会，尽管找到的可能性很小。相反，我们应该承认，虽然我们无法阻止可怕的事情发生，但我们可以让它们变得不那么糟糕。

对个人来说，愿意放弃控制权可以让我们成为更好的老师。当我们教孩子如何开车时，我们喜欢假装他们永远不会做任何愚蠢的事情。我们告诉他们一长串他们不应该做的事情。我们知道他们可能不会听，但至少我们不在他们身边时，会感觉自己已经尽力了。

我教孩子开车的方法截然不同。我要教我 15 岁的继女亚娜（Yana）开车。有一天，我这样对她说："我们今天要做的第一件事就是撞路缘石。冲路缘石开，别开得太快。"这是了解路缘石位置的最好方法。亚娜迟早会撞到路缘石，所以应该让这件事在安全的情况下发生。这样，如果她下次撞到了路缘石，就不会太恐慌了。

"轻轻地碰一下那个圆锥形的隔离桩。"

"在车完全刹住之前，把车停到车位上（汽车有自动变速器）。"反正每个人都会这么做，所以应该让孩子通过亲身操作来掌握这件事，并且要以一种安全的方式让孩子了解相关的后果。

我们也可以尝试让孩子开车，而作为父母，你要在一旁发出令人啼笑皆非的噪音，你可以表现出疯狂的样子，并尖叫"比利·鲍勃（Billy Bob）爱上了亚娜"之类的话。毕竟，在某种程度上，孩子的朋友们也会让其处在类似的场景中。所以，不要回避教孩子开车，不管这会让你感到多么不安。

为什么大多数人不愿意教自己的孩子开车呢？答案很简单。我们需要安全感，并且会排斥压力。谁会愿意体验汽车在行驶时突然急刹的可怕感觉呢？在现实生活中，我们应该少关心自己的压力，多关心如何让未来的司机为上路作好准备。这意味着要面对孩子犯错这一事实，而不是否认它。这也意味着要控制你欺骗自己的能力，以及管理你的掌控感。

虽然自我欺骗是获得幸福生活的必要条件，但这并不意味着自我欺骗对整个社会都是有好处的。想知道自我欺骗如何会产生事与愿违的结果，就请重新审视到处都是伪君子的艺术界。不，我说的不只是人，也包括艺术品。再说一遍，你内心的经济学家已经对此有所怀疑了。

这不仅仅是指要怀疑在新泽西州（State of New Jersey）北部出现的伦勃朗和毕加索的作品。许多艺术领域都充斥着赝品。比如前哥伦布时期①的艺术品，市场上的赝品可能比真的还要多（即便是真的，很可能也是在受法律保护的考古遗址被盗出来的，可以说，和偷盗文物相比，仿造文物赝品的犯罪程度还算比较轻呢）。几乎每一位著名画家——从维米尔到杰克逊·波洛克（Jackson Pollock）——作品的赝品都被卖给了消息灵通、经验丰富的买家，有时这些赝品甚至还被专家鉴定过。

---

① 前哥伦布时期（Pre-Columbian）是指美洲在受到欧洲文化影响前的历史时期。

为什么会有这么多聪明的买家被骗？原因之一就是他们的骄傲。

大多数拥有毕加索作品的人都为自己拥有这些作品而感到骄傲。对他们来说，拥有艺术品的骄傲往往比欣赏艺术品的乐趣更重要。许多收藏家在很长时间内都无法从自家墙上的绘画作品中获得乐趣。如果我们拥有某些名作，别人来拜访我们时，无论我们表现得多么谦虚，我们其实都非常希望拜访者能注意到我们拥有这些作品。

我很想拥有一幅毕加索的《沃拉尔系列版画》[①]中的作品。如果这个愿望实现了，我会把它挂在客厅里，这样来我家里的客人就可以看到它，我不会把它挂在二楼卧室的墙上，那样只有我自己才能欣赏到它。在这一系列作品中，有些版画的价格"只要"2万至5万美元，但许多到我家的访客都会认为其价值数百万美元，或者至少值数十万美元。当然，告诉别人这些作品的实际价格是不礼貌的。

这种骄傲听起来很有趣，而且拥有这些作品确实会让人感觉很棒。但危险就在这里。许多艺术品消费者和艺术品拥有者都不太愿意仔细审视他们所拥有的作品，因为他们害怕失去对自己所拥有的东西的骄傲感。一幅萨尔瓦多·达利[②]的作品已经在我家的壁炉上方悬挂了20多年。这是我亲爱的父亲送给我的礼物，

---

① 《沃拉尔系列版画》（*Vollard Suite*）是由100幅新古典主义风格的版画组成的作品集，由西班牙艺术家巴勃罗·毕加索于1930年至1937年间创作。

② 萨尔瓦多·达利（Salvador Dali），西班牙超现实主义艺术家。

是他从游轮上的一位绅士那里购买的。父亲对能把这幅作品挂在壁炉边的墙上而感到很自豪。我可怜、亲爱的父亲啊。要是他能看到这幅画现在有多受人喜爱就好了。它总是让我想起我父亲，他确实是你能想象到的最真诚的人。

假设你交了个新朋友，而他恰好在苏富比①工作，并且他曾在耶鲁大学学习艺术史。这位朋友提出可以把这幅作品带过来鉴定一下，或者研究一下它的出处。并不是每个人都愿意接受这样的好意。毕竟我们认为这幅作品绝非赝品。它看起来就是真的，不是吗？

当我们购买一幅绘画作品时，也会有类似的心理。我们喜欢这幅作品，想把它带回家。艺术品经销商把它卖给我们，从而让我们觉得自己很特别。他们会说："我通常只会把这样佳作卖给我的那些老顾客。但我知道你和你的妻子正在进行一个非常特别的收藏，所以我就忍痛割爱吧。"

在我们的内心深处，我们意识到自己其实并不太了解艺术和艺术品世界，再仔细看也看不出这幅绘画作品是真迹还是赝品。而且这会让我们更加担心。想象一下，仅仅因为我们找不到这幅画的出处，就会在未来很长的时间里感到十分紧张。找不到这幅画的档案和票据吗？这很正常，人们总是会弄丢看似无用的纸，我就是这样的。所以我们不用再担心了。我们已确定自己买得起这幅作品，它看起来就是真的啊。不是吗？

---

① 苏富比（Sotheby's），世界最大的艺术品和珠宝拍卖公司，于1744年在英国成立，总部现位于美国纽约市。

当许多买家这样做的时候，绘画作品的真伪在交易时就不是必须考虑的元素了。艺术品交易市场是这样运作的。因此，对于收藏艺术品而言，我们的第一个教训是，不是每个人都应该购买艺术品。

第二个教训是，买家越是自欺欺人，就越有可能在苏富比或佳士得（Christie's）拍卖行通过拍卖的方式获得藏品。这些拍卖公司的负责人员并不完美，但他们确实在努力地维护拍卖行的好名声。相比之下，尽管许多私人经销商很诚实，但他们无法以熟练的方式识别赝品。拥有数百万美元资本的拍卖行，对赝品的态度比任何为我们服务的艺术品经销商都要谨慎（好吧，除非读者是亿万富翁，并且有一个非常出色的艺术品经销商）。

在纽约，佳士得或苏富比拍卖的一般收藏品的价格约为1500美元。这个价格对我们大多数人来说都是负担得起的。但是，去拍卖行通常不是那么有趣的事情。除非我们可以一掷千金，否则没人会过来对我们献殷勤。没有人会告诉我们，我们的收藏有多么重要。没有人会告诉我们，我们得到了一个多么好的价格。整个过程是匿名的，艺术品必须靠自身来推销自己，当然，除非我们是大牌买家。

除此之外，我们不会有那种激动的感觉，即我们知道自己可以把绘画作品带回家，或者可以在两天内收到拍卖品的那种感觉。先有人报价了，新手和那些不住在纽约的人可能会通过邮件来报价。然后，出价人必须等待拍卖行举行拍卖会。在这段时间里，买家总是在想自己出的价格是太高了还是太低了。这可不像在易贝出价，我们无法全天候监控其他的报价。

在拍卖会赢得竞拍会让人们怀疑自己出价过高，随之而来的便是所谓的"买家懊悔"——"为什么其他人都不认为它值那么多钱？"没有经销商会说服我们，让我们从花冤枉钱的痛苦中走出来。竞拍失败也会导致失望，"准备购买"的脑回路在我们的大脑中兴奋起来，但我们没能买到心爱的作品，于是我们的兴奋感归零了。我们是如此渴望让自己的艺术品收藏进行下去，然而遗憾的是，我们失败了。

这些问题在当时让我们感觉很严重，但实际上不会持续很长时间。毕竟，下一个拍卖季已经不远了，是的，耐心是一种美德。和购买失败相比，购买赝品的成本非常高，而且投入非常持久。当我们因为自我欺骗或者为了得到新的绘画作品而迫不及待，以至购买了赝品时，我们就不会给予这些代价足够的重视。

诚然，不是每个人都适合在拍卖行购买艺术品。许多人需要用买到艺术品的即时满足感来维持他们对艺术品的兴趣。还有些人则会收藏更难以伪造的作品，比如17世纪的大型佛兰德斯[①]壁毯。但是对于大多数人来说，如果想买艺术品，那么应该更多地关注在拍卖行出售的东西。至少，在你对自己喜欢的东西有了实际的了解之后，恰好也完成了成为文化亿万富翁的下一步。

自我欺骗不仅仅出现在艺术领域，实际上，它也会出现在政治领域，还解释了有这么多"冒牌货"和"伪君子"担任公职

---

① 佛兰德斯（Flanders）是西欧的一个历史地名，以出产精美的织锦壁毯闻名。

的原因。一旦我们支持某个本地或美国联邦政府的竞选人,那么我们之后就不愿意转而反对他们了。我们通常不愿意一开始就把竞选者看得太仔细。当然,这可不是你的行事方式——那些你不认同的人才会这样呢。

当然,我们在政治上感觉最好的事情往往是自我欺骗最大的来源。在网上,我曾经写过一些经济常识:

> 我承认,我们不可能照顾到每个人,我们面临着艰难的权衡。

一位读者回复:

> 我们并没有面临这种困境。我们可以照顾到每个人。

另一位读者回复:

> 为什么我们不能照顾到每个人呢?其他工业化国家也都是这样做的(他指的是美国的国家健康保险)。当然,我们必须大幅提高税收,但是如果我们愿意,我们当然可以做到照顾每个人了。

但是,很遗憾,我们是做不到的。

美国每天大约有15.5万人死亡。欧洲每天也有很多人离世。人们会死于心脏病和流感。孩子们会在水桶里溺亡,还有人会死于车祸。我们不会称这些问题为医疗问题,但它们还是要了某些人的命。我们可以把所有的钱花在医疗上,但是前文中提到的这些人还是会逝去，并且大多数可能会死得更早。我们可以废除"布什减税政策"[1]，但这些人还是会逝去。世界上还有数十亿非常贫困的人，以及数十亿生活水平中等但不富裕的人。他们也很重要，是的，他们也会死去，很多人还英年早逝，这很可悲。

我们可以从这些人中选取有限的一些群体，通过选择性的健康干预，让他们生活得更好。我们应该这么做，但我们应该谨慎地选择我们的施以仁慈的目标。不管我们做得多好，总还是会有更多的人让我们无能为力。而那些被"照顾到"的人的生活只会在短期内得到轻微的改善。

我们自然地倾向于让自己感觉到自己在照顾每一个人。我们会支持给我们这种保证的政策。在这个过程中，我们往往会拒绝那些实际能照顾到更多人的政策。

许多人抱怨美国有超过 4500 万人没有医疗保险。除了从事研究的医生外，很少有人会抱怨美国国立卫生研究院[2]用于支持基础医学研究的预算并不高。鼓励创新，即便长期能产生巨大的健康收益，也并没有给我们能控制人类当下痛苦的感觉。换句话说，由于自我欺骗，我们没有足够专注地解决真正的长期问题，有时候，我们没有在应该花更多钱的地方上安排充足的资金。

尽管有种种缺陷，自我欺骗却能让我们保持善良之心。我们

---

[1] 布什减税政策（Bush Tax Cuts）指的是美国第 43 任总统乔治·沃克·布什（George Walker Bush）在其任内通过的税收改革法案。

[2] 美国国立卫生研究院（National Institutes of Health）是美国政府负责生物医学和公共卫生研究的主要机构。

做大多数好事（包括慈善事业）的目的，并不是因为这件好事本身有益，而是因为我们已经学会了享受定期参与善举和自律的过程。然后，我们会欺骗自己，这使我们认为自己比实际上更加重视这件好事本身——不管是锻炼、慈善，还是其他什么事情。我们认为自己比实际上做得更好，但在某种程度上，这种欺骗是一种自我实现的预言。在自我欺骗之下，如果我们能说服自己像真正善良的人那样行动和思考，那就更好了。

当我们认为工作很重要时，我们会更快乐，也会做得更好。从大的视角来看，也许个人的努力并不重要，但是，如果领袖才是唯一觉得"自己很重要"的人，那么我们的世界将会崩溃。同样，如果我们期待艺术家们充满活力和才华，那么他们就需要相信自己的创造性作品在社会和审美方面具有惊人的重要性。一个真正客观的人是不存在的，如果存在，也可能是一个没有情感和自我意识的机器人——无论是自己还是他人，谁会希望人们如此行事呢？

尽管如此，我们最起码都应该努力在关键的问题上少一些困惑，同时保持对生活的热情。如果我们能提高对现实的感知度，那么世界上的智慧对我们来说就触手可及了。

在约会、穿衣，以及和朋友、配偶、孩子打交道时，我们往往不会问自己哪里做错了。我们害怕别人的诚实会影响我们之间的感情，也会影响我们的动机。

我们需要致力于产生另一种自我形象和自我描述。与其重复"我的草稿正在进行中"或者"我已经知道如何穿衣服了"，不如试着说"我是世界上最善于听取建议的人"。我们中很少有人是善于接受建议的,但这个新的自我描述会让我们更容易接受建议。这样一来,我们就将能够以新的、强有力的方式学习并取得成就。

第 7 章

吃得好，除了香蕉

07

食物可以给人们带来最有普适性的感官享受,当然,食物也是我们必需的能量来源。只要我们有钱又懂得烹饪,那炖牛杂、姜葱煮牡蛎、炖羽衣甘蓝都可以成为你的桌上美味。与艺术博物馆不同,我们关注美食并不是难事,主要的问题是如何发现、评价和创造美食。

从我们内心的经济学家的思考,以及对激励机制的理解衍生出来的一些简单的规则,可以帮助我们吃得更好。关于食物的书有很多,但很少有书涉及食品制作和销售背后的利润和损失。然而,食物是一种市场产品,是供求关系导致的结果。如果我们了解餐饮业的经济规律,那么我们就能找到更好、更物美价廉的食物。

我将在本章后一部分讨论家庭烹饪，现在让我们先从餐厅开始。你可能还记得，我们对激励机制的第一次探讨，始于你是否愿意付钱让你的孩子洗碗。通过这个例子，我们知道你不能用钱买到一切。好吧，正确利用家庭烹饪的诀窍是弄清楚什么是你在其他地方买不到的食物，或者什么是你在家里就可以制作出的、便宜又美味的食物。因此，如果我们不关注如何将这两种烹饪诀窍结合在一起，那么我们就无法理解去餐厅就餐与在家庭烹饪的区别。

餐饮业的门道并不是那么容易被摸清的。一个发达的都市区会有数百个不同的餐饮场所。我的家在弗吉尼亚州北部，多年来，我一直在撰写关于我家附近的餐厅的文章。虽然我称之为《民族风味餐饮指南》（Ethnic Dining Guide）的这本书还远未完成，但我对这些餐厅的评论已经被写成了一个长达100多页的单倍行距文本。毫无疑问，每家餐厅都有自己的菜单，而在面对异域菜肴的时候，我们常常不知道该点什么。

尽管摆在我们面前的可以选择的食物多得惊人，但我们完全不必感到迷茫。我们只需要用一些简单的原则来缩小选择范围，比如应该点什么菜、选择哪些餐厅，以及去哪些城市。让我们先从菜单开始，然后再回到关于地理位置的基础选择上。

在高档和昂贵的餐厅（一顿晚餐50美元以上可以说是定义这类餐厅不太完美的标准）就餐时，可以采取一个简单的步骤。先看看菜单，然后问自己："这些菜中我最不想点的是什么？"

或者"这些菜品哪个看起来最让人没有胃口？"然后，你就可以点那些菜了。

这背后的逻辑很简单。在一家豪华的餐厅里，菜单是经过精心准备的。厨师的时间和精力都很有限。因此，除非有充分的理由，否则这道菜不会被写在菜单上。所以，如果它看上去很糟糕，那么它的味道可能特别好。

当听到鮟鱇鱼[①]这个词时，我通常会想到一种厚实多肉的鱼。做一道美味的鮟鱇鱼菜肴是很难的，这种鱼很容易被厨师滥用以及过度烹饪。大多数人和大多数餐厅甚至不应该尝试做这道菜。我是不会尝试去做的。但是，当鮟鱇鱼在一家高级餐厅的菜单上被自豪地展示出来时，它通常会是一道很好的主菜。密实而鲜甜的鱼肉在专业厨师的手中被烹调得恰到好处。在优秀的餐厅里，其他名字很奇怪但通常会很美味的食物还包括野味（容易被烹饪过头，并且很难买到新鲜的食材），还有任何你从未听说过的东西，以及大多数动物内脏，尤其是那些听名字就让人感觉很恶心的东西。

而许多听起来很受欢迎的菜品，其质量可能略低于这家餐厅菜品的平均水平。要小心烤鸡！它的问题在于，很多时候它的味道让人感觉很鸡肋。我能烹饪出味道相当不错的烤鸡（有时味道甚至是极好的）。许多"饭桌上的胆小鬼"会点烤鸡，选择吃熟悉的食物。烤鸡可能会出现在一家高级餐厅的菜单上，即使它的

---

① 鮟鱇鱼是一种深海鱼类，外形非常奇特。头巨大而扁平，嘴扁而阔，边缘长有一排尖端向内的利齿，双眼长在背上，身体柔软，没有鱼鳞。

准备工作不是最精细的。炸鱿鱼通常在高级餐厅是美味的，但很少有餐厅能把炸鱿鱼的酥脆口感做到极致。和烤鸡一样，炸鱿鱼也深受食客喜爱，所以无论如何它都会出现在很多餐厅的菜单上。它受欢迎的程度已经足够高了，但它的口味还没有达到顶峰。

用通俗的语言来说就是，点看上去不怎么好吃的菜品和你没有尝试过的菜品。在高级餐厅，点你认为自己最不可能点的食物。

对于这个规则，我有一个警告。如果你的口味比高级餐厅里那些对饮食不讲究的食客还差，那就不要冒险了。也许你只能享受烤鸡了。是的，有一些人的确是这样的，但我们中的许多人可以享受更有趣和更多样化的美食；我们只是需要借助额外的推动力去尝试一些新的或不寻常的东西。

这个建议也有消极的一面：在家做饭时，尝试新的食物时要小心谨慎，要从在一家优秀的餐厅里尝这道菜肴开始。餐厅的菜肴是由专家预选过的，并且根据其他品尝者和其他顾客的反馈进行过微调。这个过程，不管有多不完美，也很可能比你在自己的厨房里随便摆弄出来的食物要美味。享用美食的经验和烹饪的知识通常是相辅相成的，但当涉及新的菜肴时，你通常应该从享用这道菜肴开始，然后再烹饪。

在高级餐厅就餐还有另外一个策略：询问服务员应该点什么菜肴。然而，恰当地表达问题是很重要的。想想服务员的动机，即使是在供应高级料理的美食圣殿里，服务员也可能会得到推销某种高利润的菜品的指示，或者是要推销厨房当晚大量烹制的一道普通菜肴。所以，不要只是询问服务员"我应该点什么？"

这样只会让服务员想尽快地摆脱你，以便继续服务下一位顾客。服务员还可能会认为，在烹饪方面，你并不比一般的用餐者聪明。即便是在一家高级餐厅，这可能也是一种侮辱性的评价。

我更喜欢直截了当的问题。我会问服务员："什么菜肴是最好的？"当服务员毫不犹豫地告诉我哪些菜肴最好的时候，我最开心。"先生，姜汁金枪鱼是最好的。"这样的回答让我感到很温暖，于是我点了它。相反，当服务员回答"我们菜单上的菜都不错"时，我就会紧张起来。更糟糕的回答是——"最好？这取决于您的口味。我们的顾客有许多不同的口味偏好。"同样糟糕的回应是，服务员紧张地微笑，然后说："您说的'最好'是什么意思？"所有这些反应都是服务员怯弱的表现，他们不习惯与挑剔的食客打交道。还记得前文中关于如何让自己看起来光鲜亮丽的章节吗？这些服务员是在传递一个信号，即他们从来没有得到过业务熟练的经理或厨师的严格指导。

如果服务员问："你所说的最好是什么意思？"我只能简单回答："最好嘛——我是个柏拉图主义者 [这当然是指柏拉图（Plato）的型理论，正如其对话体作品《理想国》（*The Republic*）中所表达的那样，这本书解释了绝对、完美的真理的概念，完美得就像你在天堂里找到的一样]，我说的最好，就是柏拉图说的那种'最好'。我想要最好的。"

如果这种哲学式的谈话不是你的风格，那就应该考虑点这家餐厅的"招牌菜"。如果你是一个认真的美食家，不顾路途遥远，也要寻找美味佳肴。你没有得到服务员直接的回答，而且还没有点餐，那么是时候了——把酒水钱付了，然后去别的地方就餐吧。

当然，当你在家做饭时，除非你是一个真正的烹饪专家，否则最好推翻上面的这个建议。这就是说，不要尝试做你最喜欢的餐厅的招牌菜。也许你觉得这是一个有趣的挑战，如果是这样，那就去做吧，但这不是在家吃饭的最好方式。这些菜肴很可能在设计上就是难以被复制的，因为厨师要确保自己有竞争优势。不过，你自己做的烤鸡吃起来还是非常美味的。

在异域风味餐厅里，这些问题会变得更难处理。许多中国餐厅的服务员干脆拒绝向长得像西方人的顾客推荐他们最好的菜肴。如果恳请他们推荐"真正的中国菜"，最好的结果可能就是宫保虾仁。询问服务员"什么是最好的菜肴"，可能只会得到鸡肉配花椰菜，而不是 XO 酱炒鸡胗（XO 酱是用切碎的干海鲜，配以洋葱、大蒜和辣椒炒制的），或者口味更温和的葱爆鱼片。许多中国餐厅的服务员仍然对西方用餐者能使用筷子吃饭表示惊讶。

通常来说，最好的方式是借鉴别人桌上的食物。要求"把他们点的菜给我来一份"就行了，也许菜单本身并没有什么意义。或者你可以和邻桌热情的中国食客交谈。但是如果餐厅空无一人，或者其他食客看起来都不怎么靠谱（或者有些人看起来太会吃了，而我们真的不想今晚吃炒鸭血）该怎么办？

我们仍然有方法来解决这些问题。在去餐厅之前，我们应该做一些小小的调查，然后记住相关国家或地区里的某个"二级城市"名称。在川菜餐厅，我们可以自信地对服务员说："我知道成都。（停顿一下）给我来点成都菜吧。我爱成都。"这并不是说谎，因为"知道"这个词是模糊的，比如，它的意思可能是"了解关于……的信息"。

知道这一地理位置至少说明我们对当地的美食略知一二。成都大约有2000多万人口，是川菜的发源地，但是，很遗憾，很少有美国人知道成都。据我所知，只有大约10%的美国年轻人能在亚洲地图上找到阿富汗的确切位置。所以跟中国服务员提起成都会让你脱颖而出。这种方法会引发服务员产生包含共鸣、好奇和支持的混合情绪。服务员可能会向你推荐美味的辣子鸡。他不会再认为，你是一个西方人，就会被菜表面一层闪闪发光的红辣椒吓到。但是别担心，鸡肉里不会渗入太多的辣味。

如果你在一家有很多海鲜菜肴的粤菜餐厅，那么试着向服务员提及深圳。烧鹅是当地的特色菜，但是这与你想不想吃这些菜没有关系。你已经向服务员发出了恰当的信号，表明你想吃到一些美食，你是认真的。

有时候，仅仅发出这些信号是不够的。你可以传递任何信息，但餐厅并不是只为你而存在的，其他人也要点餐。我们都知道很少有美国人听说过深圳。有时候我们想要的东西就是得不到。在我居住的华盛顿特区附近，根本找不到烧鹅。这就是烹饪重新进入我们的视野的时候了，是的，烧鹅这道菜非常适合在感恩节吃。

如果你在美国的一家异域风味餐厅用餐，而服务员又不怎么能帮助你，那么这里有一些关于如何点餐的建议：

1. 避免选择过分依赖于顶级食材的那些菜肴

美国的食材——蔬菜、黄油、面包、肉类，等等——都是大批量生产的，因此质量低于世界标准水平，除非我们是在某个高档、昂贵的地方购买它们。即使是最不发达的国家也有比美国更好的食材，在乌拉圭或玻利维亚的餐厅里点牛排可能是个好主意，但是在弗吉尼亚州北部的餐厅，点牛排通常是个坏主意。你可以选择搭配有趣的酱料和复杂配菜的菜肴，要相信厨师有能力想出一个好主意并把它们调和得很好。

在玻利维亚风味餐厅里，这可能意味着要一份科恰班巴①地区的特色菜西潘多②。是的，这道菜的下半部分是一块牛排，在牛排的下面还有米饭和土豆，牛排上面堆着炒蛋、西红柿、洋葱以及青椒酱。坦率地说，牛排并不一定要那么好，但这也能让整顿饭都十分美味。

根据你经常光顾的超市，或者常去的农场的产品质量，你可以考虑在自己的烹饪中应用类似的规则。

2. 头盘小菜通常比主菜好吃

就像不是每一个笑话都能拍成一部好电影一样，不是每一个好的烹饪理念都能被一套完整的菜肴所诠释。小菜最初令人惊喜的味道可能维持不了多久。因此，由开胃菜和配菜组成的一顿大餐通常会令人非常满意。

泰国风味和黎巴嫩风味餐厅特别擅长烹调有趣的小吃、沙拉

---

① 科恰班巴（Cochabamba）是玻利维亚中部的城市，位于安第斯山脉的山谷中。
② 西潘多（Silpancho）是一种流行于玻利维亚科恰班巴地区的美味佳肴。

以及头盘小菜。在一家泰国餐厅，你可以尝试辛辣的猪肉花生沙拉、沙嗲鸡肉、泰式炒面（味道甜甜的、有酸角酱的面条）以及有椰奶的汤。不要只是吃一盘咖喱或面条，虽然你可能很熟悉它们的味道。

3. 避开甜点

美国大多数异域风味餐厅，不管其主菜有多好吃，甜点通常都不怎么样，尤其是亚洲餐厅。加尔各答[①]有世界上最好的甜点，但制作这些甜点需要大量的时间和精力，口味才能纯正，并且还要确保原料完全新鲜。高质量的印度甜点通常出产于劳动力成本非常低的国家和地区，这样制造商才有利可图，而芝加哥和伦敦都不是这样的地方。

要知道，直到现在，精加工的糖在世界的许多地方还是一个新鲜事物。如果一个人几乎不吃精加工的糖，那么即使吃到豆沙这样简单的甜点也会觉得很好吃。在西方发达国家，人们的味觉通常已经被糖惯坏了，所以豆沙会令人感到失望。因此，除了加尔各答，很多最好的甜点往往来自饮食中长期含有精制糖的地区。比如法国、德国、瑞士和奥地利。

4. 点比你计划中更多的菜

我们不是每天晚上都去餐厅就餐，所以点餐时应该多样化，从而获得新的体验，不能仅仅为了填饱肚子而点餐。我们可以把剩下的菜带回家。

---

① 加尔各答（Kolkata）是印度西孟加拉邦首府，位于印度东部的恒河三角洲地区，胡格利河（Hooghly River）东岸。

许多美食都是为了让很多人——通常是大家庭——同时围着一张餐桌共同享用的。菜肴之所以被烹饪和选择，是因为其多样性以及在更广泛的膳食计划中的作用。从历史上看，如果一个国家人口众多，而且出生率很高，那么这里的菜肴就会发展出品种丰富的大餐。

如果3个人一起去一家不错的中国餐厅吃饭，他们至少要点5道菜。是的，这样会花更多的钱，但是在家做饭或者在其他地方节省一些就可以弥补了，不要浪费在一家美味餐厅就餐的机会。最好的中餐应该是一道道有关联的菜肴，它们会在不同的口味、温度以及口感之间取得平衡。一碗口感顺滑的汤将是椒盐虾的基础，然后是一道带辣味的菜肴，然后是糖醋口味的菜。品尝一道菜肴就像聆听贝多芬的一个乐章。我们想要更多的美食，至少对于某些内心的经济学家而言，半饱不如不吃。

以上是我们进入餐厅后可以使用的一些小技巧。然而，我们如何在一开始就找到合适的餐厅？我们应该去城市的哪个地方找它们？在什么样的城市或国家，我们可以期待自己能找到好吃的食物？

假设我们在一个陌生的城市或者一个陌生的国家，想品尝一些非当地的美食，比如某个国家的"异域美食"。最好的建议是光顾那种餐厅聚集的区域，而且这些餐厅通常经营同一类菜肴，他们之间会相互竞争，都从具有相同经验的员工中招聘人才，基于现有的食材，这个区域一定积累了大量相关烹饪经验，即如何在本地烹饪这种美食，使之美味可口。换句话说，竞争是有效的。

以下是一些在国外品尝异域美食时的建议：

国家	餐厅
法国	阿尔及利亚菜或突尼斯菜
德国	土耳其菜、希腊菜或任何巴尔干（Balkan）菜
英格兰	巴基斯坦菜和印度菜，虽然是在英国做的，但是这些食物仍然比大多数英国菜更好吃
荷兰	印度尼西亚菜或苏里南（Suriname）菜——苏里南是前荷兰殖民地
加拿大	中国菜（尤其是在温哥华）、加勒比海菜和东欧菜，如匈牙利菜或乌克兰菜
阿根廷	意大利菜，在南美洲几乎所有地方都是这样，尤其是在阿根廷和巴西南部，这两个地方都有很多意大利移民
墨西哥	阿根廷牛排餐厅
迪拜	印度菜、巴基斯坦菜和波斯菜。迪拜靠近波斯湾，但是生活在这里的大多数人都是来自印度次大陆的外籍工人；迪拜甚至被称为各种功能运转最佳的有印度人的城市

对于那些想要享受美食假期的人，我有一个建议：选择一个收入不平等现象严重的国家。这听起来很无情，但是，有没有美食，看看贫富之间的差距大不大就知道了：如果当地的窗户上有铁栏杆，栅栏上有铁丝网，无论对居民或你的安全有多不利，这都是存在美食的好兆头。

在其他条件相同的情况下，富有阶层的出现对食物的优化是有益的，因为富人是消费美味食物的强大市场。这有利于促进优质美食的产生。

但当我们审视食物的制作者时，令人遗憾的是，贫困也可能会促使美味食物的产生。生活在底层的人们的工资水平越高，就越难雇人来准备食材、烹饪食物、提供服务和收拾桌子。因此，忠实的美食家应该关注那些一部分人非常富有而另一部分人则非常贫穷的地区。穷人会被富人雇去做饭。我在墨西哥、印度以及巴西吃到的美食通常既好吃又便宜。

海地虽然是西半球最贫穷的国家，却拥有加勒比海地区最好的食物。海地人的平均寿命约为 50 岁，大多数人住在棚屋里，人均年收入约为 400 美元。在相对富裕的贝松市（Petitionville）的郊区，一家高档海地餐厅会雇用许多当地劳工。那里的蘑菇是由人工采摘和搬运的，猪肉、鱼以及蔬菜都是精心烹制的。这里的服务非常细致周到。

在海地，人们几乎没有什么其他的赚钱方法，所以如果外国人和联合国监察员需要去哪个餐厅就餐，海地人就会去哪里工作。我曾经问过太子港（Port-au-Price）的一位出租车司机，他是否认为联合国部队对他的国家有好处。他回答："对卖龙虾的人来说，是有好处的。"

收入过高是西欧国家失去烹饪领袖的历史地位的原因之一。巴黎的餐厅必须给员工支付高工资，提供高福利，而且还有严格的劳动法的约束。这就是那么多巴黎顶级餐厅在周六和周日都关门的原因，至少可以肯定，它们周日是不营业的。在美国，这样的营业时间是不可想象的。尽管美国的平均工资水平很高，但这个国家有更多的移民，以及更多的兼职劳动力，工资构成也更多样化。在美国找到低工资的劳动力比在巴黎要容易得多，人们也更容易在不违法的情况下长时间工作。

美国、加拿大、英国、澳大利亚和新西兰等国家的劳动力市场相对自由，移民政策也相对宽松。三四十年前，这些国家在烹饪方面是落后的，以味道寡淡的肉类和水煮蔬菜为主。如今，它们成为后起之秀，在美食方面几乎赶超了自古就享誉美食界的法国。在这些国家里，许多餐厅——无论是高级餐厅还是普通异域餐厅——都是由移民经营的，员工也是移民。这些员工中几乎没有人会要求有 6 周的假期，或者要求限制每周的工作时间。

一个法国厨师搬到纽约，雇用墨西哥人为美国客户做法国菜，或者为来纽约旅游的法国游客做菜，这都是稀松平常的事。产生这种现象的关键因素是墨西哥人以及他们有出售劳动力的自由，这也是法国厨师在林肯中心[①] 附近而非里昂（Lyon）向法国游客提供法国食物的原因。

在美国，大多数法国食物——甚至可以说是大部分食物——都是墨西哥人做的，而不是法国人做的。法国人的工资太高，但数百万墨西哥人在自己的祖国每天仍然只能挣一两美元。因此，许多墨西哥人宁愿在美国以每小时 10 美元至 20 美元的价格做饭，即使这意味着他们烹饪的是卡酥来砂锅炖肉[②]（Cassoulet），而不是墨西哥烤肉。

在印度，穷人为富人做饭的场景也许会出现在餐厅，但更常见的是在家庭中出现，即穷人成为富人的仆人。据说印度由"两

---

① 林肯中心（Lincoln Center），位于纽约市的艺术区。
② 卡酥来砂锅炖肉是一种使用卡酥来砂锅（Casserole）炖煮的源于法国南部的菜肴，主要原料包括猪肉（或者鸭肉、鹅肉、羊肉）、猪皮、白腰豆和蔬菜。

个世界"组成。在这里，约有 1 亿人的生活水平与欧洲相当，约有 9 亿人生活在贫困中，他们每天的生活费通常只有一两美元。那 1 亿富人会雇用家庭厨师，而那 9 亿人则会竞争厨师以及家政服务的工作。

而在我喜欢的北欧国家，人均收入则要平均得多。在挪威，几乎没有穷人，甚至也没有中下阶层。这也许是这个国家的功绩，但对挪威人的食物却毫无裨益。收入分配越平等，雇用厨房里的工人的成本就越高。北欧国家把希望寄托在由移民烹制的异域食物上。在斯德哥尔摩，你更容易找到的往往是好吃的印度菜肴或者比萨，而不是瑞典菜肴，尤其是在考虑价格因素后。

同样，这也提示了你在家应该做什么菜肴。餐厅里找不到的菜，你应该在家做。如果你住在阿拉斯加的乡村，也许应该通过邮购的方式购买安可辣椒，同时提高你做墨西哥菜的技能。但是，如果你住在洛杉矶或纽约，这两个城市几乎有各种各样的民族风味菜肴。那么你应该做什么呢？答案很简单：你应该学习烹饪德国菜肴、斯堪的纳维亚半岛的菜肴，以及其他来自社会平等程度和工资水平都较高的国家的菜肴。正是由于上述原因，这些菜肴在纽约或洛杉矶很难找到。如果在洛杉矶有一家不错的德国餐厅，那么很可能是墨西哥人在后厨做饭。

把工资的因素考虑在内之后，如果想要找到更好的食物，我们内心的经济学家应该把注意力转到餐厅的租金上来。不管有多少顾客光顾，餐厅每个月都必须支付租金。因此，租金水平限定了只有某些餐厅才能在特定区域生存。对租金有一点了解可以帮助我们找到那些很棒的小餐馆。

支付高租金的店铺包括连锁服装店、星巴克咖啡、迪士尼和蒂芙尼（Tiffany）商店。高档商场里到处都是要缴纳高租金的店铺。它们每个小时都会吸引大量付钱的顾客，或者会对商品收取高额的加价，抑或是两者兼而有之。低租金的店铺包括一元店、古董店、二手物品商店，以及位于郊区商业街的中国餐厅。这些店铺的装潢是普通的，而不是吸引人眼球的。

租金高的餐厅，要么位于客流量非常大的区域，要么食物价格非常昂贵。曼哈顿市中心有很多很棒的餐厅，但每顿饭要花费300美元至400美元，这还不包括葡萄酒。这些餐厅靠近亿万富翁的家，靠近曼哈顿的核心旅游区、剧院和购物区。除此之外，还有一些高档餐厅的租金较低，但是它们通常位于富人喜爱的度假胜地。

虽然大多数高档餐厅都在高租金地区，但是，在高租金地区的大多数餐厅的菜肴都远不够好。曼哈顿和其他大城市一样，到处都是星期五餐厅[1]、胜百诺[2]和硬石餐厅[3]。这些餐厅提供味道寡淡且千篇一律的食物，以及淡而无味的啤酒。他们通过销量来维持生计，靠最容易被人接受的口味吸引食客。

找到既美味又便宜的菜肴的一个好方法，就是在租金较高的

---

[1] 星期五餐厅（T.G.I. Fridays）是一家连锁的美国休闲餐厅，成立于1965年，总部位于美国西南方的得克萨斯州达拉斯市（City of Dallas）。
[2] 胜百诺（Sbarro）是一家连锁的美国比萨餐厅，成立于1956年，总部位于美国俄亥俄州哥伦布市（Columbus）。
[3] 硬石餐厅（Hard Rock Cafe）是一家连锁的以摇滚乐为主题的美国连锁餐厅，成立于1971年，总部位于美国佛罗里达州戴维镇（Davie）。

区域附近寻找租金相对较低的地方。在洛杉矶，你可以在东洛杉矶吃墨西哥菜，或者在韩国城吃亚洲菜。在东好莱坞，你买到的食物比电影明星居住的西好莱坞的食物更好吃。曼哈顿又好吃又便宜的异域美食已经远离市中心了，我们可以在第九大道（曼哈顿最西边）、第一大道（曼哈顿最东边），找到比第五大道或者百老汇等地更好的餐厅。与公园大道相比，皇后区和布鲁克林区有更好、更多样的异域美食。如果你一定要去公园大道，那么就从第35街以南的地方开始，寻找租金更便宜的地方。如果你想找到还未被发现的小餐馆，置业指南通常比扎加特餐厅指南①更有用。

在曼哈顿岛上，大道（Avenues）两旁的店铺的租金往往比纵横交错的小街（Streets）两旁的店铺的租金要高出许多。考虑到曼哈顿岛细长的形状，南北方向的大道会承载更多的车辆和行人。大多数城市居民和游客都会时不时地看到第五大道的街景。第39街的店铺往往只会被附近的居民看到，只有几条较为宽阔的交叉路，比如第86街、第57街，或者第14街，呈现出了那些南北方向的街道所具有的经济特性。如果你被困在市中心，但是你又想吃美味的、便宜的异域食物，不妨在去大道寻找之前先逛逛小街。那家整洁的韩国餐厅在第35街上可以维持生计，但在第五大道就不行了。换句话说，无论你在曼哈顿的什么地方，只要稍微离开主干道，就可以享用一顿物美价廉的食物。

---

① 扎加特餐厅指南（Zagat Survey）是一种收集和评价餐厅的方法，创立于1979年。

按照上面的逻辑，我们应该在郊区的购物中心就餐，如果这个郊区有很多新移民，最起码这样做不会有错。美国大多数异域餐厅都会寻求租金低廉的位置，长期以来，唐人街一直是实现这一目标的理想场所，但郊区的购物中心作为实现异域文化多样性的一个渠道，已经变得越来越重要了。我们经常看到美味的异域餐厅毗邻中低档的零售商店。在弗吉尼亚州，我最喜欢的中国餐厅的旁边，有一家金考（Kinko's）联邦快递、一家美甲店、一家马歇尔百货商店[①]、一家销售校服的商店，以及一家廉价处理日本厨房用品和塑料制品的商店。

低租金的餐饮场所可以在几乎没有风险的情况下尝试不同的菜品。对租金高昂的高级餐厅而言，如果菜品尝试不成功，除了昂贵的建筑、华丽的装饰和漫长的租期之外，经营者很可能会一无所获。所以，街边的餐厅更有可能尝试大胆的想法。购物中心的餐厅因为支付了更高昂的租金，并且在装潢上投入了更多的钱，因此，它们会努力地吸引更多的顾客，这通常意味着这些餐厅会提供广受欢迎的大众菜肴，这是高级食客的梦魇。

如果我在美国某个不知名的地区，这个地区有移民，而我想外出就餐，那我会离开市中心，去寻找那种没有沃尔玛、百思买或其他"大卖场"的商业街。因为大型商店租金高，客流量大，不适合开有趣的异域餐厅。

更低的租金意味着更多的人可以尝试自己开餐厅，尝试推广

---

① 马歇尔百货商店（Marshalls）是美国的一家低价连锁百货商店。

家庭烹饪。很少有移民家庭能在费城市中心或者以中上层阶级人士为主要客户的购物中心租赁或购买一家餐厅，比如弗吉尼亚州北部的泰森斯角（Tyson Corner）、橙子郡（Orange County）的南海岸广场（South Coast Plaza），或者新泽西州（State of New Jersey）北部的帕拉默斯公园（Paramus Park）。拥有最好的烹饪创意的人并不总是最富有的人。

观察上涨的租金是了解美国餐饮业演变历程的关键。昂贵的地方正在变得越来越昂贵。租金高的城市中的异域美食也正在变得越来越高档。廉价的、尝试性的、低调的异域料理正在向地理上的边缘地带转移，同样的情况也发生在伦敦、巴黎、柏林，甚至墨西哥城等主要的都市地带。正如高昂的租金赶走了新奇的食物一样，高租金也赶走了新奇的文化，包括夜店和与众不同的艺术画廊。在纽约，异域美食以及实验音乐都在向布鲁克林和皇后区转移，这主要是因为曼哈顿的租金太高了。中产阶级化对社区有好处，但是对文化来说并不见得是件好事。

我们可以回溯一下之前谈论的内容，并得出一些关于在家应该做什么菜的推论。如果你生活和工作在租金高的地区，那就要熟练掌握时髦的中国菜以及墨西哥菜的烹饪技巧，我指的可不是西兰花炒牛肉或者墨西哥卷饼，而是四川火锅和墨西哥南瓜籽魔力酱。如果你住在普通的社区，又不喜欢长途驾驶，那就想想怎么烤鹅肝吧。

低租金带来的美食优势有助于解释为什么世界各地的街头小吃总是那么好吃。

在墨西哥和其他一些发展中国家,小吃摊的租金极其低廉。那里的人通常会将许多小"厨房"聚集在一个共同的屋檐下。在墨西哥,一个小吃摊所占的空间可以容纳几个人和几张桌子。一个城市的中心市场可能有 20 个至 100 个这样的小吃摊。顾客只需花一两美元就能买到传统的家常美食,品尝到真正的当地美味。

可惜的是,这些小吃摊很难在城市中生存和发展,因为小吃摊付得起的租金通常很低。而城市中心的土地变得越来越值钱,所以很多小吃摊和美食市场都搬离了市中心。即使是在墨西哥的餐饮之都瓦哈卡[①],最好的小吃摊也在远离市中心的地方。而在市中心,比较正式的自助餐厅和餐馆取代了以前的小吃摊。新餐厅提供了更多的菜品,也有了更好的就餐环境,但食物通常比较寡淡无味,也不是那么新鲜。

新加坡的食物之所以如此美味,是因为这个城市充分发挥了小吃摊的魔力。中国人、印度人和马来西亚人一直喜欢高品质的食物。这座城市的总体财富让人们有条件经常外出就餐,它的土地使用政策也确保了小吃摊不会因高昂的租金而被挤走。

在新加坡,小吃摊位或小型美食广场随处可见。在城市的任何地方,以两美元甚至更低的价格,你都可以买到一顿美味佳肴。事实上,总体而言,新加坡和法国一样富有,所以这个价格是非常令人惊讶的,尤其是在这里还有世界上最好的中国菜、印度菜和马来西亚菜的情况下。新加坡的美食家坚持认为,最好的新加

[①] 瓦哈卡市(Oaxaca de Juárez)是墨西哥南部的一座城市,瓦哈卡市的老城区于 1987 年被联合国教科文组织认定为世界遗产。

坡美食是在小吃摊上，而不是在餐厅里。

现代的小型美食广场通常远离市中心，很多都聚集在一个大型的金属屋顶下，这里可以容纳50个甚至更多的小吃摊，这些小吃摊出售中国菜、马来西亚菜和印度菜。这里的中国菜是典型的新加坡风味，还借鉴并融合了印度和马来西亚的烹饪理念，与中餐的烹饪方法不尽相同，比如，咖喱鱼头这道菜起源于新加坡，咖喱酱来自南印度，但是使用鱼头这一理念则来中国，印度人通常只会烹饪鱼片。新加坡蟹是这个国家的经典菜肴之一，它融合了中国的豆沙、马来西亚的辣椒、印度酱汁的口感和西方的番茄酱的味道。

大多数小吃摊专注于烹调少数的几种菜肴，而且通常会通过某道菜肴，或者在其原有基础上进行些许改良来获得声望。所以，在小吃摊上，你可以品尝到炒蛋饭、米粥、约翰面包（一种加辣椒酱的夹肉面包）或者烤黄貂鱼。

最好的厨师会花数年时间不断亲自动手尝试，以便完善他们的特色菜肴，然后在小贩中心贩售。他们通常会出现在小吃摊上，亲自烹饪或者监督烹饪。由于附近有许多不同种类的摊位，因此一个摊位可以专注于烹饪两三道菜肴。顾客会在一个小吃摊上买蚵仔煎，在另外一个小吃摊上买叻沙（椰奶汤面）。这种专门化的烹饪，再加上严格的质量控制，是新加坡美食如此诱人的另一个原因。

但是，你要确保自己有足够的时间来品尝这些菜肴。需求量很高的时候，这些摊位也不会轻易增加食物的供应量，所以顾客不得不排长队等候。如果想吃到那些受欢迎的菜，你可能需要等半个小时以上。

在20世纪60年代以前，街头小贩在新加坡随处可见。这种小贩经营美食时通常没有桌子，顾客必须站着吃或者把食物带回家。小贩偶尔也会走街串巷，肩上挑着扁担，里边放着食物；有的小贩也会骑三轮车。慢慢地，小贩们逐渐聚集在某些公共中心，比如科伦坡苑、巴吉斯街、福建街以及海滩路等地。每个地方都可能聚集一二十个小贩。随着时间的推移，某个地方会因为某种特定的食物而闻名，比如，福建街以福建炒面而闻名。

20世纪60年代，新加坡政府曾试图取缔这些不卫生和混乱的小吃摊。但是政策慢慢改变了。到了20世纪70年代，政府开始有意组织正规的小贩中心，并致力于完善电力以及卫生设施。在某种程度上，小贩中心甚至可以吸引人们搬到附近的公共住房中居住。有传言称，新加坡政府认为快速方便的饮食会让人们工作更长的时间，而不是忙着赶回家做饭。有些新加坡人家里没有厨房，因此非常依赖小吃摊和小贩中心，以解决他们的一日三餐。再后来，人们意识到，小贩中心可以吸引游客。

政策继续往有利于小吃摊的方向发展，如今，这些摊位的经营已被视为一种公共事业或公共权利。新加坡政府为整个城市的小吃摊位保留了位置。租金可能会上涨，但是，要把这些小吃摊位从摊主手中买回来，并在这片土地之上建立一个大型购物中心绝非易事。

我想补充的是，小贩摊位实际上非常卫生。新加坡政府会派出食品检查员，他们会给每个摊位打分。在新加坡，每个人都知道在小摊上吃东西是安全的；顾客可以看到整个摊位以及烹饪过程。检查员给大多数摊位的评级是 B。人们常开玩笑说，C 级及 C 级以下摊位的食物最为美味，A 级代表其对清洁过度关注，而在食物上花费的时间太少。

除了小贩中心，新加坡的购物中心里还有美食广场。这些美食广场与小吃摊位相比，给人以更高档的感觉，通常都装有空调。那里的食物一般比较寡淡，价格也比较高，而且是由各种兼职员工轮流制作的，不是由某个厨艺大师烹饪的。它们的菜单很长，但没有一道菜能和小吃摊上的菜媲美。顾客来这里就餐是因为这里有舒适的环境、制冷设备，以及不是那么漫长的排队时间，他们愿意多支付一些钱。如果你真的想享受美味佳肴，那么小贩中心才是你要去的地方。

如果小吃摊是低廉租金促生美食的一个成功案例，那么拉斯维加斯的餐饮业就是随着租金的迅速上涨而成功地繁荣起来的典范。这个城市有一个特殊的优势：它会吸引赌博爱好者。这些人大多数都很富有，并且希望在度假时能够享受美味佳肴。这里的食物的确味道还不错，但是内心的经济学家告诉我们，拉斯维加斯与新加坡不同，这里的食物并非物美价廉。

直到 20 世纪 80 年代，拉斯维加斯的赌场都会为游客提供低廉美味的自助餐，菜肴包括龙虾、牛排和大虾。20 世纪 70 年代，马戏团赌场[1]的经典自助晚餐只收 1.9 美元（午餐为 1.25 美元）。赌场门口经常排起长队，许多游客还会留下来赌博，从而为整个赌场贡献更多的利润。这些餐厅经营者的理论是，美食吸引了赌徒。有哪个赌徒会在 38℃的高温天气里，在一家赌场的餐厅吃饭，再走到另外一家赌场赌博呢？

从本质上讲，是赌场的利润补贴了餐厅。赌场的经营者用美食吸引游客去赌博，再通过赌博赚钱，这意味着它们提供的美食物美价廉。早期的拉斯维加斯是经济学家口中的交叉补贴的典型例子。这个术语是指一项服务——在这个例子中是赌博——交叉补贴另一项服务（即优质的食物）的生产过程。赌博的存在使食物更便宜。

当然，在拉斯维加斯，像我这样的非赌徒才是真正的赢家。我们可以花很少的钱吃到美味的食物，也不需要把从老虎机上赚到的钱又都输给赌场。出于类似的原因，我们也喜欢这里便宜又能免费停车的酒店。

很遗憾，这个早期的系统并不稳定，如今，大部分的交叉补贴已经基本消失了。太多人——包括当地人——只想享受美食或者待在酒店的房间里，却不想去赌博。赌博专家马克斯·鲁宾（Max Rubin）写了一本名为《福利之城：免费赌场度假指南》[2]的书。他估计赌场每年会派发价值 5 亿美元的福利，他还向读

---

[1] 马戏团赌场（Circus Circus）是一家位于美国拉斯维加斯市的赌场，成立于 1968 年，主要业务包括赌博与酒店。
[2] 《福利之城：免费赌场度假指南》（*Comp City: A Guide to Free Casino Vacations*）出版于 2001 年，主要讲述了赌徒在赌场如何以很少的实际投注获取最大的收益。

者承诺，赌徒每次损失10美分至30美分，都将获得1美元的福利。只要你赌一点钱，并且承诺会再赌一点钱，赌场就会把你当国王一样对待。

一旦人们开始利用这种福利，赌场就不得不收紧政策，限制那些经验丰富的赌徒获得福利。赌场还建造了更大的酒店，并将客房作为赌场的利润增长点，比如巨大的卢克索酒店（Luxor Hotel）。放弃客房这块肥肉，从赌博中赚钱，已不再是有益的盈利方式了。事实证明，在大型酒店里举办演出活动也是很赚钱的。拉斯维加斯努力地吸引家庭出游性质的游客，赌博不再是其主要的收益来源。如今的赌场不再用廉价的房费以及质量低劣的节目来吸引赌徒，而是利用赌博来吸引游客住它们的酒店，同时观赏它们的节目，这些才是新的利润来源。

拉斯维加斯赌场的利润仍然会补贴优质美食的亏损，但是这些美食只提供给真正的赌徒。赌场经营者可以识别出这些赌徒，并在酒店或者购物中心的顶级餐厅里为他们提供——而且只为他们提供——免费的餐饮和其他福利。而其他人则必须付钱才能享受这些福利。如今，这座城市拥有众多高档餐厅。最为著名的拉斯维加斯购物中心也有一流的寿司，美味的墨西哥食物，以及其他美食。

这些美食的价格往往等于甚至高于纽约同类美食的价格。曼哈顿的租金远远超过拉斯维加斯，所以这似乎有些令人惊讶，但这种高价是由餐饮和赌博之间新的关系造成的，用经济学家的话说，是由新的交叉补贴所造成的。每当有豪爽的赌徒在赌场免费用餐时，赌场就会对这家餐厅进行补偿，这些补偿提升了赌徒对美食的需求，于是其他人很难在餐厅找到空位，价格也会因此而上涨。此外，对一个"能享受福利"的赌徒来说，一顿价值150美元的免费晚餐比一顿价值70美元的免费晚餐更令他印象深刻。为了显得更加慷慨，这些赌场附属的购物中心会以高得离谱的价格竞购餐厅经营权。

毫不奇怪，继纽约之后，拉斯维加斯如今成为美国经营高档和奢侈餐厅的首选之地。但是，尽管拉斯维加斯美食荟萃，但在新加坡或者墨西哥，我们才更容易找到物美价廉的食物。

好了，以上是一些关于外出就餐的小技巧，至于在家做饭，我们还有什么可以说的呢？我在前面章节中提到，我自己在家就是个厨师。作为家庭厨师，我对正确且健康的烹饪方式非常感兴趣。

第一条经济原则——没错，这是一条经济原则——就是你应该在家吃健康的食物。这并不是我又一次老生常谈地论述要反对肥胖，也不是宣扬极端的健康烹饪观。因为，无论如何，你都会吃一定量的垃圾食品，我不认为我们应该改变这一点，即使我们能做到。我自己也会吃不健康的食物，但是我对在哪里吃有不同的观点。无论你打算吃多少不健康的食物，都要在外面吃。餐厅的烹饪方式更容易使食物变得不健康。他们知道如何在食物中加入适量的盐、油脂和糖，从而使食物变得十分美味，因为他们有为成千上万食客烹饪的经验，就麦当劳而言，食客的数量是以数十亿计算的。你为什么要掌握这些千篇一律的、不健康的烹饪方法呢？从经济上而言，没有理由支持你这样做。

你要在家里烹饪健康的食物——不妨把这看作一种控制诱惑和加强自我约束力的方法吧。也许当不健康的食物摆在你面前，或者当你在餐厅的菜单上看到它们时，你会发现自己很难抗拒它们的诱惑。但你应该发现，就抗拒诱惑而言，不去学习如何制作这些垃圾食品是非常可行的办法。毕竟，做真的很好吃的炸薯条并不是一件容易的事情，这需要一定的培训和练习。为了这些不健康的食物，没有必要这么努力。

第二个经济学原则是，不需要把菜谱奉为无上的圭臬。把它们当成艺术博物馆或者"伟大的"经典小说就可以了。可以使用它们，却无须过分重视。它们的存在并不一定是为了让你从中获益。为了理解为什么这么说，让我们更加详细地讨论一下。

我们的食谱通常来自烹饪书籍、食品杂志，或者报纸、互联网，也可能来自朋友。但是，如果我们想充分享受生活而不仅仅是食物，便不应该把每一份食谱上的方法都视为理所当然的烹饪秘籍。写食谱的人可能不会与我们的目标完全一致。食谱的制作者并不都是利他主义者；他们中的许多人在写食谱时都有自己的盘算。

我能想到至少两个编写食谱的动机。首先，有些食谱的设计是为了让我们尽可能开心地享受烹饪，写食谱的人会顾虑原料的价格、烹饪花费的时间和可能遇到的麻烦，所以可能会影响味道。

想想瑞秋·雷①和她的 30 分钟就能做好的晚餐吧。其次，有些食谱虽然会设计得尽可能美味，但却忽略了成本、时间和麻烦。比如慢炖羊肉配鹅肝和松露，我们最好能在合适的时间点搅拌黄油酱，否则就会前功尽弃。你是否有合适的喷灯来制作一个美味的焦糖布丁？

著名厨师所撰写的关于烹饪的书籍更有可能属于第二类。他们写食谱旨在给我们留下深刻的印象，而非尊重我们的承受力。这些食谱和詹姆斯·乔伊斯的《芬尼根的守灵夜》②也许看起来大相径庭，但其实两者有一些相似之处。

为什么会这样呢？厨师不仅要通过撰写烹饪书籍赚钱，还要通过在电视上露面、代言，以及出售其他产品和出席活动赚钱。他们的主要目标不是给我们节省时间，减少麻烦，而是尽最大努力让自己看起来是一个令人印象深刻的厨师。这意味着他们的食谱要求太高了。换句话说，业余厨师可能会对花很多钱买食谱上的藏红花这件事感到厌恶，但是如果藏红花的味道很好，那么他们会称赞这份食谱和编写它的厨师。很少有人会光顾一个教我们如何挑选更便宜的红褐色土豆的人所开的餐厅，无论这个信息多么有价值。

在知道了这一点之后，我们在家又应该如何烹饪呢？我们应该对华而不实的食谱保持怀疑的态度。我们可以减少十分昂贵的

---

① 瑞秋·雷（Rachael Ray），美国厨师，电视节目主持人。
② 《芬尼根的守灵夜》（*Finnegans Wake*）是詹姆斯·乔伊斯创作的长篇小说，发表于 1939 年。

食材，或者添加更多的香料，购买比食谱建议的质量略低的肉类。至少我们在烹饪时应该减少劳动投入，走一些捷径。相对于其所使用的食谱，这些实际上正是大多数家庭厨师所会做的事。你不会真的为煮熟的杏仁去皮吧？如果你这么做了，也不需要感到内疚，这只是因为我们思考了经济最大化的问题而已，笑一笑，享受你的烹饪成果吧。

如果配方太陈旧了，找到合适的食材就会很困难。要么是有了更好的新食材，要么是食材因为价格已经发生了变化。松露并不是一直都像现在这么贵。至少在过去的 200 年里工资上涨了，这意味着我们的时间更有价值了。所以，如果一个古老的食谱需要我们弯腰驼背地在厨房里忙碌很久，就尤其要对它加以质疑。

如果食谱来自超市，那么就要减少购买昂贵、高利润的食材。较之于菜谱的建议，我们可以使用更多的罐头食品，以及更便宜的奶酪。

我们要记住这个基本的道理：就像享受一家餐厅或艺术博物馆一样，享受一份食谱也是需要花费一番功夫的。撰写食谱的人有着自己的打算。如果你想在自己的厨房里发现你内心的经济学家，那么就从弄清楚作者的动机开始吧。就像这个世界上的许多其他事情一样，食谱并不一定是为了让你开心而存在的。掌握这一事实，并将其转化为你的优势，是获得更大的烹饪乐趣的关键一步。

第 8 章
避免七宗罪[①]

[①] 七宗罪是基督教教义对人类罪恶行为的分类。这七宗罪包括傲慢、贪婪、色欲、嫉妒、贪食、暴怒以及懒惰。

08

本书的其他章节都在说如何得到你想要的东西，而这其中的秘密就是调动你内心的经济学家。但我们还得再填补一个空白。了解相关知识只是解决问题的一部分，除此之外还要有意志力。我们所想要的并非都对我们有好处。我指的不仅仅是麦当劳的炸薯条，我说的是罪孽，即"你不应该做的事情"。

本章中并没有什么自我提高方面的重要或惊人的秘诀。与之相反，这是一个关于博学之人仍可能误入歧途的警示，是一个让我们别太自以为是的警告。其目的是戳破傲慢，让我们脚踏实地。

作为一名经济学家，我很欣赏市场的普遍性，以及市场与人类生存的几乎每一个方面都有密切联系的特征。市场的逻辑自有历史记载以来便与人类同在，甚至可能比人类更早出现。在实验室环境中，倘若互惠合作能带来更多的食物，即使是猴子也会参与其中。它们也愿意用果冻交换对方的葡萄。耶鲁大学的一名研究人员确信，他的实验中的一只猴子用性行为（从另一只猴子那里）换到了一枚代币，又用这枚代币换到了葡萄。有些猴子愿意放弃食物，只是为了看到地位高的猴子的照片。这表明，贸易（以及追求地位）在人类的天性中根深蒂固。

是的，市场无处不在，但我们也要对其中的诸多市场再三审视——或者更确切地说，有些市场最好避开。市场中的不负责任行为正成为一个日益严重的问题。市场种类的激增和范围的扩大助长了形形色色的罪恶，事实上，罪恶似乎比以往更流行了。

在美国，易贝上随时都有约 1600 万件商品在售。这些商品所涉及的市场涵盖了人类的无数种需求，包括人类的基本生活、奇思妙想、异想天开，以及令人魂牵梦绕、扭曲堕落的种种欲望。现代世界使得各种可能性肆意生长，并通过在商业空间的传播吸引我们的注意。几乎每一种你能想象到的人类欲望或者情绪——包括犯罪的欲望——都能找到满足它的市场。当然，罪恶并不总是糟糕的标志。如果说这世上的罪恶变多了，部分原因就在于我们有了更多的机遇和财富，以及更多的机会作出正确的决定（有时候是这样的）。

几千年以来，人类基本上过着马尔萨斯[①]式的生活，徘徊在温

---

① 马尔萨斯人口理论认为人口基本会呈指数增长，而食品供应或其他资源的增长则是线性的，这最终会将生活水平降低到会导致人口死亡的程度，由英国政治经济学家、人口学家托马斯·罗伯特·马尔萨斯（Thomas Robert Malthus）提出。

饱的边缘。生活水平有起有落，但18世纪初的欧洲人，其生活水平即使真的比罗马帝国时期好，也没有好太多。这很可怕。如果说过去的罪恶要少一些——在我看来这有待商榷——也是因为那时候几乎所有的一切都比现在更少。

在18世纪和19世纪初，一个典型欧洲家庭，其50%至75%的家庭预算都花在了食物上。经济学家罗伯特·福格尔[①]的一篇报告这样写道：

> ……18世纪初法国典型的饮食所蕴含的能量与1965年的卢旺达的饮食一样低，后者是该年世界银行的统计中营养不良最严重的国家……直到1850年，英国人可获得的热量还赶不上如今印度人的水平。强调一下，这些低热量水平饮食暗含的一个意思是：即便是壮年男性也只有少量的能量可用于工作……从1790年到1980年，英国人的平均劳动率提高了35%。

当然，更多的热量摄入意味着更多的能量，也意味着更多的罪恶。当人们的预期寿命超过40岁时，其一生中可能出现的罪恶也在增长。

我们不应该仅仅因为在现代社会中看到许多罪恶就对人类命运感到悲观。我们要认识到，人是很容易犯错的，但是同时也要认识到，我们当然也不能因此反其道而行之，去原谅一切。要减

---

① 罗伯特·福格尔（Robert Fogel），美国经济学家，于1963年获得约翰斯·霍普金斯大学（Johns Hopkins University）博士学位，于1993年获得诺贝尔经济学奖。

少损害性的自欺欺人,我们就必须认识到,我们所想要的东西并非都对我们有好处。能认识到这一点并不容易。

所以,本章要说的不是"如何做",而是"啊,请别那么做"。

比起追求真实的女人,有些男人更喜欢有一位"假想女友"。男人可能会想让母亲开心或者给同事留下点印象。那么,让一位"前女友"——她"现在已经和另一个男人住在一起了"——吃点醋怎么样?

这个假想的女朋友——由一位真实的女性扮演——会每周一次地给你寄卡片、电子邮件、信,或者其他任何能证明你在谈一场异地恋的东西。这个想法始于得克萨斯州(State of Texas)威奇托福尔斯[①]一位名叫朱迪(Judy)的22岁女孩,她在易贝上发布了她的"假想女友"服务;从那时起,这个想法就传播开来。

在"假想女友"(Imaginary girlfriends.com)网,租期结束后,客户将与假想女友分手。女朋友会写一封信来表达她的悲伤,并恳求客户回头。这时候客户会被要求再付一笔钱,也许是用来找一个新的假想女友的吧——如果顾客此时已经厌倦了这位"前女友"的话。

这项服务的提供者警告称:"任何难以区分现实与幻想的人都不应使用这项服务。"

美丽的埃丽卡(Erica)来自温哥华,她提供以下服务:

---

① 威奇托福尔斯(Wichita Falls)位于美国得克萨斯州北部。

信件，电子邮件，随信定制照片，随邮件定制数码照片，若条件允许，可通过雅虎通摄像头视频聊天。

价格为两个月 45 美元。

她是经典摇滚乐、高尔夫球以及职业摔角的忠实粉丝。

仅仅是有男朋友的感觉就可以使某些日本女性感到满足。她们可以买一个"男朋友手臂枕"，晚上睡觉时用它搂着自己的脖子。

缺乏价值观，或者基于不良价值观的市场可能会失败，并带来糟糕的结果。纵观黑暗的一面，我们不难找到对应"七宗罪"里每种罪恶的市场——它们通常都很庞大且组织精良。但丁·阿利吉耶里（Dante Alighieri）的《神曲》（*Divine Comedy*）的第二部分《炼狱》（*Purgatorio*）是这些罪恶的解释最著名的来源，但对这些罪恶的见解至少可以追溯到公元 6 世纪的教宗格里高利一世① 身上，这就解释了它们的拉丁名称的由来。下面，我们将借鉴《神曲》这部经典的文学作品中的描述，来看看下面这些（某些人认为的）罪恶行为类型及其相关市场。

---

① 教宗格里高利一世（Papa Gregorio I）于公元 590 年出任教宗，直至去世。

一　傲慢[1]

安然公司[2]的杰弗里·斯基林[3]是怎么被抓进监狱的？他以为自己可以违法而不会受到惩罚，公司的成功会掩盖他的罪行。很少有人会预料到，像安然这样的大公司会如此迅速地土崩瓦解。但是正规的指导可以帮助那些曾是公司高管的罪犯应对他们的傲慢所造成的毁灭性下场。

高管们可以花 1 万美元或更多的钱参加一个课程，学习如何应对终身监禁。这一课程教授以下内容：

1. 在生活中进行例行冥想与锻炼。
2. 接受事实——缺了自己，地球还在转动；高墙外的诸事皆不由你做主。
3. 摒弃成瘾行为和恶习。
4. 戴便宜的手表。
5. 不进行眼神交流。
6. "如果你想伤害某个人，就把他拖进你的牢房，这样你就有借口说他们侵犯了你的隐私。"

提供这类服务的企业声称，在过去两年里，他们每年有 12 个客户。还记得提及自我欺骗的那一章吗？自信可以是一种很好

---

[1] 傲慢，拉丁文为 Superbia。
[2] 安然公司（Enron Corporation）是一家位于美国得克萨斯州休斯敦市的能源、商品及服务公司，公司成立于 1985 年，在 2001 年被爆出了丑闻——其存在精心策划的、制度化的以及系统化的财务造假，公司于同年宣告破产。
[3] 杰弗里·斯基林（Jeffrey Skilling），前安然公司首席执行官。2006 年，斯基林被判处 24 年监禁。

的激励因素，但若伴随着过度的杠杆效应、暗箱操作以及会计在账目上作假，就要小心了。

二　贪婪①

所有市场在一定程度上不都是基于贪婪的吗？或许吧。但在有些市场中，贪婪所致的结果比其他市场更残酷。

菲律宾的绑架者在释放从富裕家庭绑架的儿童之前，会要求该家庭提供另外两名可供绑架的对象的姓名，以及相关家庭的净资产估值。据估计，在哥伦比亚，绑架是一项价值2亿美元的（免税）产业。直到最近，哥伦比亚的安保程度提高之前，理赔额度为100万美元的哥伦比亚儿童绑架保险费用为每年2万至2.5万美元。许多人和公司因担心当地的绑匪把不到100万的赎金当成一个笑话，所以购买了赔偿金额高得多的保险。

据估计，由安全顾问处理的绑架事件的死亡率约为2%。当受害者无法缴纳赎金而只能寄望于救援时，最可能性命不保；当绑架案由绑匪和警方勾结实施时，受害者则最有可能获释，因为这样可以最大限度地减少受害者家属和绑匪之间的误会，确保所有人的意见都能达成一致；而当绑匪是当地武装革命者时，受害者可能会遭遇最长时间的囚禁。

在墨西哥，绑匪和保险公司沆瀣一气，双方会进行沟通以进行利益输送。既然双方有着长期的生意来往，彼此狼狈为奸，那么就不需要送去一只被切掉的耳朵来证实绑架的事实了。不出

---

① 贪婪，拉丁文为 Avaritia。

所料，大多数绑匪都喜欢绑架有保险的人。如此一来，交易会进行得更顺畅，每个人的行为也更"专业"，至少都是可预见的，而这就是激励他们更想实施绑架的原因（顺便说一下，也有"流氓"绑匪，他们行为恶劣，破坏了所有人的市场）。从本质上来讲，是保险公司替绑匪就可信度给出了承诺——保险公司可以证实，绑匪一定会用活着的人质换取赎金，从而才有了完成交易的可能。对绑匪来说，保险公司有点像北美商业改进局（Better Business Bureau），因为它们不会随便向不懂规矩的流氓绑匪付钱。它们将绑架行为"规则化"了，但与此同时也使得绑架案更有可能发生，从而带来更多罪恶。

有时候，贪婪的人把所有时间都花在了追求金钱上，几乎放弃了所有的其他追求。我们都希望有一个"钻石（Diamond）"市场，但谁会想得到还存在一个"站石（Dimond）"市场呢？精明的套利者会在易贝上搜索那些因拼写错误而放错类别的商品。① 所以，要是卖家在写商品描述时犯了错，那买家可就捡漏了。某个买家通过搜索"Hubell"和"Hubbel"牌电线，以 1/10 的价格购买了真正的"合宝（Hubbell）牌"电线。这个人还通过搜索"Compacts"牌电脑，买到了康柏（Compaq）牌电脑。

有人报告说，在购物网站上搜索了一小时，就能找到几十个有拼写错误的商品。有个卖家想出售一种枝形吊灯（chandelier），

---

① 在易贝上，商品的出价者越多，拍价就会越高。某些商品的名称或描述存在拼写错误，所以用正确的拼写搜索时很难搜到它们，以至这些产品少有人甚至无人出价，找到这些漏洞的精明买家最后就能以低价买入这些产品。

但不知道怎么拼写，就在网上搜了搜，最终以为 "chandaleer" 是正确的拼写方法（大约在 2007 年，我找到了 2850 个使用这一错误拼写的商品）。该条目排在搜索结果的前列，有些精明的买家因此捡了便宜。

现在有的网站专门致力于在易贝上查找并且公布拼写错误。这种服务很有用，但也会让贪婪者们获利。

三　色欲①

在墨西哥城，有数百名六七十岁甚至 80 岁的性工作者；报告中提到的最大年龄是 85 岁。一位女性从业者声称："旧衣胜新颜。"进行一次性交易的价格通常是 5 美元，甚至会更低。只要存在满足各种需求的"市场"，色欲的市场必是其中之一。

一家俄罗斯公司能为通奸者提供不在场证明，最低只需要 34 美元。有时候，人们可能会因为某些目的想避开自己的另一半。一项名为遮音（Sounder Cover）的服务可以让其用户为通话添加背景音效，给人一种身在别处，并非正与情人密会的印象。这项服务中的音效可以模仿交通和建筑工地的噪音，还能模仿马戏团或者牙医钻头的声音。

名人、运动员以及其他一些人可以为临时性伴侣购买同意书，以证明对方同意发生性行为，从而避免自己随后被指控强奸或者性骚扰的情况发生。为保护避孕套公司（Protect Condoms, Inc.）起草"性前协议"的律师埃文·斯宾塞（Evan Spencer）说：

---

① 色欲，拉丁文为 Luxuria。

"这其实是为你的陌生性伴侣准备的。"这家公司的总裁透露，他们以 7.99 美元的单价迅速卖出了 4000 多份同意书。每份同意书还附有两个避孕套。这看上去很有用，但实际上可能只会让人们更容易犯错。当遭遇尾行者性侵，或是在感情受挫或婚姻破裂的情况下，这项服务就可能会导致受害者的权益被侵犯。

色欲往往与酗酒形影不离。我们都知道，有些人总会在不恰当的时候打来电话，尤其是在喝醉的情况下。维珍移动美国公司[1] 一项有 409 人参加的调查表明，95% 的受访者都在喝醉后打过电话，大部分打给了前任伴侣（占 30%），19% 的人打给了现任伴侣，还有 36% 的人打给了其他人，包括他们的老板。有 55% 的人会在第二天早上翻看手机，看自己都给谁打过电话，也有人在清醒之后会马上看看睡在身旁的人是谁。

为了缓解"酒后胡乱拨打电话"的问题，澳大利亚的一家电话公司会为顾客提供"黑名单"，顾客可以在外出喝酒前选好要屏蔽的号码。在日本，有人出售一种带酒精监测仪的手机，用来检测你是可以开车回家，还是该打电话叫车。如果一名公交司机没有通过这项检测，那么他的位置就会立即被全球定位系统（GPS）发送给他的老板。

四　嫉妒[2]

很多购买行为——从买一辆奔驰汽车到买一个 5000 美元的

---

[1]　维珍移动美国公司（Virgin Mobile USA）是一家移动虚拟运营商（Mobile Virtual Network Operator），成立于 2001 年，于 2020 年停止运营。

[2]　嫉妒，拉丁文是 Invidia。

钱包——都是因嫉妒而产生的,并且常常是针对我们的同龄人或者邻居的。我的那些教授同事会因为加薪的机会落到了其他人的头上而感到不爽,但他们似乎并不会嫉妒比尔·盖茨或文莱苏丹的财富。

广告经常试图说服我们,如果购买了某种产品,就能让我们的邻居感到嫉妒。两名新泽西的创业者创建了一家名为派对伙伴(Party Buddys)的公司,承诺会"让普通人度过一个棒呆了的夜晚"。他们提供的可不是一场经济学讲座或者一次布道,也不是如何有效帮助穷人的建议,而是一份特别的"派对伙伴"指南,能让你在"满心嫉妒的围观群众"前大摇大摆地走过去,你可以乘坐豪华的加长轿车,还能在曼哈顿6家时尚的夜总会享受特别待遇,包括免费饮料。一晚的费用最低为每人350美元,最高每人1200美元。私人保镖每小时要额外收取45美元的费用。

这家公司的管理层认为,他们至少有60%的业务都来自那些经常来纽约,却从未去过城中的夜总会的中年职场人士。这一夜的奇异冒险会让这些好面子的顾客觉得自己就是在电视上看到那些"潇洒人士"之一。当然了,纽约本地人会觉得这一点都不潇洒。

一份来自印度的报告称,印度有专门出租婚礼宾客的公司,这样婚礼和派对就不会显得空荡荡的。"客人"既可以穿传统的印度服装,也可以穿西服,这取决于顾客的要求。"客人"要按要求在婚礼和派对上跳舞、闲聊,还要表现出对新婚夫妇有所了解的样子,不能让别人知道他们是被雇来的。这家公司的所有者赛义德（Syed）在接收报纸采访时说："大家族的破裂以及亲戚之间的疏远同样促生了人们对付费宾客的需求。"无独有偶，位于拉贾斯坦邦①焦特布尔（Jodhpur）的同类型公司"最佳客人中心"（The Best Guests Centre）也正在力求扩张。

萝卜白菜，各有所爱。有的人喜欢花钱让婚礼变得热闹，而我会花钱让一些人离我的婚礼远一点。

五 贪食②

你一定注意到了，我喜欢美食。

世界吃烤奶酪锦标赛（The World Grilled Cheese Eating Championship）为能在10分钟内吃下最多烤奶酪三明治的选手提供了3500美元的奖金。体重约47公斤的韩裔美国人索尼娅·托马斯（Sonya Thomas，江湖绰号"黑寡妇"）以23个获胜。在长达302页的关于竞赛性饮食的书籍《食道骑士》中，贾森·法戈内③用"暴力"和"攻击性"来描述参赛者的进食方式。他指出，索尼娅没有"个人标志性的进食风格"，因为"她知道那样会放慢进食的速度"。作为世界上首屈一指的竞技性快速进食选手，索尼娅每天要在跑步机上运动两个小时。她每天只吃一顿饭，但这一餐相当丰盛，她要花好几个小时才能吃完。她曾在汉堡王工

---

① 拉贾斯坦邦（State of Rajasthan）是印度北部的一个邦。它是印度面积最大的邦，首府为斋浦尔（Jaipur），人口约6800万。焦特布尔位于拉贾斯坦邦的中部。
② 贪食，拉丁文为 Gula。
③ 贾森·法戈内（Jason Fagone），美国记者，《食道骑士》（*Horsemen of the Esophagus*）是他于2006年出版的作品，主题是竞赛性饮食运动以及美国人超大的胃口。

作，希望将来有一天能拥有一家快餐店。

对我来说这听起来很傻，但我不顾肠胃不适乃至更糟的风险，在墨西哥寻找最美味的街边小吃，这种做法又有多少人会赞同呢？

六 暴怒[①]

我们几乎每天都能在新闻中看到关于谋杀、武器销售以及恐怖主义杀戮的市场。停止或者缓解暴怒是我们在这个世界上面临的最困难的问题之一。关于这一点，人们已经说得够多了，所以我们就在此略过吧。

七 懒惰[②]

懒惰一直都是一种罪过吗？可能不是的。拥有一些闲暇时光对我们不无裨益，也很有趣。但是，这安分的第七项罪孽也可以被带向一种极端。

今天，有钱人几乎所有事都可以雇人来做。其中许多任务是合理的——难道资本主义不需要分工吗？——但大卫·贝克汉姆（David Beckham）和他的妻子雇了个1000英镑一天的管家，只为打开他们的圣诞礼物。查尔斯王子两岁时就有了一名全职贴身男仆，并且至今仍然会让他的管家为他挤牙膏。

有些人购买软件来替自己玩在线游戏。玩游戏为什么要这么

---

① 暴怒，拉丁文为Ira。
② 懒惰，拉丁文是Acedia。

费事呢？因为如果"你"玩过了这款游戏，就能获得特定的徽章，并会在某些网络群体中获得声望。

在一些豪华酒店中，按摩师可以被直接叫到高尔夫球场给客户服务。有的丽思卡尔顿酒店①会为客人提供一项服务，使客人能与携带手持无线设备的管家一直通过电子邮件保持联系。

这些服务听起来可能没那么糟糕。它们也许使人们的工作效率更高，也许只是在暗示这个人举足轻重，但也可能是客户缺乏良好判断力的信号。

当然，七宗罪并不是唯一的罪孽清单。现代世界出现了新的、更诱人的犯罪方式，然后被大肆传播。借鉴古希腊以及古罗马——而非基督教——的道德准则，我们发现了克服怯懦的市场。想让自己变得坚毅或硬汉一点吗？一家叫 BSR 的公司可以提供为期两天的反恐驾驶课程，授课内容包括对敌方的监视技术以及 180° 急速转弯的驾驶特技，他们还提供礼品券。

在亚利桑那州，有一个为期三天的反恐训练营，教授刺探敌情的技能和战术手枪的使用技术，费用仅为 3800 美元。他们还提供一门关于俄罗斯格斗术的特别课程，并称在上课期间，"如果你确实在酒店里待了一段时间，那也不会是什么五星酒店"。这种"西斯特玛（Systema）"自卫术据说来源于俄国的哥萨克

---

① 丽思卡尔顿酒店管理集团（The Ritz-Carlton Hotel）是美国的一家跨国公司，主要经营高级连锁酒店。

人①，它几乎能让你从任何位置进行攻击。他们的驾驶课程包括卡车越野竞速赛。

当然，不是每个人都是痞子或者硬汉。我们中有很多人生活在恐惧中，也存在迎合这种性格的人的市场。

有时候，我们害怕面对自己曾经爱过，甚至可能仍然在爱着的人。在创立于 2002 年的分手服务网（www.breakupservice.com）上，人们可以写一封分手信，来结束自己的感情。如果觉得一封信过于不近人情，一项被称为"咨询电话"的 15 分钟分手电话服务会是更好的选择。许多人接到这通电话的第一反应是以为这是个玩笑，但用这项服务创始人的话说，一旦他们打消了这种印象，就会发现这是"一次学习的经历"。他还谈道："他们之前已经隐约意识到自己的感情出现了问题，现在终于得到了真正的答案，所以如释重负。而我们试图帮助他们把分手作为一个新的开始。"

这个网站收到过这样一封感谢信：

> 我遇到了一个我以为很可爱的女孩。约会过几次之后，我意识到她完全是个神经病。她不接受任何我给出的不想和她在一起的暗示。但分手服务网的一通电话和一封信让我摆脱了她。从那以后，我再也没有听到过她的消息了。谢谢！
>
> 查理·M.（Charlie M.）

---

① 哥萨克人（Cossacks）是起源于东欧大草原的游牧民族。

同一类型的另一家公司还提供家具及宠物索要服务，费用高达 400 美元。

现在，已经关闭的女士情书网（ladylovewriter.com）及它的镜像网站——面向男性客户的情书网（lovewriter.com），曾经提供为客户撰写"温柔的分手信"的服务。分手信的写手会在电话中与客户交谈，并通过电子邮件向客户发送一封合适的分手信，随后客户自己抄一遍，或者只是复制粘贴一下，再寄出去。

委托他人写分手信的客户需要回答 8 个问题来明确他们要表达哪些内容，并确定分手信的风格——是轻松随意的、直接但发自内心的，还是超级浪漫的？这项服务的创始人埃丽卡·克莱因（Erica Klein）说："我们善于关怀和同情。"

活埋恐惧症（taphephobia 或 taphophobia，哪种拼写方式都可以）是指患者有对被活埋的恐惧。智利的一家公墓可以提供一项服务——在棺材中安装警报器，价格仅为 462 美元。1995 年，有公司推出了一种价值 5000 美元的意大利棺材，里面有一个紧急信号呼叫器，以及一个可以联通外界的双向麦克风/扬声器。棺材附带的生存工具包里有一支火把、一个氧气罐以及一个心脏起搏器——不要问我在棺材里谁来使用这个起搏器。

还有一些市场迎合了许多极端的虚荣心——这是另一种经典的罪孽。例如，我们可以为宠物购买睾丸植入物。显然，一些宠物的主人觉得他们的狗在进行节育手术后已经失去了雄性气概或者那种令人生畏的气势。到目前为止，至少有 5 万人购买了这种产品。

在满足虚荣心这一点上，更有甚者是这么做的：

珍妮特·亚伯勒（Jeanette Yarborough）想在结婚17周年的纪念日为丈夫做点特别的事。除了在酒店度过周末之外，亚伯勒还支付了5000美元给外科医生以重塑处女膜，使自己"重新成为处女"。

亚伯勒女士说："这是给一个拥有了一切的男人的终极礼物。"

据报道，这种手术是整形外科行业增长最快的领域之一，而且，是的，这就发生在美国。美国人的文化并不擅长限制或约束虚荣心。

因为经济和法律的限制，市场永远不会涵盖或提供所有的选择。经济学家提到了"交易成本"和"固定成本"。这些限制大部分都会随着时间的推移而有所减弱，因此我们看到了市场的不断激增，包括前文提到的那些内容。这给我们的自控能力带来了更大的负担。

交易成本反映了撮合买家和卖家并让他们就条款达成一致的难度。比如说，我始终在找《坎帕拉之声》（*The Kampala Sound*）的复刻唱片，这是20世纪60年代乌干达顶级歌曲的合集。我在网上找不到，这张唱片的发行公司原创音乐（Original Music）也声称没有库存了。但是，找到卖家可能只是时间问题。互联网正在使交易成本越来越低。联邦快递、传真机、信用机构、易贝的买家评级，以及更便宜的航空旅行，都在使交易和运输变得更加容易。

有时交易双方很容易通过既定渠道走到一起。以每平方米约 40 美元的价格，人们可以买到中央公园风景无遮挡的"上空权"。这意味着没人可以在此修建会遮挡风景的建筑。交易由曼哈顿专业的房地产经纪人经手。

相比之下，想要购买女性胸部绘画作品（注意：不是有女性胸部的画作，而是以胸部为工具画的画）的男人必须在主流市场之外进行交易。以胸作画的想法始于互联网，这让小众买家能够与愿意交易但位置分散的艺术供应商取得了联系。现在这种交易现在因为交易成本的下降而有了可能性。

一些当前最新、最具创新性的市场存在于网络游戏中。在这些"虚构世界"中，人们可以购买、出售、租赁、拥有财产，甚至可以偷窃。奖励取决于玩家的表现，而游戏中的奖品可以转换成现实中的金钱。据估计，将所有的虚拟经济体加在一起，约有 1000 万参与者，其价值约等于波斯尼亚和黑塞哥维那[①]的经济规模。而 10 年前，这些游戏都还不存在。

和交易成本相比，"固定成本"的概念——市场的另一种限制——更难以定义，但我们都能通过内心的经济学家直观地理解它。固定成本是我们在内布拉斯加州[②]的乡下很少看到简易而古怪的波希米亚风格书店的原因。那里没有足够的买家来支撑书店

---

① 波斯尼亚和黑塞哥维那（Bosnia and Herzegovina）是一个位于欧洲东南部的温带国家。
② 内布拉斯加州（State of Nebraska）位于美国的中西部。

基本的运营费用。但与交易成本一样，固定成本也会迅速下降，其原因和固定成本下降的很多原因相同。

尽管现在比以往任何时候都更有可能出现多样化的市场，但我们的立法者已经决定，不应该让所有事物都市场化。法律限制了针对摇头丸、性交易、肾脏移植、赌博，以及许多所谓癌症治疗方法的自愿性质的交易。在美国很难找到最好的未经高温消毒的法国奶酪，因为美国食品药品监督管理局①认为它们对人身体有害。

当然，无论法律支持与否，很多这样的市场都在运行着。在美国，性工作者可以在黄页上自由地刊登广告，只要邻居不抱怨，警察通常就不管（如果顾客能找到这些性工作者，警察肯定也能找到）。如果你想排在肾脏移植名单的最前列，捐一大笔钱给医院就行了。

在美国实行禁酒令期间，葡萄汁的包装上常常有如下标签：

注意：可能会发酵成酒精。

彼时，葡萄的产量急剧增加。

许多市场的出现旨在帮助人们规避或绕过法律法规。一位英国企业家在出售可以向汽车牌照喷射泥巴的喷壶。表面上看，这样做是为了让买家的车"看起来很硬汉"，但实际上是为了让警方的摄像头无法记录车牌号。泥浆来自什罗普郡②，其中有秘密

---

① 美国食品药品监督管理局（The United States Food and Drug Administration）是美国卫生与公众服务部（United States Department of Health and Human Services）下属的一个联邦机构，主要职能为对美国国内生产的以及进口的食品和药品进行监督和管理。

② 什罗普郡（Shropshire）是位于英国西南部的一个郡。

的成分，可以使它在车牌上粘得更久。

这些成本当然不是阻碍交易的唯一障碍，甚至不是主要障碍；正如我在前几章中提到的，有时人们会对一切皆由市场交易的想法感到愤怒。

有时候我们会对针对某些权利和特权的交易感到不安，甚至会在道德上感到愤怒。哈佛商学院教授费利克斯·奥伯霍尔泽-吉①进行了一些实地实验，以探讨有没有为排队开发出一个市场的可能。

一些经济学家可能会认为，人们会自然而然地想购买队列中的位置。因为有些人比别人更不愿意排队。其中的一些人只是缺乏耐心，而有些时候我们希望避免排队，是要避免错过航班或者重要的约会。如果飞机15分钟后就要起飞，而此时机场的安检队伍很长，我们就会忍不住跑到队伍最前面，尖叫着求援，也许还会挥舞着几美元钞票。然而事实证明，要在队列中买到一个更好的位置是非常困难的。

奥伯霍尔泽-吉和一组实验人员将钱装满口袋，然后出发了。他们来到一支很长的队伍前，如果他们能插队站在其他人前面，那么同意让他们插队的人就会得到最高10美元的现金奖励。

事实证明，提供的奖励越高，研究人员越有可能被允许插队。但大多数人都没有接受这笔钱。人们把高额的奖励看作一种绝望的信号，因此为插队者感到抱歉，所以让他免费插队（实验表明，

---

① 费利克斯·奥伯霍尔泽-吉（Felix Oberholzer-Gee），美国哈佛大学商学院教授，其从瑞士苏黎世大学（Universität Zürich）获得经济学博士学位。

学生和女性更有可能会接受现金，男性则更可能"大度行事"）。因此，人们并不会将最初的排队顺序视作神圣不可侵犯之物，但大多数人认为，花钱插队是不对的。人们愿意帮助有需要的人，但不希望从这种援助中获利。

也就是说，排队者的慷慨是有限度的。当第二名实验者——这次是教授本人，而不是他的助手——试图花钱让自己插队时，在队伍中等待的人变得不高兴起来。即使是那些之前允许他人花钱插队的人，在第二次遇到这种情况时也不同意了。有一些人则更进一步地质疑研究人员排在队伍前列的意图。在这种情况下，事实上，这位教授已经开始打退堂鼓了，以免被殴打、推挤，或者受到其他伤害。当人们觉得自己的慷慨之心被人利用时，不管是否会收到金钱，他们都不会再允许他人继续利用这种慷慨。

为了搞清楚哪些活动最能让我们快乐，诺贝尔奖得主丹尼尔·卡尼曼[①]领导了一项基于日记的研究。事实证明，性行为以及与朋友（不是配偶，除非我们发生性行为）共度时光是我们最喜欢和最享受的事。而在让我们感到即时的快乐的事物方面，孩子的排名并不高，尽管按理说他们会给我们的生活带来长期的满足感。

[①] 丹尼尔·卡尼曼（Daniel Kahneman），以色列裔美国心理学家、经济学家。美国普林斯顿大学心理学教授，于 2002 年获得诺贝尔经济学奖。

经济学家大卫·布兰奇福劳[①]以及安德鲁·奥斯瓦尔德[②]进行的研究，同样也支持性行为与幸福感之间存在联系的观点。一项针对16 000名美国成年人进行的随机抽样调查发现，"性行为与幸福感有很强的正相关性"。

顺便说一下，这篇论文还阐述了其他有趣的结果。更高的收入既不能导致人们有更多的性行为，也不会带来更多的性伴侣。一般来说，美国人在一个月内有两三次性行为。平均而言，已婚人士有更多的性生活。如果一个人受过高等教育，那么其性行为与幸福感的关系更为密切。在进行这项研究的前一年里，感到最幸福的那些人只有一个性伴侣。受教育会降低女性的性伴侣数量。同性间的性行为对幸福感没有统计学上的显著影响。

如果性行为比其他行为更会让我们兴致勃勃，那为什么我们不多做一些云雨之事呢？为什么我们还要看那么多电视，或者在地下室里无所事事，而不是享受更多男欢女爱呢？

经济学家习惯于从交换—获益中寻找原因。也许潜在的伴侣现在对你还不感兴趣，但是，嘿，这不正是交换的意义吗？尽管如此，对于为什么人们没有更多的性生活，我还是能想出一些可能的解释——有些比较牵强，有些则更加合理：

1. 长期的"过度性开放"会损耗一个人诚信和控制力。

[①] 大卫·布兰奇福劳（David Blanchflower），英裔美国经济学家，美国达特茅斯学院（Dartmouth College）经济学教授。布兰奇福劳于1985年获得英国伦敦大学玛丽王后学院（Queen Mary University of London）博士学位。
[②] 安德鲁·奥斯瓦尔德（Andrew Oswald），英国华威大学（University of Warwick）经济学与行为科学教授。

2. 当我们有了足够多的性行为后，性行为越多，它提供的幸福感就越少（用经济学术语来说就是：性行为的平均效用很高，但边际效用正在迅速减少）。好吧，对于某个特定的晚上，这种说法可能是正确的，但是美国人平均每月只有两三晚会发生性行为。

3. 弗洛伊德是对的，我们的欲望被压抑了。人的意愿不是单一的，你处于克制中的那一部分自我并不太在乎幸福感。许多进化心理学理论对此给出了类似的预测。

4. 当我们为了"缩小边际效用之间的差距"而发生性行为时，它就不再是一种享受了。性行为需要自发性，这是它和传统的消费者经济模型不一样的特性。想象一下和你女朋友说你有一种强烈的欲望要"让你的边际替代率相等"——一位数理经济学家可能会这么说。

5. 对人们来说，性行为并不像研究显示的那么有趣。也许人们在性生活的质量上撒谎了，或者只记住了那些比较好的体验。

6. 人们希望性生活是生活里的一连串高峰，而非借它寻求人生中一次最极致的快乐。托马斯·谢林[①]曾经告诉我，他并不总会听巴赫的音乐，尽管他很想这样做。因为谢林想把它当作生活里一项特殊的体验。

7. 用于获得更多性行为的市场，出清价格是大于零的。

[①] 托马斯·谢林（Thomas Schelling），美国经济学家，于1951年获得美国哈佛大学经济学博士学位，于2005年荣获诺贝尔经济学奖。

总的来说，男人比女人更期望获得性行为，而很多女人在选择伴侣时更加挑剔。因此，许多男性是在或隐或显地竞拍数量较少的女性。然而，人们会因为太过直白地付钱或收钱而感到羞耻。因此，我们会把时间花在竞争社会地位上，而不仅仅是力图换取更多的性行为。我们甚至在有了固定的伴侣后也会保持这种倾向。

8.夫妻在吵架时以及吵完架之后，经常"坚持己见"。我们的某些固执之举其实是为了威慑对方及开创先例。我们会发现，如果太容易屈服，下次就很难赢得一个利于自己的结果。这种情况就导致双方都会固执己见，都过分地自以为是，从而减少了性生活。

无论赞成以上的哪种解释，我们都可以发现，实验证明，性交换并不是那么简单的事情。我们的确喜欢（某些种类的）性行为，但不会只是为了获得这些性行为而进行交易。

万事皆可交易的教训是显而易见的。与过去相比，交易成本、固定成本以及法律对我们行为的约束已经不那么重要了。然而，我们不应该什么交易都做。即使是在性的问题上也是如此。有时候，面对交易，我们内心的经济学家应该说不。

我是个人责任伦理的坚定信徒，所以我认为，我们不能也不应依靠法律来防止我们犯下道德错误。在生活的许多方面，如果人们想要让人生有意义，或是想要保持美德，就得有选择犯错的自由，基于这种自由，选择不去犯错，美德和意义之说才是有价值的。专断的法律往往不能被充分地执行，或者往往会导致有害且对维护道德适得其反的黑市出现。

无论市场提供何种选择，社会监管都必须从理性审慎的自我层面开始。

我听说过很多鼓励人们进行自我控制的技巧。这些技巧中有很多都利用了市场之便，尤其是预防性设备市场，在这一点上颇为典型。

有一种口腔节食系统（Dental Diet System）装置，它就像一个小型的保持器，每次吃饭之前，把它放进嘴里，它便会填满口腔上部的大部分空间，从而迫使你吃得更慢，咬得更小口。它由亚特兰大的科学摄入公司（Scientific Intake）销售，并应在牙医的监督下使用。这一产品的制造者声称，它对说话的影响是"轻微的"，而对你钱包的影响是 400 美元至 500 美元。这种装置最初是模仿一种叫腭隆凸（Torus Palatinus）的疾病而设计的——病患的上颚中央会长出一块隆起的骨头。一名女性称，这种病阻碍了她进食，使她终生保持苗条。于是，一项新的专利以及一种新产品就此诞生了。这家公司承认，如果饮用奶昔和其他高热量饮料，产品的减肥功能就会失效。

还有一些产品的噱头来自数字文化。例如，对看色情作品上瘾的人可以下载被称为 X3 的免费"问责软件"。安装之后，软件每 14 天都会向选定的（一个或多个）收件人发送一封电子邮件，上面会列出使用者的电脑访问过的所有网站。

市场上充斥着很多的创意，但这些技巧大多数都效用短暂或适得其反。我们会相信这些噱头，而不是去建立更健康的生活方式，寻求更好的决策方法。技术，或者说技巧，分散了我们的注意力，导致我们无法强化自己的意志。把瑞士莲（Lindt）黑巧克力藏起来不会对减肥有任何效果，事实上，这只会让我们更想吃它了。

下面是3条关于自我控制的建议：

首先，要培养一个健康的自我形象，并要建立起一套关于"我是谁"以及"为什么对于社会作出贡献很重要"的有力陈述，以此进行自我控制，而不是要屈服于每一个诱惑。在前面的章节中，我阐述了有危险性及必要性的自我欺骗的艺术，在那一章，我对自我叙述进行了更详尽的探讨，接下来，在关于拯救世界的章节中，我还会探讨这一点。简而言之，我们要为帮助世界开发一个有建设性的替代方案，并说服自己它很重要——谁知道呢，也许真的很重要。

其次，训练自己利用更好、更健康的市场，这样的市场有很多。忘了想象中的女友、俄罗斯公司的通奸不在场证明，还有墨西哥的性工作者吧。走出门去，寻找一些甜蜜而老派的浪漫关系。

是的，美德本身就是一种回报，但是美德也应该是一种乐趣。走出门去，利用市场让坚守美德变得有趣。例如，为你和你的家人买一所漂亮的房子。

第三个教训是最简单的，也是最基本的——不要对每件事都说"好"。不要利用每一个看起来有趣或令人兴奋的市场。判断什么对你来说是真正重要的东西，然后采取行动，锻炼自我控制的能力。

如果你真的作出了错误的决定,那你可能会想要转而投身于一个新的市场。在南京,对从前之事追悔莫及的人可以去一个叫"哭吧"的地方。这里有一张沙发、几张桌子,还有很多纸巾。顾客坐在这里哭一小时的价格是 50 元。店主罗俊称,他从以前那些酒吧的顾客身上获得了启发——那些顾客想哭,但又找不到哭的地方——于是他想到了这个主意。通过在社交层面使愁绪的表达获得尊重,并确实使这些愁绪得到期待,哭吧解决了那些顾客的问题。

我希望不会在那里见到你。

第 9 章

如何拯救世界
——圣诞礼物不管用

09

长久以来，人们都认为，如果想要拯救世界，你必须将一生奉献于寻求某种新的方法。你可能正在寻找治疗癌症之途，或是生产廉价的清洁能源之法。我们大多数人即使在工作结束后，也会想行善积德，做一些利他而无私的事情。我们想要给予。

然而，人们常常认为经济学家是狭隘而自私的。事实上，我们不能否认，研究经济学会使人堕落。许多如国内生产总值这样的关键经济概念，都是用货币来衡量的。大多数经济学研究都基于消费者"最大化效用"和企业"最大化利润"这两个概念。还有什么比这听起来更没有慈悲心吗？

经济学家乔尔·沃尔德福格尔[1]撰写了一篇论文，他估算了

1　乔尔·沃尔德福格尔（Joel Waldfogel），美国经济学家。

圣诞节礼物带来的"无谓损失",并昭然批评了这一事实。我们真的想要那些新的餐具吗?据其计算,美国经济每年因圣诞节送礼而损失约40亿美元。因此,那些不是经济学教授的人可能会有这样的印象:这些沉闷的科学家反对过节。

来自实验室的数据支持了人们对经济学家的自私加以讽刺的正确性。康奈尔大学的研究员罗伯特·弗兰克[①]让经济学专业的学生玩各种游戏从而获得金钱奖励,奖励的大小取决于他们在多大程度上愿意以牺牲竞争对手为代价采取非合作策略。在这些游戏中,和对照组中没有学过经济学的实验对象相比,学习过经济学的实验对象表现得更自私,更不合作。此外,某位学生在学习经济学后,表现得比之前更加自私。也许有些学生认为他们就该这样玩这些游戏,以便在老师面前有好的表现。

出现这样的现象,其部分责任在于经济学家。经济学的科学性(或者我该说艺术性?)经常被用于实现自私的目的。丹尼斯·霍尔姆·罗伯逊[②]在1954年问道:"经济学家到底节约了什么?"他的结论是,经济学家节约的是爱。但很少有经济学家注意到这种观点。和研究爱相比,研究自私的行为更容易,因为它更易于识别,更易于衡量,也更易于收取咨询费。

慈善行为在发达经济体中是一个有待研究的部分。2005年,美国人向公益和慈善组织捐款超过2600亿美元,超过了美国整体经济规模的2%。这一数字不包括从美国汇往其他国家的284

---

① 罗伯特·弗兰克(Robert Frank),美国经济学家。
② 丹尼斯·霍尔姆·罗伯逊(Dennis Holme Robertson),英国经济学家。

亿美元；也不包括志愿服务，或者我们在街上随机进行的慈善活动——这两者都不会出现在我们的纳税申报单上。

以人均为计，挪威和丹麦提供的政府对外援助是最多的。挪威人最有可能为慈善活动奉献出他们的时间——这里有52%的成年人以某种方式做志愿者，这一比例颇为惊人；英国紧随其后，这一人群的比例为30%。如果你想知道的话——在所有参与统计的国家中，墨西哥以0.1%的志愿服务率排在最后。

假设我们想为世界做点好事。我们内心的经济学家如何帮助我们成为更好的利他主义者呢？我会一次选取一个角度来思考这个问题，但一些常见的主题会重复出现。为了得到比较好的结果，我们必须问清楚什么是真正稀缺的东西，问清楚捐助者和受援者双方会对激励措施有何种反应。我们必须正视自己真正的动机，把为世界做好事和让自己感觉更好区分开来。

假设我们有一些钱可以捐赠，却没有时间管理任何的慈善项目，只是想把钱送出去就完事了。那么，这些钱我们应该捐给谁呢？

我2004年第一次访问印度时就面临着这种困境。我去过大约70个国家，包括5次海地之旅、1次西非之旅，还有十几次墨西哥乡村之旅。所以我对贫困并不陌生。

然而，印度的贫困程度还是让我猝不及防。这里有数百万人极度贫困。与非洲大部分地区不同的是，这里非常拥挤。空气中混杂着燃烧的木炭、腐烂的垃圾、人类尿液以及粪便的气味。

尽管人们（有理由）谈论印度的崛起，但是那里大部分地区的技术水平仍处于中世纪，却如现代都市般拥挤不堪。非机械化农业仍然是这里主要的经济领域。我有没有提过在印度开一家小公司平均需要 89 天才能获得相关的许可证及法律许可？这些麻烦的成本大约是印度人均年收入的一半。

起初我不明白为什么印度的这么多街道——甚至是没有商店或景点的街道——都挤满了人。后来我很快意识到，那些人就住在街上。如果我们没看到他们的个人财产，很可能是因为他们根本没有什么财产。

就贫困和拥挤的地方而言，加尔各答是我所遇到过的最极端的案例。印度近期的繁荣出现在加尔各答的时间要比印度的其他地区更晚。这里似乎也有着更发达的"乞讨文化"，也许是因为它是英属印度的第一个首都。与孟买等地相比，加尔各答的穷人纠缠乞讨"目标"的时间更长。我走在酒店前的大街上，一分钟之内就会被乞讨的人纠缠十几次。

在这里，六七岁的孩子会用他们学过的几个英语单词要钱；瘸子躺在人行道上，挥舞着残肢乞求同情。即使他们无法更加积极主动地乞讨，也会拿着一块被小心地做好的牌子，上面字迹潦草地写着乞讨标语。母亲们会抱着襁褓中的婴儿走过来乞讨。每次我的出租车停下时，就会有这样的人靠近车窗。

但是我们应该给乞丐钱吗？不给任何东西似乎很无情，毕竟我们所拥有的是这么多，而他们所拥有的是这么少。我们看得出来，这些人在挨饿，而这里的扁豆和大米很便宜，不到 1 美元就能让他们吃上好几天。给这些人钱的时候，我们甚至意识不到这1美元已经花出去了。对我们大多数人来说，这不是我们花在甜筒冰激凌或 iTunes 里一首歌上的 1 美元，只是个可以四舍五入的零头。如果你不这么认为，那么请告诉我你口袋里或者家里有多少钱？你的活期存款账户里又有多少钱？和这些钱相比，1 美元又算得了什么呢？

在谈到乞丐时，许多宗教先知都建议我们施舍。但是另一方面，我经常听到导游（还有我的母亲）说，我们不应该给乞丐钱，因为"这只会鼓励他们乞讨"。这个论点有一定的道理，但并不能真正解决问题。我们鼓励他们去乞讨又能怎么样呢？乞讨——并得到一些施舍——难道不是比饿死好吗？难道不应该让饥饿的人得到一些钱吗？

为了解决这个难题，经济学家提出了一个尖锐的问题：乞丐要付出多大的努力才能得到你的钱？在加尔各答，答案很简单。相对于所得到的施舍而言，这些乞丐乞讨得相当卖力。他们会占据街角的有利位置，保护这个位置不被其他乞丐侵占，努力学习一些英语，追赶刚刚停下的出租车，绘制乞讨的标语，等等。不出意外的话，成为乞丐会使很多人无法住在城市中健康干净的地区，或者会使他们远离有更便宜的食物的地方。

向乞丐施舍的问题在于这种方式会鼓励他们唯利是图。譬如说，在加尔各答的某个街角，乞丐每年乞讨的收入约为 100 美元。一个乞丐要想长期霸占那个街角有多难？这个问题很难精确地回答，但是我们很容易看到，一个乞丐可能不得不投入高达 100

美元的成本来获得并长期占据那个角落，特别是当其他乞丐也觊觎这个位置的时候。因此，如果游客给了乞丐 100 美元，而乞丐花了 100 美元来占领这个位置，那么乞丐的净收益为零。

还有更糟糕的现象。长久以来，有传言说，许多印度乞丐会为了博取同情而给自己截肢，或者诱发坏疽，从而赚到更多的钱。这样的说法很难证实，但最近有人针对几名印度医生设置了一个"圈套"。调查人员装扮成乞丐去看医生，要求截肢，随后他们用摄像头拍到有 3 名外科医生同意进行这样的手术。给一条小腿截肢约要 1 万卢比，约为 215 美元。一位医生甚至还询问调查人员是否愿意截掉左手的 3 根手指。据说一些医生知道如何缝合四肢的血管，使其因产生坏疽而变得面目全非。

当然，大多数乞丐不会这样做。但即便一个乞丐投入 50 美元的努力来赚取 100 美元，即净收益有 50 美元，应该也有更好的投资方法。

事实上，我们给乞丐的越多，乞丐就越会努力乞讨。这就导致了经济学家（尴尬地）所说的"租金枯竭"，即限制了捐赠所创造的净价值。

我们还应该问下面的这个问题——如果乞丐的收入增加，那么会有多少人进入乞讨这个行业？至少在加尔各答，乞讨是一种职业，就像擦皮鞋一样。更多的施舍促使更多的孟加拉人走上乞讨之路。这是一种恶性循环。我们的施舍可能会给一些乞丐带来短暂的收益，但第二年，我们的乞丐朋友收入就会相应地减少。

我们应该把钱给那些没有努力地祈求同情和援助的穷人，而不是施舍给努力的乞丐。经济学家称之为"相对无弹性因素"。"无弹性"一词意味着那些不努力乞讨的人没有花时间追着我们要钱。从直观上看，他们的行为并没有足够的"弹性"，因此经济学家使用了"无弹性"这个术语。这通常会将乞丐排除在施舍对象之外，因为他们寻求的是钱，而且对奖励的反应十分迅速。

如果你希望施舍，那么请选择那些对你的施舍期望最小的穷人。给那些正在睡觉的、正在做饭的，以及忙于日常生活的孟加拉人。这样的人并不难找到，想要找到一个睡在纸板下面的孟加拉人也很容易。要是我们慷慨解囊的对象对此大吃一惊，那我们就知道自己找对人了。惊讶意味着对方并没有浪费宝贵的时间和精力去求取施舍。

用这种办法，我们把钱给了那些没有直接向我们索要施舍的人。这对我们很多人来说都比较困难。它要求我们更积极主动地施舍。当乞丐向我们乞讨时，我们要拒绝；他们在出租车外盯着我们时，我们要把脸转开。这让我们感觉很不好。而在拒绝那些睡在纸板上的、善良的孟加拉人时，我们不会感到那么内疚。因为他从不把他的困境摆在我们面前。但是如果我们真的想要帮助别人——做一个好人，而不是让自己感觉自己是个好人——我们的钱就应该花在这样的施舍上面。

如果所有的游客都遵循这条建议，那我们可能就需要分散我们所提供的帮助。打个比方，要是所有游客都给做饭的人捐款，那么最终结果就是加尔各答的街道会充斥着大量假装做饭的无用表演。如果每个人都用同样的方式给需要帮助的人一个惊喜，那就谈不上什么惊喜了。作为捐助者，我们需要做的是找到一种新颖且不同寻常的方式，让贫穷的孟加拉人得到帮助。

当然，例外还是存在的。有时候我们还是应该给那些乞讨的人一些金钱上的帮助。在一些更为正式的慈善机构中，积极争取捐款是可取的行为。纽约市大都会歌剧院（Metropolitan Opera）拥有一个强大的筹款网络。这在一定程度上反映了该机构及其作品的质量。如果他们寄来圣诞卡并希望你捐款，我们不应该惊恐地退缩。我们可以把这封信以及筹款活动视作一个信号——这个组织在管理方面具有更宽泛的能力。

但我们不应该针对乞丐进行类似的推论。在加尔各答，乞丐可能很擅长在街上抢到一个位置，但这种能力并没有多大意义。如果我们想把钱给有能力的人，就应该找个开糖果店的孟加拉人。乞丐在玩"贫穷的游戏"，目的是表现他们的痛苦以获得金钱，他们不具备使我们的捐助增值为一小笔财富的能力。

在某些情况中，募集资金可能会使我们第一次意识到某个问题的存在。直到最近我才知道有 6- 丙酮酰四氢蝶呤合成酶缺乏症这种疾病，尽管研究这个问题的医生也许很值得我支持。有多少美国人能描述患上狼疮的症状和后果呢？而筹款活动可能会让我们知道这些信息。但这种逻辑同样不适用于加尔各答的乞丐——我们甚至在踏上印度之前，就都已经对这些乞丐及他们的贫穷状况有所耳闻了。

乞讨这一现象由来已久，并且遍布全球。而且有如此之多的宗教都曾谈及这个问题，这足以证明它在人类的本性中扮演着多么重要的角色。鉴于其重要性，我们如何应对乞讨，反映了"想要觉得自己在做好事"和"做好事"之间的核心区别。我们不该让"感觉良好"（feel good）的自欺欺人阻碍我们真正地有所作为。但与此同时，我们必须保持对贫困问题的关注，不要让它在我们视野里消失；是的，这意味着我们得对自己付出的帮助感到满意（feel good）。实现这一目标的最佳途径是什么呢？

以上的建议对我们的旅行是有益的，但旅行是特殊场合。而在日常生活中，我们几乎每天都会遭遇某种形式的乞讨。哪怕是坐在客厅里，我们也无法避免别人向我们要钱。慈善机构会找到我们，哪怕只是通过邮件或电话。所以，我们应该给大都会歌剧院捐款吗？

典型的情况是，我一周大约会收到 5 封募集资金的邮件。有人称之为"直邮广告"，也有人称之为"垃圾邮件"。没人知道每年究竟有多少封慈善邮件被发送出去。美国每年有 650 亿份直邮广告被发出，但其中许多是商业邮件，而不是慈善邮件。我们确实知道，美国的非营利机构对大量发送邮件有着重度的依赖。而在欧洲，由于限制姓名和地址的使用（通常来说，发送方在发送邮件之前需要征得收件人的同意），数据隐私问题降低了邮件对慈善机构的重要性。尽管如此，欧洲的慈善机构仍在增长，它们和其美国的同行一样，会举办慈善活动，使用社交网络，并会派人挨家挨户进行访问，以求获得善款。这些机构花钱是为了得到捐赠，同样的经济逻辑也适用于它们所举办的慈善活动。

我们什么时候该答应这样的捐款请求呢？第一个规则是，要捐款给那些我们喜欢的事业。如果我们的目标真的是帮助他人，那么，一家糟糕的慈善机构并不是阻碍我们捐款的首要问题。我们——没错，就是诸如你我的捐赠人——通常才是最大的障碍。随着时间的推移，大多数人都会对慈善事业失去兴趣，也没什么特别的原因，但我们就是不再关心了。灾难的画面和苦难的故事渐渐淡去。慈善捐赠变成了一种抽象的概念，与我们日常生活中的那些异常真实且迫在眉睫的需求相对立。如果我们真的想为世界做些好事，那就需要阻止自己在未来变得冷漠。

我们又回到了经济学家的问题上来：真正稀缺的是什么？我们如何才能最好地解决这种稀缺性？在这种情况下，稀缺的是那些真正关心慈善的人。我们应该把付出行为变得类似于上瘾了一样，即如果我们开始付出，然后又停止，我们就会感到很痛苦，还应该让我们感到难过，就像抛弃了家人一样。

当然，募捐者很乐意让我们对捐赠上瘾，是的，这确实会让世界变得更加美好。大多数（有声望的）慈善机构不会在人们不捐赠时说这些人是堕落的人，但会说捐赠者是善良的人。他们给捐赠者寄圣诞贺卡、感谢信，以及特别的纪念牌。你要习惯并享受这种感觉。

如果我们找到一项有价值的事业，以及一家值得信赖的慈善机构，就应该坚持捐赠，从而支持它们。人们忠于某项事业，会使得这项慈善事业在经济上运营得更有效。慈善机构的大部分收入来自所谓的"内部档案"中的成员,包括多年来一直在捐款的忠诚捐赠者。一份优秀的内部档案就像黄金。它带来的收益远远超出维护它的成本。

在这种情况下,真正稀缺的东西是什么呢?让我们回到这个主题上来。从慈善机构的角度看,它们很难找到对捐赠感兴趣的捐赠者,这便是真正的稀缺品。比如说,一家慈善机构以发直邮广告的方式,寻求一份可以租用的捐赠者名单。[1] 不出所料,直邮广告的回复率非常低。事实上,在许多情况下,直邮广告的回复率有1%,就会被认为是成功之举。此外,邮寄要花钱,租用捐赠者清单要花钱,信件必须被写好并被打印出来,当然,邮政服务的价格也一直在提高。

按照行业标准,如果每花费1美元的邮寄费用,就能得到30美分的收益,这便是封不错的邮件。如果每花1美元,就能得到50美分的回报,便是个了不起的成功了。

为什么要花1美元来获得30美分或者50美分呢?答案很简单:这个慈善机构正在投资于开发自己的内部档案。其中,有一些新的捐赠者将会"坚持下去",在未来他们还会捐赠更多的钱。从经济学的角度来看,一个新加入但忠诚的捐赠者的"预期现值"是很高的。

当然,并不是每家慈善机构都能通过直邮广告的方式找到新

---

[1] 捐赠者名单可租可买,租用时,慈善机构无法获得捐赠者的联系方式,只有收到回复时,才能得到这些信息;而购买名单则可以直接获得捐赠者的联系方式,即慈善机构一开始就可以直接和捐赠者联系。

的捐赠者。在朋友和熟人之间建立关系网也会带来新的捐赠者，但是上文所述的逻辑也同样适用于这种情况。无论原因是什么，寻找新的捐赠者都是非常昂贵的。而捐赠者一旦进入这个内部名单，就会带来巨大的价值。

这一逻辑的实际意义是：如果我们能找到好的慈善机构，就可以通过被列入其内部档案，以及持续不断的捐赠来为慈善事业作出贡献。否则，慈善机构在我们身上花的钱就会超出我们带来的价值。

这样一来，我们就有了一种让世界变得更美好的新方法：要是我们已经找好了优秀的慈善机构，就得告诉他们，不要把我们的名字和地址租给其他机构。几乎所有的慈善机构都会将捐赠者的姓名和地址出租给与其类似的团体，或者与对方进行交换；要寻找新的捐赠者，还有什么比找那些已经为相关事业捐过款的人更好的方法呢？

而如果我们"请求删除联系方式"，就能为慈善机构节省数千美元的邮寄成本。让我们思考这样一个例子。如果你一直在向慈善机构捐款，那么保守估计你每周都会收到一封慈善垃圾邮件。根据其质量的不同，每封邮件的成本在 50 美分到 2 美元之间。在这个行业里，有一个众所周知的事实，即如果这封信很长，又被写在漂亮的信纸上，而且信封看起来像是一份个性化的邀请函时，捐赠者更有可能回复。租用这些联系方式可能还要额外花费 1 美元，不过若与其他慈善机构交换名单，这笔费用就能降到最低。

如果慈善机构每周寄出 1 封邮件，每年的邮寄费用就是 25 美元至 100 美元。如果你每周会收到 5 封邮件，那么一年的邮寄费用就会上升到 125 美元至 500 美元。这还不包括可能的名单租赁成本。因此，仅仅是将你的名字从邮件列表中删除这个行为，就能在一年内创造至少 50 美元（甚至更多）的慈善价值。以一个人的一生为计，这一价值可能会增加到数百甚至数千美元。

限制这些邮件的投递是为慈善事业做贡献的最划算的方式之一。其成本不会超过一张邮票的价格，以及写一封信的时间，或者可能只需要发一封免费的电子邮件。我们只需要把自己的名字从我们支持的慈善机构的名单中删除即可。我们最初加入的慈善机构不会——或者至少不应该——出售我们的真实姓名和地址。这些联系方式会被租赁给第三方经纪公司，这些经纪人会代表其他慈善机构发出捐款邮件，但不会告知这些慈善机构捐赠者的联系方式。所以我们不需要追踪每一个寄信给我们的慈善机构，只要抓住有我们地址的那些机构就行了。

当然，整个过程都建立在我们已经找到自己热爱并愿意支持的事业这一基础上。要是我们能坐下来，充分理解自己的利他主义弱点，每年给"最有效的慈善事业"写一张大额支票，那也许是最好的捐赠方式。但这很可能是办不到的。还是让别人来不断地督促我们捐出更多的钱要更简单一点。

许多人（虽然不包括我）喜欢把收慈善邮件视作一种发现新的慈善事业的方式。肯定有人会回复这些邮件，否则它们也不会被发出来。信不信由你，有些人想要获得尽可能多的直邮广告，他们会为了娱乐和寻求启发而阅读这些邮件。

但如果捐赠者愿意合作,还有一种更便宜的方式,能将捐赠者和慈善机构联系起来。

慈善机构寻找捐赠者的成本非常高。对它们来说,我们意味着一个个名字、地址,当然,还有一个个邮政编码。众所周知,寻找慷慨的捐赠者就像大海捞针。相比之下,捐赠者找慈善机构就更容易,也更便宜。我们已经对自己感兴趣的事业有了一些想法,所以,如果我们想为慈善机构省钱,就应该主动去找它们,而不是让这些机构来找我们。不要只是等着收到那些捐赠邮件了,在网上搜索相关的信息,或者去当地的公共图书馆看看,你觉得怎么样?或者读一读专栏作家的建议,问问你的朋友?还可以给你最喜欢的作者(比如我)写信,或者发邮件,让他来推荐!我保证不会把你的名字和地址租给第三方经纪公司。

进行这些成本计算还有一个额外而非常重要的含义。如果我们只给了慈善机构一笔数额不大的捐款,而我们的名字却继续被租赁给其他的慈善机构,就会让这些慈善机构的整体状况变得更糟。让我重复一下。如果我们只给了慈善机构一笔数额不大的捐款,而我们的名字却继续被租赁给其他的慈善机构,就会让这些慈善机构的整体状况变得更糟。这会伤害到我们想要帮助的那些慈善组织。

你每年只捐出了 50 美元?那就不要让你的联系方式出现在那些可租赁的清单中。如果你不打算对这件事加以限制,我有一个更好的建议。记住,千万不要邮寄你的捐赠支票。下次你在加尔各答或者坎昆①（Cancún）的时候，口袋里多放一些现金，在大街上施舍出去。即使没有税收减免，我们也可以通过这种方式为世界做更多的好事。

还有一些不太光明正大的做法：我们可以给那些不喜欢的非营利组织使点坏。你是否觉得被拉尔夫·纳德②冒犯了，或者认为善待动物组织（People for the Ethical Treatment of Animals）做得太过火了？美国共和党全国委员会③或者美国民主党全国委员会④让你生气了吗？如果答案是肯定的，那么就搞点鬼，增加这些机构的运营成本吧。

选择一个你不喜欢的非营利组织，寄给他们 20 美元，一次就够了。请在邮件里告诉对方，你正考虑将贵组织列入遗嘱捐赠对象；也可以告诉对方，你在当地的马球俱乐部打球或者拥有一艘游艇。让你的名字留在机构的直邮名单中，每次变更地址，都要告诉他们。这将在未来几年消耗这个机构及和它志同道合的盟友成百上千美元的资金。

有些捐款的请求不是通过邮件寄来的，而是侵入了我们的电视以及报纸，向我们扑面而来。我们简直要被这些请求援助的信

---

① 坎昆是墨西哥著名的旅游度假胜地。
② 拉尔夫·纳德（Ralph Nader），美国律师、政治活动家。
③ 美国共和党全国委员会（Republican National Committee）成立于 1856 年，主要职责是统领各地的共和党组织，制定共和党的政策纲领、组织协调竞选活动与策略，举行宣传活动以及为共和党筹款。
④ 美国民主党全国委员会（Democratic National Committee）成立于 1848 年，主要职责是统领各地的民主党组织，制定民主党的政策纲领、组织协调竞选活动与策略，举行宣传活动以及为民主党筹款。

息淹没了。

对我们许多人来说，2004年的亚洲海啸是一次前所未有的灾难事件。有30万人死于这场洪水及附带的伤害，然而在灾难发生前的区区几分钟，灾民才收到了警告。难以想象他们在向高地冲去时内心有多么恐惧。更糟糕的是，科学家们知道海啸即将来临，却没有建立起能发布可靠预警的通信网络。

据估计，美国人至少向与海啸后的救助相关的慈善机构捐赠了4.8亿美元（还要加上美国政府承诺捐赠的3.5亿美元），其中的一大部分是在灾难发生后的几个月内捐赠的。全球范围的捐款当然有更多，然而我还没有看到一个更全面的数字。

我们当中很少有人会认真地问，这到底是不是把我们的资金用于慈善事业的最佳方式。我们大多数人捐款都是出于一种情绪上的本能反应：每个人都在捐款。海啸发生后，还举办了一场名人音乐会，迈克尔·舒马赫①率先在这场音乐会上捐出了700万英镑。我那"非常聪明且精打细算"的妻子也捐了钱，致力于援建与海啸相关的某个慈善机构的办公室游泳池，她没有仔细考虑这笔钱的去向，也没有询问我的意见。我听说之后也没有表示反对。毕竟，还有那么多遭受海啸袭击的印尼穷人住在避难所里，他们还在等待着淡水，并且期盼着尽快开始新生活，在这个危难关头，我怎么能因为"没有事先和我商量就捐款"这等小事而和妻子争吵呢？

---

① 迈克尔·舒马赫（Michael Schumacher），德国前职业一级方程式赛车手。

仔细想想，有时候，人们捐款的理由并不充分。受害者的故事令人心碎，但极端的痛苦对世界来说并不是什么新鲜事。为什么几年前和昨天我们没有汇钱给加尔各答或者海地呢？尽管面临种种问题，但与世界上最贫穷的那些人相比，许多海啸幸存者在重建营地都过着更好的生活，也有着更明亮的未来。

很少有美国人向海地捐款，一部分原因是，在美国，苦难只会得到很少的宣传。成为新闻的都是政变，尤其是有美国参与的话。我们能在电视上看到海地人有多穷，但这并不是（宣传）故事的主要框架。海地没有发生过多少令人印象深刻的自然灾害。[①] 事实上，考虑到它在加勒比海的位置，这个岛屿在免受飓风袭击方面的运气好得令人惊讶。一些海地人把他们的好运归功于伏都教[②]的神灵。

那么，我们为什么会给海啸受害者捐款，而不捐给海地人呢？

有人可能会说，当许多捐助者集中力量来应对一场灾难时，援助会更有效。援助物资的交付可能会更容易，钱可以用于更大规模的重建工作。然而，相关证据显示的结果其实好坏参半。事实证明，大量的海啸援款都被浪费了，或者无法找到适当的支援机制。卡特里娜飓风的大部分援款因腐败和管理不善而被浪费掉了。9·11事件的援款常常缺乏机构支持，以至于无处可用，比如说，红十字会就曾把捐赠给9·11事件遇难者家属的两亿多

---

① 本书的英文版出版于2007年。2010年，海地发生了7级大地震，在其后的多次余震中，有12次为5级以上。2010年海地大地震共造成大约10万到30万人不幸罹难。

② 伏都教（Vodun）是一种在西非国家流行的宗教。

美元，转而用于完成它自己的长期目标和行政支出。由此可见，集中援助不一定更有效。

但是，要评估对灾难的捐赠效果如何，我们必须从慈善机构这一方的视角转到另一方的视角来进行思考。我们对加尔各答的乞丐以及慈善直邮广告的研究，着眼于我们的捐赠对慈善的供给方的影响，这包括给乞丐和慈善机构带来的成本；现在，我们应该考虑我们的捐赠会如何影响人们对慈善事业的需求。

我更倾向于给为海啸受害者捐款找一个简单的理由。我们应该捐给那些高度公开的慈善事业，这会激励我们的同胞为相同的事业作出更多贡献。

让我们回到稀缺性这一中心主题上来，捐赠者的利他主义是脆弱的。比起远方有上千人死亡，我们大多数人更关心社交失仪。上网查询安哥拉[①]的婴儿死亡率你会发现，根据 CIA 的数据，这一比例为 18.5%，是世界上最高的。然而，我们了解到这一事实后，很少有人会伤心，也很少有人会在明天还记得这个统计数据。

还记得埃及一艘渡轮在红海沉没的那个事件吗？《纽约时报》（*New York Times*）2006 年 2 月 4 日的一篇报道称，这次海难可能导致 1000 人丧生。它改变我们的生活了吗？

在第二次世界大战期间，许多美国报纸都有关于大屠杀的报道，但这些报道没有登上头版头条，甚至连前几版都没有登上。

---

① 安哥拉共和国（The Republic of Angola）是一个位于非洲西南部的热带国家，于 1975 年从前葡萄牙殖民统治下独立，首都为罗安达（Sarajevo），人口约 3100 万，官方语言为葡萄牙语。

因为新闻机构认为大多数人并不会关心这些消息,也许报纸的编辑们也不关心。大屠杀并没有引起公众的愤怒,而报纸显然也不认为单凭一己之力就能制造出这种公愤,于是便不再去理会那些消息了。然而,如果我们在鸡尾酒会上把饮料洒在了别人的裙子上,或者对主人说了一句很愚蠢的话,我们会觉得很羞愧。我们不会穿着睡衣进入公共场所。在社交聚会上,如果我们有一个有趣的逸闻能分享,我们会感觉很好。

我们应该利用好人性的这一面,将它转化为慈善事业上的优势。

当公众对一项慈善事业感兴趣时,关注度就会不断提升。即使大多数支持者只是假装关心,仍然会付出金钱和时间。人们对悲剧的兴趣会像滚雪球一样越滚越大,而且往往会以非常快的速度增长。有一种叫"本月慈善"的活动。某项慈善事业一旦出现在这个活动中,就会变得非常流行。这样,我们中的许多人就会很注重与这项慈善事业产生联系。

因此,一旦慈善宣传的雪球开始滚动,我们就该致力于推动这一趋势。更大的雪球更有可能聚集力量并传递给其他人。马尔科姆·格拉德威尔(Malcolm Gladwell)曾写过一本关于"引爆点"的书——《引爆点》(*The Tipping Point*),他认为,在引爆点上,一系列很小的行动叠加起来最终会产生一系列很大的效果。我们的慈善活动大多不会产生这种滚雪球效应,所以当我们有机会发挥自己的力量,能推动这种效应的产生时,就应该去这么做。

参与这样一个非理性过程可能会让人觉得自己在犯傻。但你不必犯傻，也不必不理性。尽管这种"本月慈善"活动隐含的从众心态不符合你这种稳重、清醒的人的特质，但它确实适用于许多其他的人。所以，面对这种不理性，我们应该强忍着不适，加入这项事业，为我们正在做的事大声疾呼。这将吸引更多人加入进来，特别是那些赶时髦、注重自身外在形象，但利他之心很脆弱的人。

我们很难知道"本月慈善"效应在多大程度上助力了额外的捐赠。不过，2005年的数据能对此稍加说明，那一年发生了许多重大的灾难。与2004年相比，剔除通货膨胀的影响，美国2005年的慈善捐赠额增长了2.7%。在这多出来的150亿美元中，大约有一半被用于当年的三大自然灾害救助项目：印度洋海啸、墨西哥湾沿岸飓风，以及巴基斯坦地震。同一年，美国对"社会服务"这一类的慈善事业的捐赠，在经历了三年的下降后增长了28%。其中超过一半（16.7%）的增长可归因于救灾。

你内心的经济学家可以洞悉"本月慈善"效应背后的基本原理。需要人们思考的经济学问题仍然是：真正稀缺的是什么？就慈善而言，答案通常是"在乎慈善事业的人"。因此，在这种情况下，我们可以让人们更加关心慈善事业，尽管他们并不总是出于理性或真正的利他主义才关注的。

还有另一种方法，使用这种方法时，你可能会被无情地视作"假惺惺的滥好人"，这种方法关注的是哪些受害者是最值得被救助的。但是，这种方法虽然听起来很有爱心，却忽略了真正的利他主义的稀缺。与之相反，我们应该设法找到最有效的方式，把人们的注意力导向贫困问题。如果我们对别人有影响力，就该为海啸受害者或其他"本月慈善"事业的救助对象提供帮助；毕竟，我们中的许多人会在一天、一周或者一个月后忘记我们应该乐善好施。

经济学家会提更多的问题；他们会询问给予帮助的恰当程度，或者用经济学的术语来说，什么是适当的"边际"。如果某项被大肆宣传的慈善事业会产生滚雪球效应，我们为什么还要向其他慈善项目捐款呢？我们应该忘记杰瑞·刘易斯和"一角钱电视马拉松"吗？[①] 更多的海啸援助当然可以起到更大的作用。但是，不要急于放弃其他慈善项目。慈善成瘾真的是有价值的。无论我们最初多么努力地救助海啸中的灾民，总有一天海啸救助事业会渐渐远去。大多数的海啸灾民——至少是那些还活着的人——已经在某种程度上恢复了正常的生活。如果我们把所有的慈善捐款都给了"本月慈善"中的事业，我们就会失去对常规和其他慈善事业的追求。一旦我们停止向慈善机构捐款，就不太可能恢复。募捐者知道，无论好坏，我们人类都是有习惯性的动物。如果我们放弃了其他慈善团体，可能就不太会再恢复对它们的支持了。

我们应该用我们捐款的一部分而非全部来支持"本月慈善"

---

① 杰瑞·刘易斯（Jerry Lewis），美国喜剧演员、导演、制片人，他主持的电视节目会为肌肉萎缩症患者筹款，节目每次都会从美国劳动节前的那个周日开始，连续21个小时不间断地播放，因此被称为电视马拉松。

中的事业，不应该失去与我们正在参与的慈善项目的联系。某些时候，世界是美好的，并不是总会有"本月慈善"级别的重大问题发生。但在那些平静的日子里，我们仍然应该以某种方式，给某地、某人以帮助。

所以，我们既要执着于自己最喜欢的慈善事业，也要执着于"本月慈善"之类的重大慈善项目。

基于这些观点，在继续讨论之前，让我们重新审视加尔各答的乞丐问题。根据海啸事件的逻辑进行思考，你是否会认为，你应该给乞丐钱，否则你就会完全忘掉贫穷问题呢？这不太可能。

看到大量的乞丐会使人们对贫穷的概念习以为常。我们会开始认为贫困是一个普遍的问题，进而会觉得这是个令人绝望的项目。"我们怎么能指望让这些乞丐全都摆脱贫困呢？"——这是一个常见的疑问。我们会用我们能处理的方式重新定义问题，这通常意味着我们会忽略它。其结果是捐赠者产生厌倦的情绪，对捐款不再有热情。小说和电影《欢乐城》①聚焦的是加尔各答的穷人，让这个群体获得了人们的关注，但是这种"本月慈善"效应导致的关注早早就结束了（如果曾经开始过的话）。因此我很遗憾地说，乞讨的孟加拉人对人们慈善心的触动程度简直微乎其微。这些人的贫困问题不会成为新的"本月慈善"事业。

如果你想让其他人对慈善捐赠感兴趣，就不能采取那些会致使更多的加尔各答乞丐产生的行为。他们离西方国家很远，这些

---

① 《欢乐城》（City of Joy）是英国导演罗兰·约菲（Roland Joffé）执导的电影。

国家的媒体也很少关注他们。更重要的是，很少有人能看到你在加尔各答捐钱。如果你想让向这些乞丐进行施舍成为一种社会趋势，不如试着撰写相关的文章。

如果我们对慈善捐赠还有疑问，那就让我们深入地研究一下。芝加哥大学的经济学家约翰·李斯特①仔细研究了慈善机构，尤其是捐赠行为。李斯特曾担任筹款活动的兼职顾问，他在筹款技巧中引入了有意的变化，并整理了这些变化造成的结果。他发现，捐赠者的捐赠是非理性的，至少以经济学家的标准来看是这样的。例如，捐助者会对不劳而获的机会毫无反应。

正如我们所看到的一样，"需求法则"是人类行为最基本的命题之一。一项活动变得越便宜，我们进行这项活动的次数就越多。如果苹果降价，我们就会买更多苹果。好吧，也许你不会买，但其他人会买。得到一个苹果的成本变得更低了。还有什么比这更直接的好处呢？

但人类动机的复杂性可以削弱或修改需求法则，至少像经济学家通常想象的那样。即便助人行为的成本下降，捐赠者也并不总是会愿意付出更多。奇怪的是，助人行为的成本降低时，捐赠者还可以减少捐赠，但仍能像以前一样提供同样多的帮助，因为捐赠行为的效率提高了。但他们不会这样做。捐赠者的行为表现出一种显著的"黏性"：人们倾向于捐赠固定的数额，不会

---

① 约翰·李斯特（John List），美国经济学家，对实验经济学有开创性贡献。

根据环境的变化进行太多的调整。这表明了存在以下两种可能性的混合：首先，捐赠者不善于计算；其次，他们并不太关心他们表面上试图帮助的人。

想想约翰·李斯特的实验吧。想想众所周知的"匹配承诺"——如果你捐了1美元，其他捐赠者也会承诺再捐1美元——这会增加慈善捐款。捐赠者会被"物超所值"的理念吸引。然而与其捐款所匹配的数额大小似乎并不重要。李斯特在研究了一个包含超过5万名捐赠者的资料的数据库后发现，当其他的捐助者对于1美元的捐款承诺捐出两三美元来匹配时，总体上的捐款的增长就停止了。

这个结果令人费解。如果捐款和匹配捐款的比例是1∶3，而我们的目标是帮助慈善机构获得800美元的捐款，那么我们自己只需要捐赠200美元即可。在1∶1的匹配比例中，我们必须捐赠400美元才能达到同样的目的，这显然是一个成本更加高昂的"匹配承诺"。然而，我们的利他本能似乎对更大、更有效的匹配前景无动于衷。慈善捐款的成本下降了，但总的来说，研究中的捐助者并没有提供更多的援助。

对于这些结果，最有可能的解释有点愤世嫉俗。也许人们的慈善捐赠行为往往出自归属感，而非助人本身。我们希望成为成功的大型组织的一分子。我们想加入能获胜的球队，我们想为成功的公司工作，我们想要支持最好的、最有影响力的慈善机构。和胜利者比肩，让我们觉得自己有所作为。想一想吧，如果被邀请到白宫参加会议，大多数人——不管他们在餐桌上对政治表达了多少冷嘲热讽——会如何惊喜地跳起来。匹配捐赠通常来自知名的捐助者。毕竟，只有富有的人或机构才能承诺其捐赠可以匹配他人的捐赠数额。许多捐助者似乎喜欢与成功人士或机构共同参与一个慈善项目，而任何一种匹配捐赠都能给人以更强烈的归属感，让人觉得自己是某项有价值的慈善事业的一分子。

但是，更高比例的匹配捐赠并不会诱惑人们捐出更多的钱。不管我们自称有多么关心救助对象，事实上，许多捐赠者并不关心有多少儿童能接种白喉疫苗。一笔 1000 美元的捐赠会带来 20 次、40 次还是 60 次疫苗接种呢？这取决于匹配捐赠的规模。这些都是细节，并不是真正慷慨的捐助者关心的主要问题。"伟大的"捐赠者关注的是集体努力的崇高意义，以及他们正在构建的联盟。一旦这些捐赠者确认自己在匹配捐赠中得到了归属感，他们似乎就不再考虑慈善的真正目的了。

"种子资金"也鼓励人们向慈善机构捐款。在宣布某项"资本活动"以筹集一定数额的资金（通常高达 1 亿美元，或者会更多）之前，已经有了大额的捐赠，这笔捐赠就被称为种子资金。种子资金的存在，表明已经有知名而富裕的捐赠者致力于这项慈善事业了。

倘若最初的种子资金数额很高，随后的筹款就会很顺利。李斯特的一项实验发现，将种子资金的占比从 10% 提高到 67%，会导致后续的捐款额增加近 6 倍。就像匹配捐赠一样，种子资金表明，参与该项慈善事业，意味着你在致力于达成某种影响深远且崇高的努力之举，可以说，在这种情况下，慈善机构就是那支人人都想参加的、能获胜的球队。

在慈善"退款"这种机制中，退款政策指的是，若慈善机构没有达到指定的目标，捐赠者就可以拿回他们的捐款。这对激励人们捐赠也有积极的作用，只是作用要小得多。李斯特的另一项研究显示，退款政策仅使捐款额增长了20%，远不如种子资金有效。大多数捐赠者并不会对这种想法感到兴奋。他们相信自己参与的慈善事业一定会成功。获得退款意味着他们最初的捐赠实际上是一个错误。慈善机构实行退款政策，表明其财政能力可能比捐赠者想象的要弱，或者在执行方面的功能可能不够健全，为什么慈善机构要发出这样的信号呢？无论是纽约洋基队，还是迈克尔·乔丹的芝加哥公牛队，能获胜的球队都没有因为表现不佳而向观众退款的习惯。当我听到"退款"这个词时，能想到的就是廉价的百货商店，或者是坏了的收音机。

李斯特和他的研究团队还对将近5000个家庭进行了一项筹款实验。他们尝试了各种各样的方法，当然，有些方法比其他的更有效。然后他们比较了最有效的方法（在他的实验中是卖彩票）和最没用的方法（直接让人们捐款）之间的差异。

为了进行对比，李斯特和他的团队还尝试了另一个实验。他们提升了上门让人们捐款的女性工作人员的吸引力。更有魅力的女性（从统计学上来说，女性工作人员的"吸引力增加了一个标准差"）对捐赠有着巨大的积极影响，以至于最不成功的筹款方式变成了最成功的方式。当然，这种分散注意力的做法，只有在捐赠者不太关注捐款最终效果的情况下才会有效。

2004年，凯洛格基金会（The W.K. Kellogg Foundation）花了836316美元，让19位捐赠者参加了为期10天的非洲扶贫之旅。白天这些捐赠者会参观和了解自己参与的扶贫项目，晚上却会在1000美元一天的狩猎旅馆里享受人生。负责管理联合劝募会① 长达27年的某位高管承认自己挪用了大约50万美元，负责管理联合劝募会的首席财务官后来辞职了，他曾抱怨该组织的捐款数字是捏造的，这样劝募会的首席执行官就可以声称捐款数字再次上升了。以上这些情况并不是个例，在高管薪酬、员工福利，以及筹集更多的资金等方面，慈善机构普遍存在开销过度的情况。

一个运营得很糟糕的商业机构通常很快就会破产。如果餐厅里的汉堡做得太油腻，服务太粗鲁，或者价格太高，消费者就不会再花钱了。但这样的机制并不总对糟糕的慈善机构起效。

谁会对一个把钱花在购买豪华地毯和高管报销上的组织感到满意呢？没人会满意的。但是，捐赠者并不是一直会非常仔细地审查他们支持的慈善机构，或者一直坚持要看到可以量化的结果。许多人成了被慈善机构绑架的捐赠者。他们会忽略所有对慈善机构不利的信息，因为不想对自己以前的捐赠感到后悔。当自尊可能受到威胁时，我们往往不会太仔细地审视真相。还记得自我欺骗吗？这样的结果就是，许多慈善机构浪费了我们的捐款。

以收益净值计算，许多慈善活动根本帮助不了任何人。例如，

---

① 联合劝募会（United Way），是一个由1800多家非营利性机构组成的国际募款网络，于1887年成立，总部位于美国。

苏格兰有一项被称为"慈善跳伞"的活动,一些医生对此进行了调查。许多新手被这项活动吸引,大概因为这让他们觉得自己在努力拯救贫穷的非洲婴儿吧。但这项活动的受伤率很高——11%的人会受轻伤,7%的人会受重伤。轻伤者每人平均要花费英国国家医疗服务体系3751英镑,重伤者每人平均要花费5781英镑。而这些人平均每天的跳伞所筹只有30英镑。

我把这种慈善活动称为消极慈善。这一类慈善活动还有一个例子,即人们为了参加慈善赛跑而会进行数周的训练。如果是马拉松比赛,有时还会有一些人因此而死亡。

给教会捐钱听起来怎么样?宗教团体获得的捐赠占美国个人捐款总额的40%至60%,当然,公众也还是有一些智慧的。但这些捐赠大多数是为了维持教会的运转,而不是帮助穷人。宗教团体会拿这些捐款支付其建筑成本和神职人员的工资。如果就你自己的宗教信仰捐款给你所在的教会,这笔款项帮到的只可能是未来的穷人。如果你想帮助"现在"的穷人,那就给一个为穷人服务的教会捐款吧,不要管它是不是你所在的教会。如果你坚持只捐赠给你所在的教会,那就请你换一个穷人常去的教会吧。

最近流行购买"公平贸易"咖啡。这种项目会以较高的价格销售咖啡,从而给员工更好的待遇、更多的报酬,或至少让他们的收入更加稳定。这听起来真不错。在一种奢华的氛围中,我们享受着昂贵而充满异域风情的咖啡,通常上面还会浇着奶油或者乳制品,我们一边享用咖啡,一边想:这下非洲终于不会是贫穷颓败之地了。但是,这些消费真的会使非洲的穷人受益吗?

事实上，这要视情况而定。你觉得"剥削咖啡"听起来怎么样？买咖啡时，你会付很少的钱，其员工会获得特别差的待遇。这种措辞可不是一种多么有效的营销策略，但这就是公平贸易这一概念的真相。我们是提高某个方面的成本，还是降低了其他方面的成本，这都只是语义上的问题。还有一种更中性的说法，既不是吸引人的"公平贸易"咖啡，也不是让人皱眉的"剥削咖啡"，而是"品质差异化"咖啡。我们可以把咖啡（和其员工）分为两类，也可以将其混为一谈。把市场分成不同的类别只会对高层的员工有利，但对底层员工并不总是有好处的。事实上，这可能会伤害到底层员工。对于这个想法会有什么样的结果，我们还没有定论。你会买一种名为"品质差异化"的咖啡吗？也许不会吧。

《纽约时报》的记者尼古拉斯·克里斯托[①]有一个可以减少人类苦难的新想法。他登上了飞往柬埔寨的飞机，决定购买并释放两名奴隶。他分别花了150美元和203美元解救这两名奴隶，当然，还有机票以及其他的费用。如果不是他，这些女孩很可能要过上悲惨的生活——卖淫、强奸，甚至很可能会患上艾滋病。许多慈善机构也一直在苏丹购买并释放奴隶。

这些慈善活动听起来很高尚，但也有危险：有人买奴隶，卖家就会抬高奴隶的价格，从而也会使更多的受害者被奴役（从持枪者手中收购手枪是解决美国城市治安问题的常见方法，但是也遇到了类似的问题，高排放汽车的回购计划也是如此）。

---

① 尼古拉斯·克里斯托（Nicholas Kristo），美国记者、政治评论员，于1990年和2006年先后两次荣获普利策奖。

克里斯托的两次购买可能微不足道，不足以影响整个奴隶市场，也不足以推高奴隶的价格。但是，如果许多人都开始做同样的事情（会不会有人在易贝上出售奴隶的自由呢，那么奴隶的价格就会上涨。如此一来，蓄奴，以及随之而来的抓捕和压迫，可能会成为一个更大的问题。某个人可能因此而缩短了被奴役的时间，但更多的人会在一段时间后因此沦为奴隶）。

这不是一个新的问题。很长一段时间以来，经济学家一直在争论什么是以投机来迟滞市场发展的最佳方式。答案是：大量购买这种商品。这很反常，但是细想之下却很有道理。在某个卖家大量囤积某样商品之后，当其他卖家准备以高价售出该商品以期获利时，这个卖家立即在市场上抛售其全部的存货，从而降低价格。其他市场参与者即使有利润，也不会太高。一旦这种策略的存在为人所知，那么该商品的市场就会萎缩而非繁荣。

不，我不是在建议我们应该购买大量奴隶，并应该持有他们以备日后出售。但在许多情况下，正是这种策略——不购买奴隶并让他们自由——才能打击奴隶制。为自由而购买奴隶可能会适得其反，所以我们应该进一步寻找更好的想法。

是的，我们应该寻找其他方法帮助别人，但我们不应该把给小费当作一种让自己感觉良好的方式。以给小费来帮助他人是一种相对浪费的方式。此外，给小费会让我们觉得自己很高尚、慷慨，这将取代对需要帮助者的真心的仁慈。

我做了一个简单的实验。我曾在我最喜欢的一家本地的越南米粉店吃饭。如果你去过越南米粉店，你就知道顾客要走到收银台付款，账单就在那里等着你（不过有时他们不敢相信白人居然会点牛肚汤）。

我拿着零钱，准备留下小费。但我想，或许可以做个实验：有一名服务员为我服务，与其把小费放在我自己的餐桌上，为什么不把小费放在他负责的另一张餐桌上呢？所以，我把钱放在了另一张餐桌子上，只放了一小会儿。我知道那名服务员会收到小费。但转念一想，我惊恐地缩回了手，赶紧把钱拿了回来。我意识到，如果那样做，那名服务员会以为我没给他小费，由此会对我产生不好的想法。

我知道自己其实不在乎服务员能拿到多少小费。但我确实强烈地希望自己能遵守用餐协议。而把小费放在另一张餐桌上不会达成这个结果。于是乎，我把小费放在了自己的餐桌上，又多留了几枚25美分的硬币以缓解我的紧张情绪。这种感觉就像死里逃生，仿佛我在没为新衣服付钱的情况下，就从诺德斯特龙百货商店①漫步而出。

小费或多或少包含一些强制收取的意思。服务的提供者出现了，如果他们训练有素，就丝毫不会有咄咄逼人的架势或不合理的要求出现。我们可以想象一位戴着白手套、操着伦敦口音的优雅男仆在为我们服务；或者我们的服务员是个可爱的美国中西部女孩，她一头卷发，笑容灿烂，想再存一点钱后就去上大学。

---

① 诺德斯特龙百货商店（Nordstrom）是美国的一家高档百货商店，成立于1901年，总部位于美国西雅图市。

我们会对这些状况进行回应。出于文化上的习惯，我们知道应该给小费。这是一种隐性的交换。如果我们给了服务员小费，当我们走出门时，服务员会特别友好地说："谢谢你。祝你晚上过得愉快。"这种交流再次肯定了我们是值得尊敬且慷慨的人，我们懂得以奖励回馈高品质的服务。如果这是个女服务员，说不定我们就更走运了，她可能还会热情友好地拍拍我们的背。

我不反对给小费，就像我不反对聘请钢琴老师或是雇人修剪草坪一样。但是，作为一种帮助世界的方式，小费并没有起到太大的作用。收到小费的都是已经有工作的人。而大部分小费的支付都发生在相对富裕的国家。许多主要依靠小费生活的年轻人，虽然他们当前的收入很低，但生活前景很好。他们还有这么多年的时间，等着他们的是婚姻、孩子、新的宠物狗，以及大量新的电影和电视节目。也许他们并不都是百万富翁，但他们都还过得不错，那我们为什么要帮助他们呢？

我们的最后一个观点，直接出自经济学的角度。假设每个人支付小费的比例都是25%，而不是15%，那么将会发生什么？服务员的市场竞争会很激烈，大多数服务员的报酬与他们所产生的价值相符，不多也不少。如果顾客给的钱多了，那雇主就会付给服务员更少的薪水，最终食客多花了钱，而服务员并不会因此得到更多的报酬，钱都让餐馆老板赚了。难道这就是我们想要的利他主义吗？

如果你想用给小费来帮助穷人，那么就从少给他们小费开始吧。不要让小费使你自己感觉良好，也不要让小费成为慈善的替代品。即使服务员很可爱，对你亲切热情，或者打扮得花枝招展，也要坚持只给15%的小费，把剩下的钱寄到贫穷的国家去。这也是在为服务员们节省一些精力——我们不希望服务员最终变得像加尔各答的乞丐那样，试图通过花费金钱和资源来得到更多的资金和资源。

如果小费不是一种有价值的慈善形式，那么给朋友和爱人的礼物是不是呢？我想，很多读者在读过关于"如何让自己看起来光鲜亮丽"的章节后，就已经知道答案了。

英国《金融时报》（*Financial Time*）曾经报道过卡伦·戴维斯（Karen Davis）的故事，她于1979年在美国佐治亚州（Georgia）创办了一家生产用山胡桃木烤制的火腿的公司。在接下来的20年里，她收到了四五百份各种小猪形状的礼物。我们不应该像一些经济学家那样认为送礼是一种浪费，至少送礼物是一件很有趣的事情。但是，这并不是帮助他人的最佳方式。

本章的开头提到了经济学家乔尔·沃尔德福格尔，他曾试图估算礼物对于接收者来说究竟价值几何。他发现，我们大多数人对收到的礼物的估值并不会与购买该礼物的花费成正比。如果排除以现金作为礼物的情况，从百分比来看，沃尔德福格尔发现，人们对其礼物的估价相当于其购买成本的83.9%。这个数字来自一项调查，坦率地说，我认为大多数受访者都在撒谎，人们的平均估价会很低——如果人们真正的平均估价有实际花销的40%，我都会感到很惊讶。而事实上，若以沃尔德福格尔相当保守的估算为准，每年赠送礼物的"无谓损失"至少有 40 亿美元之多。这个数字体现了礼物的实际花销与接收者估价之间的差异。

很多礼物都是无用之物,无论是玛瑙镇纸还是不合身的小狗毛衣。即使我们的朋友能猜到我们想要什么,他们通常也不知道我们已经拥有了什么。哈里斯洞察与分析①的一项调查显示,有一半的美国成年人承认自己曾经"转送过礼物"。78% 的受访者认为,至少在某些时候,转送礼物是可以接受的。4% 的人承认他们转送礼物并不是因为讨厌礼物本身,而是因为他们不喜欢送礼物的人。

送礼效果最差的似乎是老年人。他们送的礼物在接收者那儿的估价还不到礼物花费的一半。许多老人根本不知道他们的孙辈对什么感兴趣。所以,如果你是个老年人,不知道孙辈喜欢什么,那就给孩子们现金吧。沃尔德福格尔发现,孩子的叔叔阿姨们也不太会判断礼物的实用性。除此之外,对这些损失的估算还没有把可能会有好几个小时的买礼物的时间这一成本考虑进去。

我不是要抨击送礼,这是一项了不起的习俗。但它是一种以自我为中心的习俗,与拯救世界无关。

假设你送给你的妹妹价值 100 美元的球票,但她觉得对她来说这张票只值 50 美元。从她的角度来说,你买了这张票送她这件事就亏了 50 美元,但绝不能简单地把这当成一个错误。毕竟,也许你喜欢送给她门票。想到妹妹观看比赛的样子,你就开心不

---

① 哈里斯洞察与分析(Harris Insights and Analytics)是一家美国的市场研究与分析公司,成立于 1963 年,总部位于美国芝加哥市。

已。几个星期以来，你都在盼望着她打开装有球票的信封的那一刻，在接下来的几个月甚至几年里，你都会回味当时她脸上的表情。你从试图让妹妹开心的行为中得到了多少快乐？好吧，也许你的快乐超过了100美元——或者至少你认为它超过了100美元——这是你购买门票的钱。

让我们回过头来计算一下这次送礼事件的总价值。你妹妹获得了价值50美元的门票，你获得了价值100美元或比这更多的快乐；这次送礼事件中，双方的总收益为150美元，总成本为100美元。这是一笔不错的交易：有多少共同基金能在这么短的时间内获得50%的回报呢？数字会随着例子的不同而变化，但很容易看出为什么人们会持续不断地送礼物。

但是请注意，只有礼物创造了净值，送礼者得到快乐的私欲才会被满足。如果我们剥夺了送礼者的快乐，那么礼物就不能让世界变得更美好。所以，关于礼物，我们得到了两条简单的规则：第一，礼物是美好的，送礼的习俗也是如此；第二，礼物是一种糟糕的帮助他人的方式。

当然，我们送礼物有很多原因。当我们的给予是出于内心的喜悦时，我们是慷慨的。但也有许多人，给予只是为了炫耀。他们只是想要表明自己很富有，表明他们可以得到让人羡慕的礼物，他们希望听到别人的惊叹——"你是怎么得到那些票的！"或者是想给其他家庭成员留下深刻的印象。我还见过表达敌意的礼物。一个男人可能会送妻子一本又长又复杂的小说作为生日礼物，这在一定程度上是为了表达他对妻子沉迷于电视的不满。

如果一个人通过送礼物来炫耀或者表达怨恨，那么其他人可能会觉得自己卑微可怜，或者不受重视。这对让世界变得更好可没有帮助。

有时候我们会通过送礼来掌控他人，这就完全不是在送"礼物"了。这是一个信号，表示对方帮了我们，就可以期待在未来得到更多回报。道格拉斯·伯恩海姆（Douglas Bernheim）、安德烈·施莱费尔（Andrei Shleifer）和拉里·萨默斯（Larry Summers）对来自父母的遗赠进行了全面的研究，论文的题目是《战略性的遗赠动机》（*The Strategic Bequest Motive*）。这一研究的结果不会让任何本·琼森（Ben Jonson）的《狐狸》（*Volpone*）一书的读者感到惊讶——这本书里的谄媚者们通过讨好贵族获得了大量的遗产，这项研究的结论与之不谋而合。在当代的美国，子女给父母打电话或探望得越勤，就越有可能得到重要的遗产。这些调查结果根据父母的财富值进行了调整，从而剔除了高额遗产带来的更高关注度的影响。在这一点上，亲子双方的表现都很自私，双方的关心都不是出于无条件的爱。

我们为什么不直接赠送现金呢？在婚礼上赠送现金已经是很普遍的现象了。新郎新娘向宾客提供"结婚所需物品"清单的做法与接收现金不同，但它确实能保证亲朋好友不会送给新婚夫妇没有用的垃圾。长期以来，用现金作为礼物一直是成人礼的标准做法，这笔钱通常会被用来支付大学的学费。然而在有些情况下，以金钱作为礼物并不是最好的选择。如果你给你的妹妹50美元作为生日礼物，她可能会觉得受到了侮辱。她更希望你带她去享用一顿 50 美元的晚餐,即使她自己出去吃饭时不会花这么多的钱。作为礼物,这顿饭让她"感觉很好",但 50 美元就不是这样了。

用现金作为礼物经常(但并不总是)被认为是不礼貌的行为,这样的理由并不是很直白。也许送礼物是一种表达我们对所爱之人的理解的行为。就像其他形式的信号传递一样,送礼物会让我们经受考验。我们所爱的人想看我们到底有多了解他们想要的东西。任何人都可以用现金作为礼物,但又有多少男人能挑选出合适的鲜花,或者一瓶合适的酒,与所爱之人度过一个浪漫的夜晚呢?

给钱最多只能说明我们很擅长赚钱。但是很少有人愿意承认金钱是他们选择朋友的一个考虑标准,所以我们很少用金钱作为礼物。然而,可能送礼给犹太人时是个例外,如果我们需要携带价值数千美元的东西去参加受诫礼,那么现金或者长期投资是唯一明智的选择。

当送礼只是事关小钱时,非常聪明或者敏感的人能够送出比现金更有价值的礼物。一张 CD 要花 17 美元 99 美分,但是对我来说,一张很棒的 CD 的价值会超过 100 美元。和直接用钱作为礼物相比,挑到了我喜欢的 CD 更能让我满意。但对大多数人来说这一点很难做到。在这里我要再次强调一遍,送礼物既能传达个人的情感,也能传达个人的能力。如果你我能持续地互赠礼物,就意味着我们能够交换一些真正令我们都感到愉快的好处。但是这和慈善的理念相去甚远。

最重要的是，我们应该对那些索要礼物的人保持怀疑。汤姆·洛克（Tom Locke）单枪匹马地致力于进行一项这样的活动：他希望尽可能多地从美国众多的企业得到礼物。他写了很多的信，比如下面这一封：

尊敬的先生/女士：

你可能喜欢看到我微笑，但我却喜欢看到自己吃东西。请送给我免费的麦当劳优惠券吧，这样我就可以继续吃（和微笑）了。

谢谢你！

饮食爱好者：汤姆·洛克

洛克给 CVS 药店[①]的信是这样写的：

尊敬的先生/女士：

我是一个热衷于健康的人。请随便寄给我一个你认为我会喜欢的产品吧，不一定要价值不菲，只要是个有用的东西就行了！我喜欢惊喜。

谢谢你！

健康热衷者：汤姆·洛克

洛克向美国主要的消费品公司发送了 100 封类似的信件。许多公司都以给他提供免费产品的方式回复了他，只有箭牌

---

① CVS 药店（CVS Pharmacy）是美国一家零售连锁药店，目前是美国最大的零售连锁药店。

（Wrigley）公司的回复一语见的：他们让洛克自己去买口香糖。斯马克公司①则直截了当地拒绝了他。

顺便说一下，很多人都有被他人欣赏的需求，而研究表明，经历比财富更能让人印象深刻。所以，你应该赠送别人音乐会门票，而不是光盘。你应该花钱让你的孩子去国外旅行，而不是花钱给他们买辆汽车。

现在我们来看看下面这个被证明是改善穷人生活利器的革命性想法。我们把钱借出去，而不是送出去，听起来怎么样？有人提了个反直觉的想法，即建议我们放弃扮演慈善天使的角色，转而去扮演放债人。丹尼尔·阿克斯特（Daniel Akst）在《石板》杂志的网站上撰文称，小额信贷是"用一点点的钱帮助世界上最贫穷者的最佳方式"。

小额信贷是指向穷人提供小额贷款，贷款金额通常不会超过100美元。全球有数以百万计的人使用小额信贷来创办小微型企业，或者只是用它支付医疗账单。小额信贷尤以帮助妇女在社区开设裁缝店或小型零售店而闻名。

小额信贷革命始于1976年，当时，有一位名叫穆罕默德·尤努斯②的经济学教授在孟加拉国启动了格莱珉银行③（Grameen

---

① 斯马克公司（Smucker）是美国一家生产食品的公司，属于美国财富五百强企业之一。
② 穆罕默德·尤努斯（Muhammad Yunus），经济学家，于1969年获得范德堡大学（Vanderbilt University）经济学博士学位。尤努斯因对小额贷款以及小额金融的理论与实践的贡献获得2006年诺贝尔和平奖。
③ 格莱珉银行是位于孟加拉国的提供微型贷款的金融机构和社区发展银行。它向穷人提供不需要抵押物的小额贷款，于1983年由穆罕默德·尤努斯创建。

Bank）项目。这个人确实献给了这个世界一样非常好的东西。2006年，这份努力为尤努斯赢得了诺贝尔和平奖。顺便说一下，"格莱珉"（Grameen）在孟加拉语中是"乡村"的意思。尤努斯相信，即使没有抵押品，也可以把钱借给穷人。贷款通常会发放给5人或10人组成的小组，借贷者利用这些人相互的责任和同伴压力来确保其还款。如果有人不还款，小组的每个成员都要负责任。许多小额贷款项目的还款率高达98%。偿还贷款的小组，其成员下次有资格获得更大额的贷款。

小额信贷资金通常来自慈善机构、政府，或是世界银行等多边机构。但是私人商业银行对盈利的小额贷款越来越感兴趣。原因是，随着全球各地的经济增长，银行意识到很多个人的借款所需的额度是相当小的。除此之外，银行对此感兴趣的原因还有一个——今天的小额借贷者可能会成为明天的储户。

我们可以理解为什么小额信贷可能比慈善对世界更有好处。新的小微型企业为当地经济注入了活力。企业主能发展出持久性的技能。偿还贷款的需要——通常的还款周期为一周——提高了人们的纪律性和工作的积极性。最重要的是，向小额信贷慈善机构捐款可以保留大部分原始资本，以便继续贷款。这些捐赠还能带来足以自我维持的利润以及持续多年的援助。

小额信贷也有助于解决家庭的内部问题。当我们把钱直接送给贫困的创业者时，他们的朋友、亲戚或其他亲属关系网中的成员经常想来分一杯羹。鉴于许多的社会群体建立在强大的家庭和集体背景之上，因此创业者很难说不。其结果是这些创业者没有足够的资金，潜在的创业影响也就烟消云散了。最终，这些资金会被创业者的亲友花掉，而不是被创业者用于投资。但当钱是借贷而来，需要定期还款时，创业者们发现，让那些想来借钱的亲戚们走开就变得很容易了。

当然，小额信贷也可能会失败。无论如何，总会有人会借此经营某些新的生意。他们会用小额贷款来援助那些懒惰的亲戚。一些人以低利率从小额贷款机构借钱，然后用这些钱作为抵押，以高得多的利率从当地的高利贷放贷人那里借出更多的钱。这些钱会被人们花在购买电视机上，其结果就是产生永久的负债和更大的绝望，而不是产生一家新的小微型企业。

在印度的海得拉巴[①]，经济学家们正在研究小额信贷如何改变人们的生活。一家名为斯潘达纳（Spandana）的印度公司已经开始向生活在城市贫民窟中的数千名中下层居民发放小额贷款。但并不是每个人都能得到这笔贷款。两年后，将会有一项关于小额信贷带来了多大变化的后续调查：家庭收入增长了吗？在提供了小额信贷后，有多少新的商业活动产生？妇女的地位提高了吗？

我们在等待这项调查的最终结果，而经济学家对此充满希望。我访问了位于海得拉巴的这些小额信贷机构，遇到了许多热心而负责任的、有创业精神的印度妇女，她们没有人砍断自己的四肢来寻求同情及更多的捐款。在一次采访中，我问斯潘达纳公司

---

① 海得拉巴（Hyderabad）是位于印度东南部的特伦甘纳邦（State of Telangana）的首府，以及安得拉邦（State of Andhra Pradesh）法律上的首府。海得拉巴是印度第四大城市，人口约有940万。

的首席执行官帕德马贾·雷迪（Padmaja Reddy），如何才能确定该公司对世界是有益的。她的回答很简单：这些妇女不断偿还旧的贷款，然后再来申请新的贷款，这会形成一种良性循环。可以说，这些女性正在发现她们自己内心的经济学家。

无论是孟加拉国的格莱珉银行，还是印度的斯潘达纳公司，都生成了新的小额信贷系统，你不再需要像我一样为了致力于慈善而跋山涉水了。现在，你可以通过互联网自行发放贷款。下面是来自北美洲的博主科科尔内留斯（Cornelius）的一篇报道：

我感觉非常好。我刚借给克里斯托弗·欧德克（Christopher Odeke）25美元。他是一名来自乌干达布克代亚（Bukedea）的出租车司机，需要1200美元为他的货车买一个新引擎。

我已经在基瓦网（Kiva.org）上注册了一个账号，在这个网站上，有需要少量资金的发展中国家创业者的名单，任何人都可以亲自参与进来，帮助他们。该网站还可以写日志，借款者可以在其中描述他们的业务情况，贷款者也可以在其中发表他们的评论。

基瓦（Kiva）在斯瓦希里语[①]中的意思是"协议"或"统一"。你可以贷出25美元，Paypal[②]会免费处理你的贷款业务，你还会收到电子邮件，看到你所资助的企业的进展情况。

十年后，基瓦网依然还会有旺盛的生命力吗？我不知道。是否会有其他新的具有创造力的方式来对抗贫困呢？肯定会有的。

[①] 斯瓦希里语（Kiswahili）是非洲使用人数最多的语言之一。
[②] PayPal 是美国的一家金融科技公司，主要业务包括在线支付、转账等。公司成立于1998年，总部位于美国加利福尼亚州圣何塞市（City of San José）。

第 10 章

你内心的经济学家
和文明的未来

10

　　上一章中关于帮助他人的建议最终形成了一个简单但有力的理念：首先要帮助自己，先要发挥自己的潜力，然后才能帮助他人。我认为，本书是一本指导你如何以一种对社会负责的方式帮助自己，从而帮助他人的指南。

　　你内心的经济学家理解激励机制对市场运行的重要性，同时也明白，人的价值取向对市场平稳运行来说同样是必需的。

　　当市场和人类价值取向共同作用时，对世界来说，收益是巨大的。市场经济是文明最伟大的推动者。在市场经济的推动之下，我们才有了舒适的生活，而不是被繁重的体力劳动、慢性营养不良，以及分娩过程中大量妇女和婴儿的死亡所折磨——这是文明早期的一些特征。无论我们的政治观点是右翼、左翼还是有其他政治取向，我们都可以就以上这些事实达成共识。

想象一下，一个18世纪的时间旅行者造访了比尔·盖茨的人生。他将看到电视、汽车、冰箱、中央供暖系统、抗生素、充足的食物、抽水马桶、手机、个人电脑、廉价的航空旅行，以及其他一些让这位穿越者惊叹的发明。但是，从历史的角度来看，盖茨的生活中这些最令前人讶异的绝妙之物，在今天大多数美国中产阶级的眼里都不足为奇。

市场不仅仅促生了蒸汽机、铸铁厂，或者今天的硅片工厂，也促生了莎士比亚、海顿，以及现代图书超市。社会与经济同样广泛的发展，即资本主义、现代技术、法治和消费社会的崛起，其中的一部分就是油画、古典音乐和印刷文化的兴起。文艺复兴发生时，不断发展的城市和重新开放的贸易航线创造了足够的财富，刺激了人们对美丽的艺术的需求。贝多芬为不断壮大的中产阶级提供音乐课程和音乐会，后来又把乐谱卖给他们；他的影响力的提升需要印刷机、价格低廉的钢琴，以及随时能环游欧洲的可能性。

当然，金钱横行的市场也有其丑陋的一面。在印度的班加罗尔①，护士通常会抱走新生婴儿，在父母行贿后才会予以归还；男孩需要付12美元，女孩需要付9美元。1999年的一项调查报告显示，在班加罗尔，去医院分娩的10个家庭中有9个不得不行贿。也有报道称，在那里，给婴儿接生、为新生儿接种疫苗，

---

① 班加罗尔（Bengaluru）是位于印度南方的卡纳塔克邦（Karnataka）的首府以及最大城市，有印度硅谷之称。

或者获取所谓"免费"药品时，人们都需要行贿。

在密歇根州的一次暴乱中，一名妇女向暴徒出售石头。据警方称，她用这笔钱支付了有线电视的费用。小石块的售价是 1 美元，大石块 5 美元。大部分石头都被扔向了警察。这个故事有着一个古怪而颇具诗意的报应式结尾——这名女子声称，她由此获得了大约 70 美元，她自己最终也被一块石头击中了，这才停止了协助暴徒的交易。

金钱横行的市场上，还有更糟的事情。

只需要向一名航空公司的职员行贿 1000 卢布（在当时相当于 34 美元），一名车臣人就能在一架俄罗斯飞机起飞前登上飞机。受贿者把钱放进自己的口袋，在车臣人手中的另一趟航班的机票上写道："允许此人登上 1047 次航班。"那个车臣人成功登机，随后炸毁了飞机。或者，我们可以回想一下，2002 年车臣武装分子占领了位于莫斯科的一家剧院，导致 129 名人质死亡。在这次事件中，恐怖分子买通了警察，才获准将一小批武器运往莫斯科。

贿赂警察和安全部队可不是一条通向美好未来的道路。

腐败，无论它还会存在多久，都被认为是可耻的，而非不可避免。我们不应该把这些价值观视为理所当然。也不是每个市场经济的国家都支持这些价值。苏联曾试图向市场经济转变，但它却没有施行市场经济的潜在文化基础。虽然俄罗斯公民的生活比过去好，但其结果是社会结构的崩溃。

我们文明的未来，建立在谨慎而具有批判性的自我反省、对更高价值的信仰，以及处理日常事务的智慧的基础上。这并不是说要尽可能多、尽可能快地抓住一切。正如文化往往依赖于市场一样，市场也需要文化基础。你内心的经济学家可以给你提供实用的建议，而从更宏观的角度来看，它还能致力于维持社会秩序。

所以，继续努力吧，好好利用你内心的经济学家，为了你自己、你的朋友以及你的家人，让你内心的经济学家再接再厉——这也是我们社会的命门。

致谢

我首先要感谢我的家人,娜塔莎(Natasha)和亚娜。我的朋友亚历克斯(Alex)、布莱恩和罗宾提供了重要的意见和建议,他们是很难得的好同事。同样重要的是 marginalrevolution.com 网站,以及博客圈的广大读者和评论者所提供的集体智慧。特蕾莎·哈特尼特(Teresa Hartnett)一直是一位出色的经纪人,也是一位睿智的顾问。还要感谢杰夫·加拉斯(Jeff Galas)和史蒂芬·莫罗(Stephen Morrow),在他们的建议下并且经由他们编辑,本书的手稿质量得以大幅跃升,从而使之成了一本真正的书。还要感谢莫卡特斯中心(Mercatus Center)所提供的必要研究资助。

参考文献

Aldert Vrij (2000). *Detecting Lies and Deceit: The Psychology and Lying and the Implications for Professional Practice*. New York: John Wiley & Sons.

Alfie Kohn (1995). *Punished by Rewards: The Trouble with Gold Stars, Incentive Plans, A's, Praise, and Other Bribes*. Boston: Houghton Mifflin.

Alfred W. McCoy (2006). *A Question of Torture: CIA Interrogation, from the Cold War to the War on Terror*. New York: Metropolitian Books.

Anne E. Wilson and Michael Ross (2001). "From Chump to Champ: People's Appraisals of Their Earlier and Present Selves", *Journal of Personality and Social Psychology*, 80 (4): 572-584.

Anthony Pratkanis and Elliot Aronson (2001). *The Age of Propaganda*. New York: Owl Books.

Bernard A. Nijstad, Wolfgang Stroebe, and Hein F.M. Lodewijkx (2003). "Production Blocking and Idea Generation: Does Blocking Interfere with Cognitive Processes?", *Journal of Experimental Social Psychology*, 39: 531-548.

Bernard A.Nijstad, Wolfgang Stroebe, and Hein F.M. Lodewijkx

(2006). "The Illusion of Group Productivity: A Reduction of Failures Explanation", *European Journal of Social Psychology*, 36: 31-48.

Bethany Bryson (2006). "Anything but Heavy Metal: Symbolic Exclusion and Musical Dislikes", *American Sociological Review*, 61(5): 884-899.

B. Mullen, C. John son, and E. Salas (1991). "Productivity Loss in Brainstorming Groups: A Meta Analytic Integration", *Basic and Applied Social Psychology*, 12: 3-24.

Brian Zikmund-Fisher, Brianna Sarr, Angela Fagerlin, and Peter Ubel (June 2006). "A Matter of Perspective: Choosing for Others Differs from Choosing for Yourself in Making Treatment Decisions", *Journal of General Internal Medicine*, 618-622.

Bruno Frey (1997). *Not Just for the Money*. Cheltenham: Edward Elgar Publishing.

Carrie Lock. "Deception Detection: Psychologists Try to Learn How to Spot a Liar", *Science News Online*, 27 July 2004.

Christopher Bale, Rory Morrison, and Peter G. Caryl (March 2006). "Chat-Up Lines as Male Sexual Displays", *Personality and Individual Differences*, 40(4): 655-664.

Christopher Bowe. "How Insider Traders Cope Inside", *The Financial Times*, 30 August 2004.

Chua Beng Huat (2003). *Life Is Not Complete Without Shopping:*

Consumption Culture in Singapore. Singapore: Singapore University Press.

Colin F. Camerer and Robin M. Hogarth (1999). "The Effects of Financial Incentives in Experiments: A Review and Capital-Labor-Production Frame work", *Journal of Risk and Uncertainty*,19:1-3, 7-42.

Craig Landry, Andreas Lange, John A. List, Michael K. Price, and Nicholas Rupp (2006). "Toward an Understanding of the Economics of Charity: Evidence from a Field Experiment", *Quarterly Journal of Economics*, 121(2): 747-782.

C. T. Lee, P. Williams and W. A. Hadden (May 1999). "Parachuting for Charity: Is It Worth the Money? A 5-year Audit of Parachute Injuries in Tayside and the Cost to the NHS", *Injury*, Vol. 30, Issue 4: 283-287.

David Blanch flower and Andrew Oswald (September 2004). "Money, Sex and Happiness: An Empirical Study", *Scandinavian Journal of Economics*, 106(3): 393-415.

Delroy L. Paulhus(1986). "Self-Deception and Impression Management in Test Responses", *Personality Assessment via Questionnaires: Current Issues in Theory and Measurement*, 143-165.

Diana Jean Schemo. "In Online Auctions, Misspelling in Ads Often Spells Cash", *The New York Times*, 28 January 2004.

Eduardo Giannetti (2001). *Lies We Live By: The Art of Self-Deception*. London: Bloomsbury.

Edward L. Deci, Richard Koestner, and Richard M. Ryan (1999). "A Meta-Analytic Review of Experiments Examining the Effects of Extrinsic Rewards on Intrinsic Motivation", *Psychological Bulletin*, 125(6): 627-668.

Erica Goode. "Finding Answers in Secret Plots", *The New York Times*, 10 March 2002.

Frank Owen. "An In with the In Crowd, for a Fee", *The New York Times*, 16 January 2005.

Frank R. Westie (February 1973). "Academic Expectations of Professional Immortality: A Study of Legitimation", *The American Sociologist*, 8: 19-32.

Hal R. Arkes, Robyn M. Dawes, and Caryn Christensen (1986). "Factors influencing the use of a decision rule in a probabilistic task", *Organizational Behavior and Human Decision Processes*, 37: 93-110.

H. Wesley Perkins (July 2005). "Misperceiving the College Drinking Norm and Related Problems: A Nationwide Study of Exposure to Prevention Information, Perceived Norms and Student Alcohol Misuse", *Journal of Studies on Alcohol*, 470-478.

James Konow (September 2000). "Fair Shares: Accountability and Cognitive Dissonance in Allocation Decisions", *American

Economic Review, 90(4): 1072-1091.

James Twitchell (2005). *Branded Nation: The Marketing of Megachurch, College Inc., and Museumworld*. New York: Simon and Schuster.

Jeffrey Kluger. "How to Spot a Liar", *Time*, August 2006.

Joel Waldfogel (1993). "The Deadweight Loss of Christmas", *American Economic Review*, 83: 1328-1336.

John A. List and David Lucking-Reiley (2002). "The Effects of Seed Money and Refunds on Charitable Giving: Experimental Evidence from a University Capital Campaign", *Journal of Political Economy*, 110(1): 215-233.

Justin Kruger and David Dunning (December 1999). "Unskilled and Unaware of It: How Difficulties in Recognizing One's Own In competence Lead to Inflated Self-Assessments", *Journal of Personality and Social Psychology*, 77(6): 1121-1134.

Leaf Van Bovena and Thomas Gilovich (2003). "To Do or to Have? That Is the Question", *Journal of Personality and Social Psychology*, 85: 1193-1202.

Lester M. Salamon, S.Wojciech Sokolowski, and Associates (2004). *Global Civil Society*. Kumarian Press.

Mark R. Lepper and David Greene (Eds.)(1978). *The Hidden Costs of Reward: New Perspectives on the Psychology of Human Motivation*. Lawrence Erlbaum.

Mary Jordan. "Aging Prostitutes Find Champion in Mexico City Mayor, Critics Say Populist Trying to Curry Favor", *Washington Post*, 10 April 2005. Matthew Baldwin. "Lone Star Statements", 21 October 2005. https://themorningnews.org/article/lone-star-statements.

Max Rubin (2001). *Comp City: A Guide to Free Casino Vacations*. Las Vegas: Huntington Press.

M. Diehl and W. Stroebe (1987). "Productivity Loss in Brainstorming Groups: Toward the Solution of a Riddle", *Journal of Personality and Social Psychology*, 53: 497-509.

Michael J. Durant (2003). *In the Company of Heroes*. New York: G.P. Putnam's Sons.

Michael Konik (1999).*The Man with the $100,000 Breasts and Other Gambling Stories*. New York: Broadway Books.

Michael Kremer and Charles Morcom (March 2000)."Elephants", *American Economic Review*, 90: 212-234.

Nicholas Kristof. "Leaving the Brothel Behind", *The New York Times*, 19 January 2005.

Norm O'Rourke and Phillipe Cappeliez (2005). "Marital Satisfaction and Self-Deception: Reconstruction of Relationship Histories Among Older Adults", *Social Behavior and Personality*, 33(3): 273-282.

Ola Svenson (February 1981)."Are We All Less Risky and More

Skillful Than Our Fellow Drivers?"*Acta Psychologica*, Vol.47, Issue 2: 143-148.

Ooi Giok Ling (2004). Future of Space:Planning, *Space and the City*. Singapore: Marshall Cavendish International.

Parth Shah and Naveen Mandava (2005). *Law, Liberty and Livelihood*. New Delhi: Academia Foundation.

Paul Lewis." U.N. Criticism Angers Charities Buying Sudan Slaves' Release", *The New York Times*, 12 March 1999.

Pete Earley (2000). *Super Casino: Inside the "New" Las Vegas*. New York: Bantam Books.

Ravi Dhar, Joel Huber, and Uzma Khan (16 October 2018). "The Shopping Momentum Effect", *Journal of Marketing Research*, Vol. 44, Issue 3.

Raymond Fisman and Eduard Miguel (June 2006). "Cultures of Corruption: Evidence from U.N. Parking Tickets", National Bureau of Economic Research Working Paper No.12312.

Ray Sawhill. "Adolescent Nation", 16 July 2004. https://themorningnews.org/article/lone-star-statements.

Richard Harter. "A Game Theoretic Approach to the Toilet Seat Problem", *The Science Creative Quarterly*, 2006. https://www.scq.ubc.ca/a-game-theoretic-approach-to-the-toilet-seat-problem/.

Robert Fogel (2004).*The Escape from Hunger and Premature Death*. Cambridge: Cambridge University Press.

Robert S. Baron, Joseph A. Vandello, and Bethany Brunsman (1996). "The Forgot ten Variables in Conformity Research: Impact of Task Importance on Social Influence", *Journal of Personality and Social Psychology*, 71(5): 915-927.

Robert Young Pelton (2003). *The World's Most Dangerous Places*. New York: HarperCollins, fifth edition.

Roger K. Mosvick and Robert B. Nelson (1996). *We've Got to Stop Meeting Like This!* Indianapolis: Park Avenue Productions, revised edition.

Roxanne Khamsi. "Utensils Divulge Dinner Date's Feelings", Nature, 17 March 2005. https://www.nature.com/articles/news050314-14.

Samantha Mann, Aldert Vrij amd Ray Bull (June 2002). "Suspects, Lies and Videotape: An Analysis of Authentic High-Stake Liars", *Law and Human Behavior*, 26(3): 365-376.

Sandra L. Murray, John G. Holmes, and Dale W. Griffin (1996). "The Benefits of Positive Illusions: Idealization and the Construction of Satisfaction in Close Relationships", *Journal of Personality and Social Psychology*, 70(1): 79-98.

Sandra L. Murray (1999). "The Quest for Conviction: Motivated Cognition in Romantic Relationships", *Psychological Inquiry*, 10(1): 23-34.

Sandra L. Murray, John G. Holmes, Dan Daolder man, and Dale

W. Griffin (2000). "What the Motivated Mind Sees: Comparing Friends' Perspectives to Married Partners' Views of Each Other", *Journal of Experimental Social Psychology*, 36: 600-620.

Sarah E. Bonner, Reid Hastie, Geoffrey B. Sprinkle, and S. Mark Young (2000). "A Review of the Effects of Financial Incentives on Performance in Laboratory Tasks: Implications for Management Accounting", *Journal of Management Accounting Research*, 12: 19-64.

Selina Ching Chan (2000). "Consuming Food: Structuring Social Life and Creating Social Relationships", *Past Times: A Social History of Singapore*. Singapore: Times Editions.

Sharon L. Baker and Irving Kirsch (1991). "Cognitive Mediators of Pain Perception and Tolerance", *Journal of Personality and Social Psychology*, 61(3): 504-510.

Sharon S. Brehm and Jack W. Brehm (1981). *Psychological Reactance: A Theory of Freedom and Control*. New York: Academic Press.

Sheldon Solomon, Jeff Greenberg, and Tom Pyszczynski (December 2000). "Pride and Prejudice: Fear of Death and Social Behavior", *Current Directions in Psychological Science*, 9(6): 200-204.

Shelley E. Taylor and Jonathan D. Brown (1988). "Illusion and Well-Being: A Social Psychological Perspective on Mental Health", *Psychological Bulletin*, 105(2): 195-210.

Stefano DellaVigna and Ulrike Malmendier (June 2006). "Paying Not to Go to the Gym", *American Economic Review*, 96(3): 694-719.

Stephen Dubner and Steven Levitt. "Monkey Business", *The New York Times*, 5 June 2005.

Stuart I. Rochester and Frederick Kiley(1998). *Honor Bound: American Prisoners of War in Southeast Asia, 1961-1973*. Annapolis: Naval Institute Press.

Sylvia Tan (2003). *Singapore Heritage Food: Yesterday's Recipes for Today's Cook*. Singapore: Landmark Books.

Thomas Gilovich (1991). *How We Know What Isn't So*. New York: Free Press.

Tim Harford. "Synthetic Worlds: The Business and Culture of On-Line Games", *The Financial Times*, 14 January 2006.

Tyler Cowen and Robin Hanson. "Are Disagreements Honest?", *Journal of Economic Methodology*, August 18, 2004. http://mason.gmu.edu/~rhanson/deceive.pdf#search=%22hanson%20cowen%20most%20disagreements%20honest%22.

Vedran Vuk. "You Treat Me Like Property", *Mises Daily*, 14 February 2006. https://mises.org/library/you-treat-me-property.

Will Knight. "Cell Phone Software Creates Bogus Backgrounds", *The New Scientist*, 5 March 2004. https://www.newscientist.com/article/dn4749-cell-phone-software-creates-bogus-backgrounds/.

Wojciech Kopczuk and Joel Slemrod (2005). " Denial of Death and Economic Behavior". National Bureau of Economic Research Working Paper No.11485.